作者簡介

李振聚，山東單縣人，1985 年生，畢業於山東大學儒學高等研究院中國古典文獻學專業。現為山東大學文學院文獻學教研室研究員。參加《清人著述總目》《十三經註疏匯校》等項目，發表文章 50 餘篇。主要研究方向為目錄版本校勘學、中國經學。

提　要

　　黃孝紓，字公渚，號匔庵。歷任上海正風大學、中國公學、暨南大學、山東大學、北京師範大學、北京大學教授，北京藝術專科學校校長等，1946 年 8 月重返山東大學任教，直至去世。著有《先秦金石文選評注》《兩漢金石文選評注》《吳興劉氏嘉業堂藏書紀略》《六朝文攟》《匔厂文稿》《碧廬商歌》《楚辭研究》《清詞紀事》《詞林紀事補編》《碧廬移詞話》等，且詩、詞、書法、繪畫兼擅。然迭經世變，收藏以及著述手稿半付劫火，故聲光不顯，行歷排比亦難。《黃孝紓先生編年事輯》一書，利用原始檔案資料，復廣為搜集交遊、倡和等材料，將黃孝紓先生行歷考訂年月，依次編排，並附以相關史事，力求形成一份時間考訂明晰，史料搜集豐腴，並能夠反映黃孝紓先生心跡嬗變之因，學術遷改之由的編年史。黃曾源父子，共相薰染，學有共通之處，以是左海黃氏諸人（黃曾源、黃孝先、黃孝平、黃孝綽）相關傳記、評論材料，亦加蒐輯，列為附錄。

古典文獻研究輯刊

三九編

潘美月・杜潔祥 主編

第 58 冊

黃孝紓先生編年事輯（上）

李振聚 著

國家圖書館出版品預行編目資料

黃孝紓先生編年事輯（上）／李振聚 著－－初版－－新北市：
花木蘭文化事業有限公司，2024〔民113〕
目 4+166 面；19×26 公分
（古典文獻研究輯刊 三九編；第 58 冊）
ISBN 978-626-344-978-7（精裝）
1.CST：黃孝紓 2.CST：年譜
011.08　　　　　　　　　　　　　113009894

ISBN-978-626-344-978-7

9 786263 449787

李振聚 著

黃孝紓先生編年事輯(上)

李振聚 著

古典文獻研究輯刊
三九編　第五八冊　　　　ISBN：978-626-344-978-7

黃孝紓先生編年事輯(上)

作　　者　李振聚
主　　編　潘美月、杜潔祥
總 編 輯　杜潔祥
副總編輯　楊嘉樂
編輯主任　許郁翎
編　　輯　潘玟靜、蔡正宣　美術編輯　陳逸婷
出　　版　花木蘭文化事業有限公司
發 行 人　高小娟
聯絡地址　235 新北市中和區中安街七二號十三樓
　　　　　電話：02-2923-1455／傳真：02-2923-1452
網　　址　http://www.huamulan.tw 信箱 service@huamulans.com
印　　刷　普羅文化出版廣告事業
初　　版　2024 年 9 月
定　　價　三九編 65 冊（精裝）新台幣 175,000 元

前　圖

圖一：黃孝紓先生照片（青年時期）

圖二：黃孝紓先生照片
（輯自 1952 年《幹部簡歷表》）

圖三：民國二十年（1931）四月初一日《漚社雅集圖》

圖四：二十世紀四十年代在國立山東大學授課

圖五：1947 年 11 月國立山東大學中國文學系師生合影

第一排左起：王仲犖、陸侃如、殷煥先、黃孝紓、翟宗沛、蕭滌非、趙紀彬、
丁山、劉本炎、楊向奎。第二排左起：孫昌熙、劉畔溪、劉念和（左三）、
趙殿詰（右一）等先生。其餘為 1946、1947 級學生。

圖六：《1948年山東大學教職員名冊》

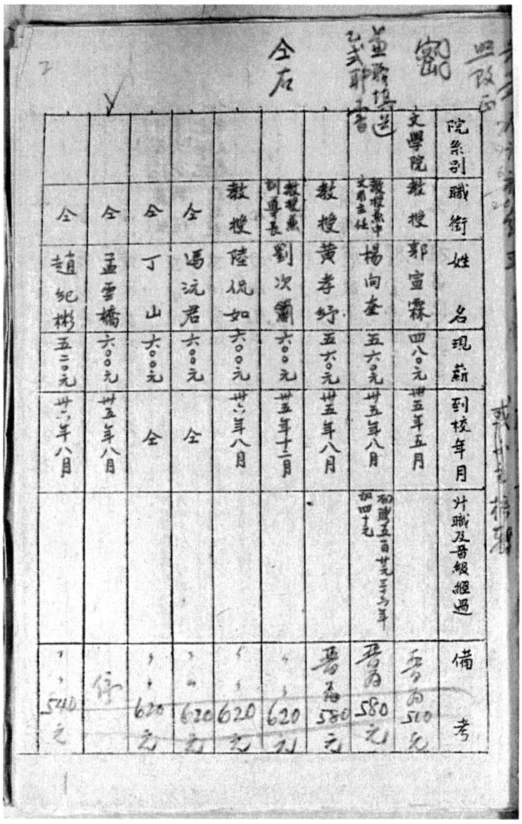

院系別職銜	姓名	現薪	到校年月	升職及晉級經過	備考
文學院教授	郭宣霖	四八〇元	卅五年五月		吾爲 580元
教授	楊向奎	五六〇元	卅五年八月	和爲五百艾千艾多年 扣四十元	吾爲 580元
教授	黃孝紓	五六〇元	卅五年十二月		碧廬 580元
教授兼 中文系 主任	劉次蕭	六〇〇元			
教授陸侃如		六〇〇元	卅六年八月		620元
全	馮沅君	六〇〇元	全		620元
全	丁山	六〇〇元	全		620元
全	孟雲橋	六〇〇元	卅五年八月		620元
全	趙紀彬	五二〇元	卅六年八月		540元

圖七：《碧廬鉥印存》
黃孝紓篆並輯，民國間鈐印本

圖八：鍆厂文稿六卷，黃孝紓撰
民國二十四年（1935）江寧蔣氏湖上草堂叢刊排印本

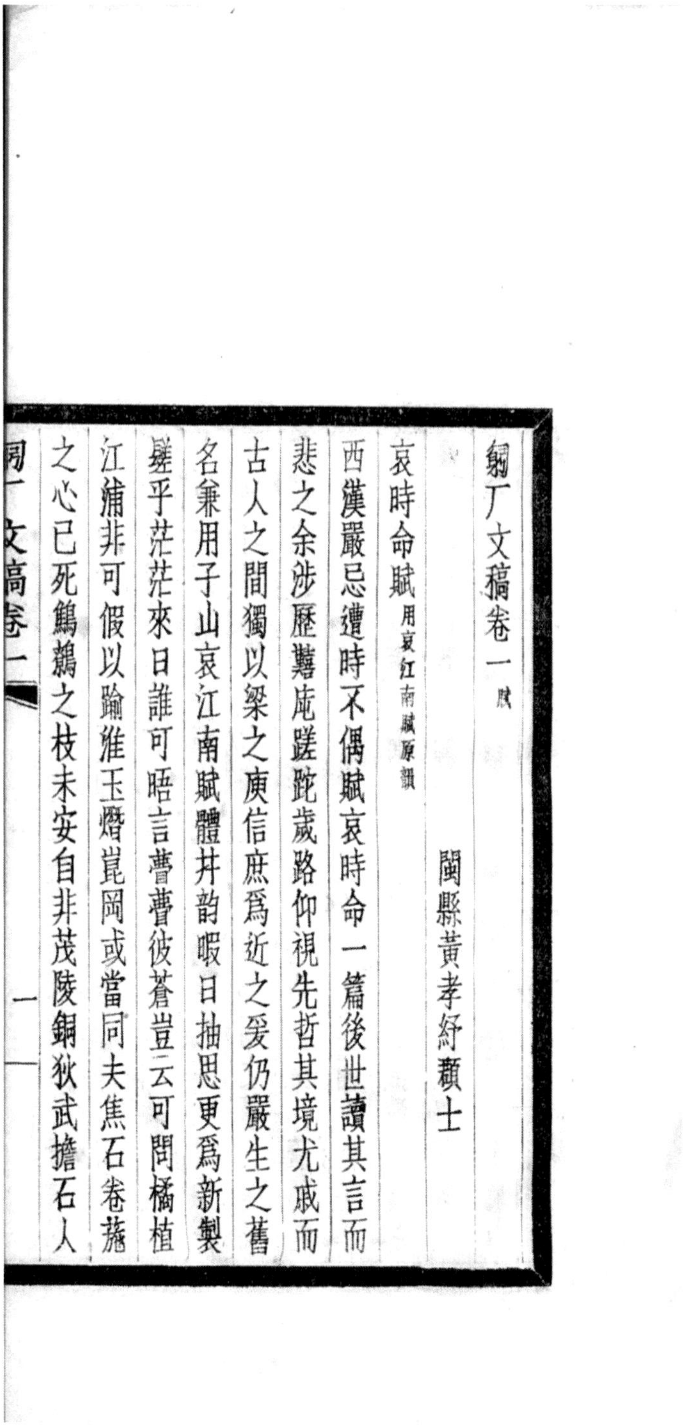
鍆厂文稿卷一　賦

閩縣黃孝紓頵士

哀時命賦　用哀江南賦原韻

西漢嚴忌遭時不偶賦哀時命一篇後世讀其言而悲之余涉歷難庬蹉跎歲路仰視先哲其境尤戚而古人之間獨以梁之庾信庶爲近之爰仍嚴生之舊名兼用子山哀江南賦體并韵暇日抽思更爲新製嗟乎茫茫來日誰可晤言瞢瞢彼蒼豈云可問橘植江浦非可假以踰淮玉燈崑岡或當同夫焦石卷葹之心已死烏鵲之枝未安自非茂陵銅狄武擔石人

鍆厂文稿卷一　一

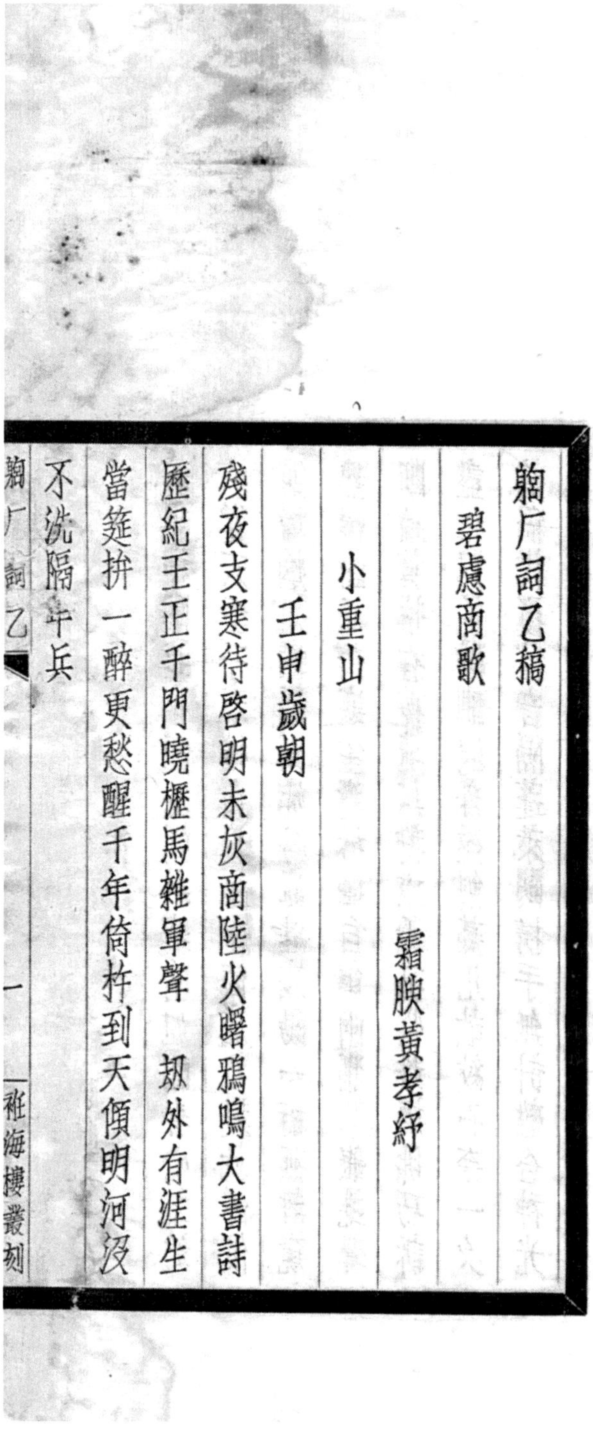

圖九:《匋厂詞乙稿》一卷
黃孝紓撰,民國二十八(1939)年排印本

匋厂詞乙稿

碧廬商歌

小重山　　　霜腴黃孝紓

　　壬申歲朝

殘夜支寒待啓明未灰商陸火曙鴉鳴大書詩
歷紀王正千門曉櫪馬雜單聲　劫外有涯生
當筵拚一醉更愁醒千年倚杵到天傾明河沒
不洗隔年兵

匋厂詞乙　　　一　　祗海樓叢刻

圖十：黃孝紓撰《碧廬簃詞話》手稿，現藏蓬萊慕湘藏書樓

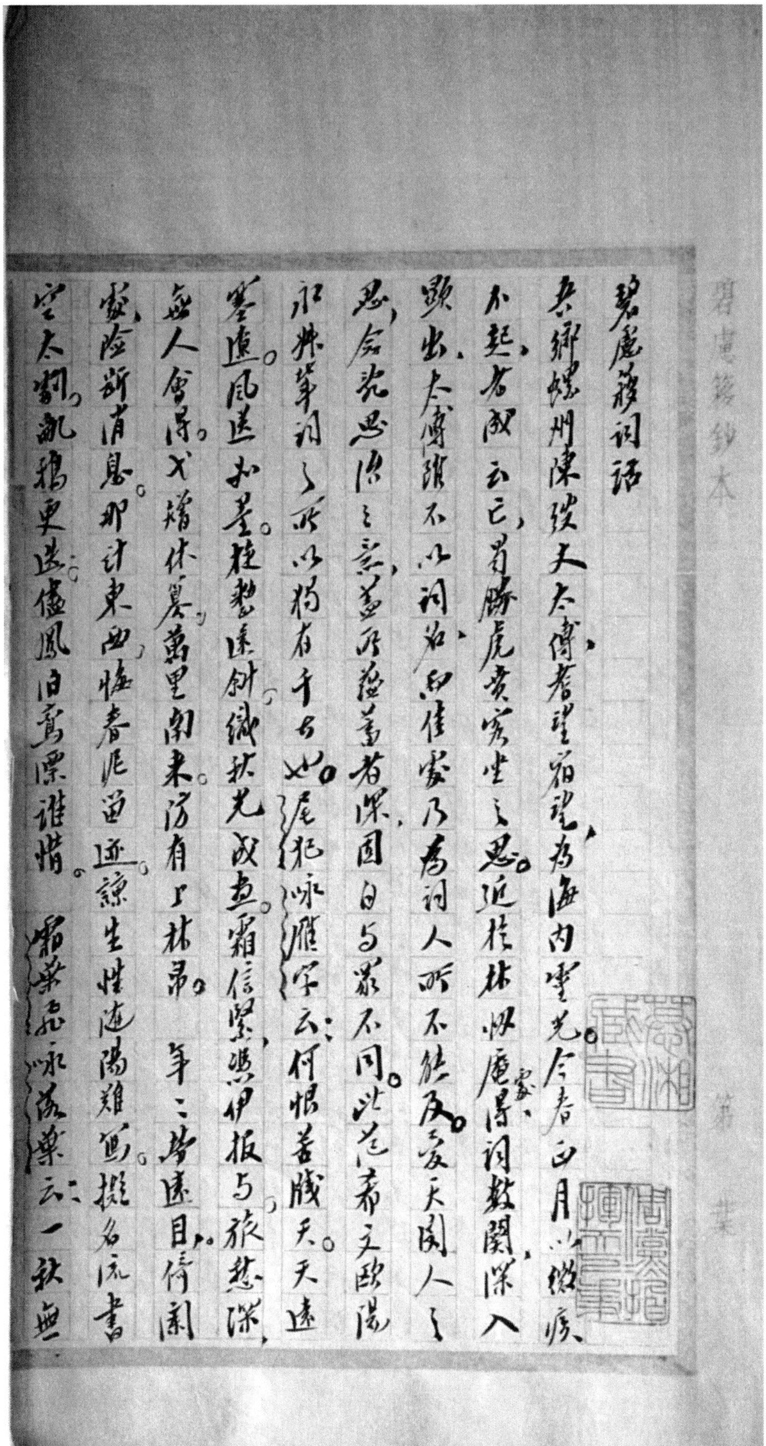

圖十一：黃孝紓《辛未除夕口占》詩作手稿

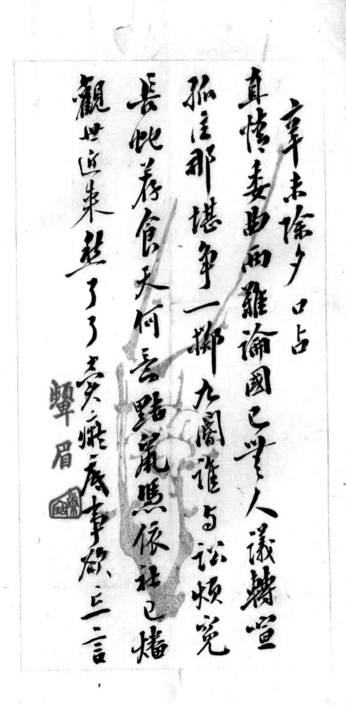

圖十二：黃孝紓《浣溪沙慢》詞作手稿

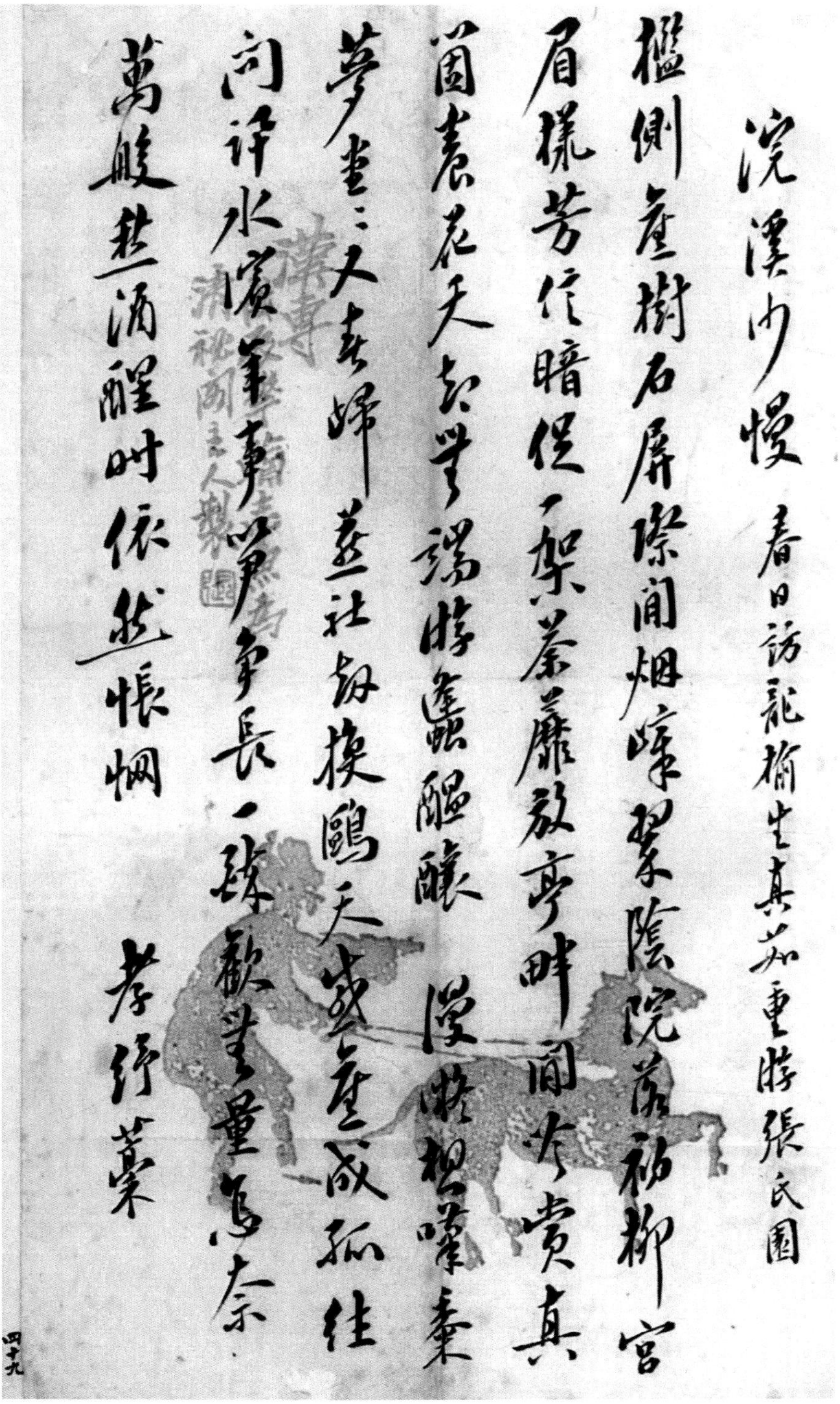

圖十三：黃孝紓撰《四六宙函》提要稿

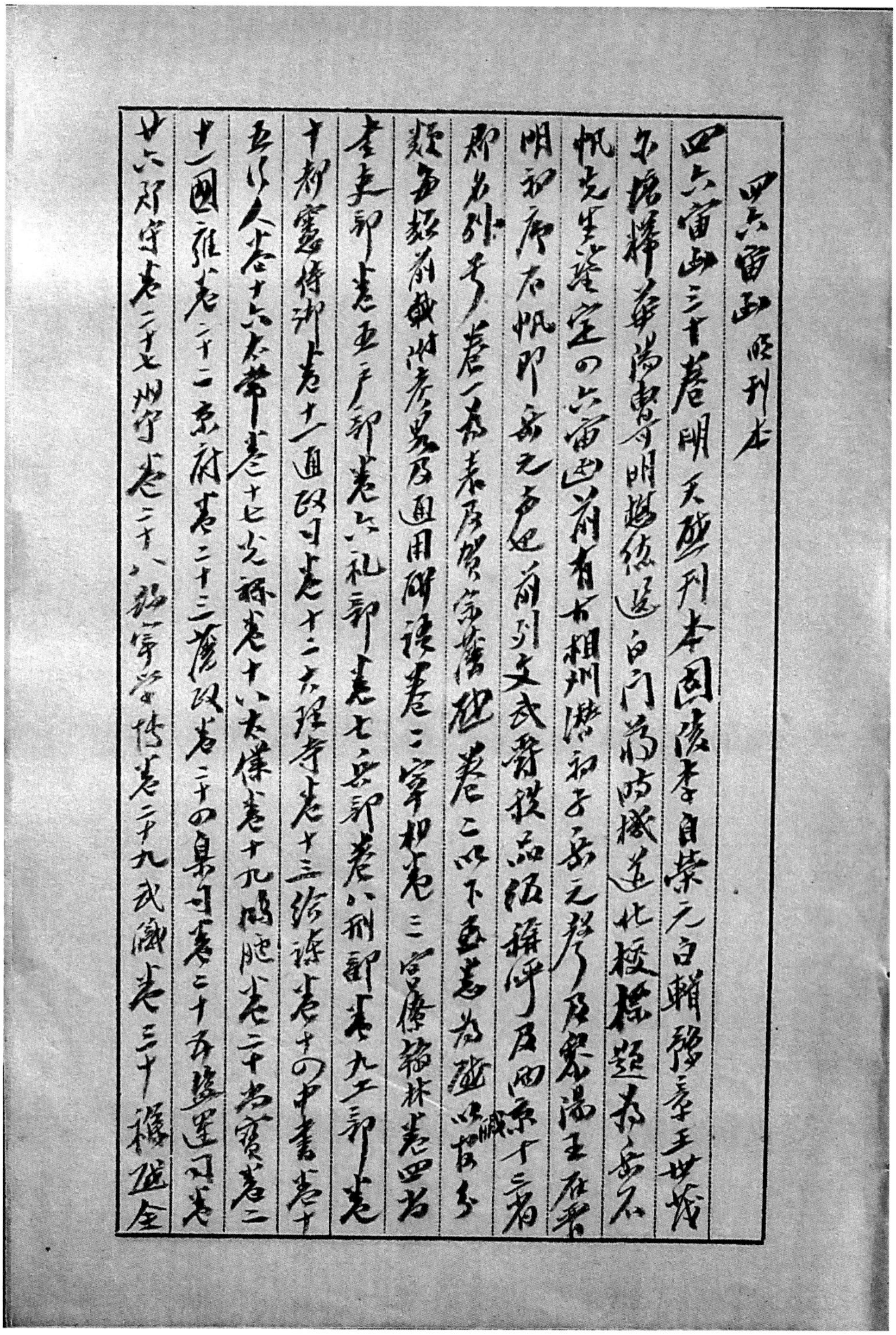

圖十四：海藏樓詩十卷，鄭孝胥撰
民國三年（1914）武昌刻本（黃孝紓圈點、批注、題跋）
現藏山東大學圖書館

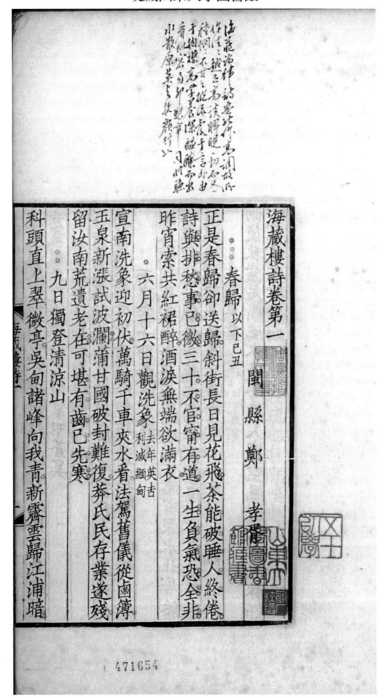

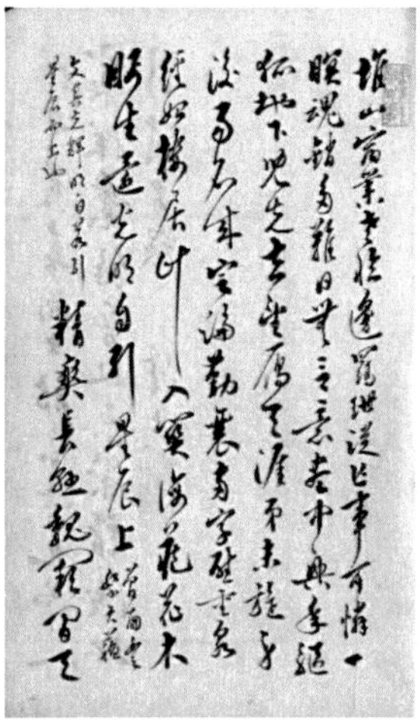

圖十五：黃孝紓跋
《海藏樓詩》（一）

圖十六：黃孝紓跋
《海藏樓詩》（二）

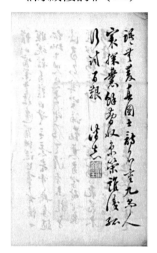

圖十七：民國十三年（1924）正月二十九日
代劉承幹擬致汪鍾霖（甘卿）函
見上海圖書館藏《求恕齋信稿》

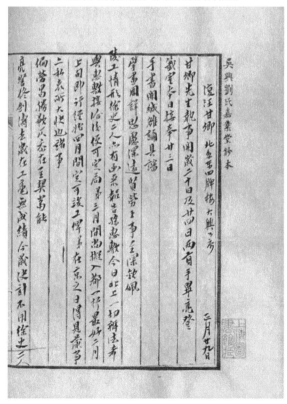

圖十八：黃孝紓跋清陸燦為穆大展繪《攝山玩松圖》

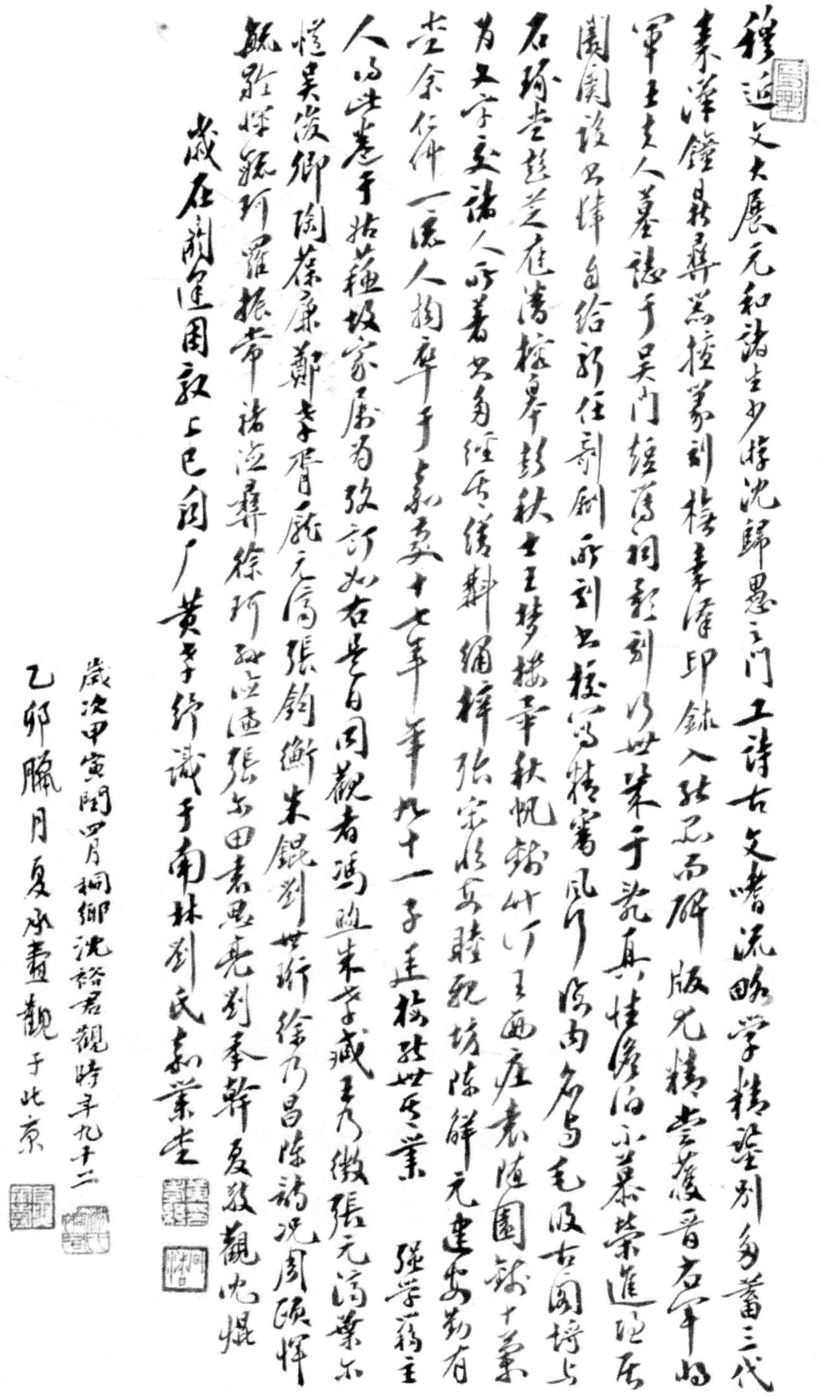

圖十九：黃孝紓繪贈蔡元培《勞山魚鱗口》扇面（一）

圖二十：黃孝紓楷書自作詩贈蔡元培扇面（二）

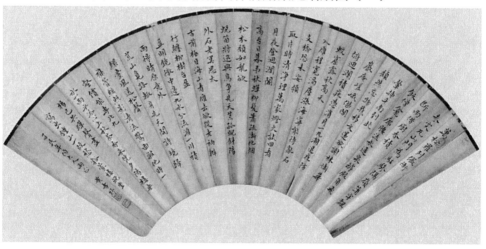

圖二十一：民國三十二年（1943）年
黃孝紓繪《梅石圖》

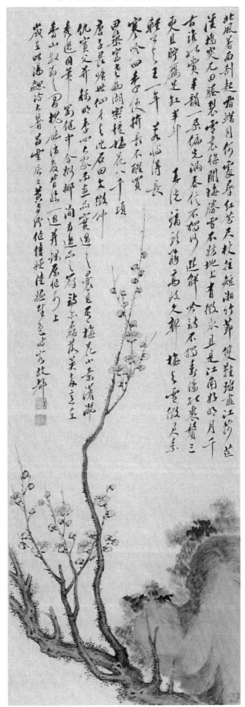

圖二十二：1963 年春黃孝紓繪
《師方壺法設色山水》，杜嘉跋，青島博物館藏

目

次

下　冊

編　例

　　一、2018 年山東大學文學院編輯《黃孝紓文集》。余奉命至山東大學檔案館查閱摘錄黃孝紓先生檔案，就檔案所載，杜澤遜師命撰《黃孝紓年表》。續有所增，繫年以載，而成此輯。

　　二、先生紀年以陰曆為主，本文尊用。凡有明確日月者，皆於日期後括注公曆。引錄舊文確知為公曆者，皆於日期前標示公曆。

　　三、凡一事，涉及他人、他事者，必前後添註，以知其源流本末。

　　四、傳聞異詞，以一家為主，他說亦備列於下，識者擇之。間有考訂，以按語附之。

　　五、先生所撰文字，有關行歷者，亦加摘引。非因原書具在，而加刪削。文中摘引文字，因有初稿、定稿之異，一般不加改動並標示所據文本出處。根據手稿等校錄文字，間有模糊或難以辨識者，則以「□」符號代之。

　　六、諸人名氏，多有徑稱字號者，引錄時隨文括注字號於姓名之後，以便覽者。

　　七、先生所藏、所撰文獻多燼於劫火，本文蒐稽不厭其詳，以存故實為主。因所涉文獻浩瀚，一時難以周覽，博聞君子，不吝賜正。

　　八、家學為學術傳承的重要途徑之一，黃曾源父子，共相薰染，學有共通之處，以是左海黃氏諸人相關傳記、評論材料，亦加蒐輯，列為附錄。

　　九、本文於先生心跡嬗變之因，學術遷改之由皆不能探其隱微，識其始末，僅能聯綴舊文而成此《編年事輯》，以備「年譜」之作。

黃孝紓先生世系考

　　黃孝紓，字公渚，按《哀生篇示份君》云「名余曰鴻邁，紓取國難謚」，或初名鴻邁，公渚取「鴻飛邁渚」意。**號頵士、匑厂**，一作匑庵、匑菴，見《自傳》（1951年9月20日）。**別號霜腴**、《匑厂詞乙稿》卷端題「霜腴黃孝紓」。《碧慮簃印存》書名下署「霜腴」。梁鴻志（眾異）《癸酉除夕，匑庵以匑之近窮也，改號霜腴，有詩奉和》。**輔唐山民**、嶗山一名輔唐山。《嶗山志序》末有「癸巳（1953）夏日，輔唐山民黃公渚匑庵氏拜撰」。**勞人**、見《春遊瑣談》。或作東海勞人，見青島博物館藏設色山水圖，自署「東海勞人黃匑庵」。**漚社詞客**、曾參加漚社。**天茶翁**、《東海勞歌》卷端題「福唐天茶翁」。《勞山集自序》末題「天茶翁黃匑厂」。**甘龍翁**、《輔唐山房猥稿》卷端題「甘龍翁」。或稱甘龍樵夫，題張伯駒藏曾鯨繪《侯朝宗像秋江釣艇圖》末署「甘龍樵父黃匑庵」。**昌雲居士**《梅石圖》題「昌雲居士黃孝紓作」。等。**書齋稱輔唐山房**、有《輔唐山房猥稿》。**七十二疊山房**、黃為憲、魯軍《黃公渚在青島》。**碧慮簃**、有《碧慮簃詞話》。梁鴻志《題黃公渚碧慮商歌圖卷》：「君家有石名碧慮，庋以為簃容汝偃。」杜澤遜《懷念故人鮑思陶》：「有一次我在蓬萊慕湘藏書樓看到黃孝紓先生手稿《碧慮簃詞話》，不知碧慮簃的來歷，那時網上資源很少，就問鮑老師。一個月，他說找到了，南朝蕭綱有一篇《謝賚碧慮棋子屏風啟》，大概只有他用過。」**枕湄軒、延嬉室**、有《延嬉室書畫經眼錄》。《青州僑寓記》：「前為廳事，家大人款客所也。旁有小室，貯書其中，微風入幃，牙籤答響，顏其榜曰枕湄軒，北側問影軒、延嬉室，余兄弟讀書所也。」**頤水室**、撰有《頤水室書畫考》《頤水室考古錄》。**墨謔盦**、所撰《清道人遺集佚稿序》，序末題「癸酉良月，匑厂黃孝紓序於墨謔盦」。陳亦書撰《許承堯與黃曾源、黃公渚父子》：「黃公渚得到了一幅明代徐渭的

青藤墨花卷，題『墨戲』二字，因以名高。」昌雲谿《黃公望筆意圖》上鈐「昌雲谿」印。等。**福州駐防漢軍正黃旗人，有印章云「遼海軍僑」。**《煙沽漁唱》「社外詞侶題名」有：「黃孝紓，字公渚，號匋厂。漢軍駐防。」《國立山東大學教職員履歷表》（1951 年）云：「福建閩侯人。」清代旗人籍貫隸屬旗籍，民國後始改歸各地。在清代，籍屬漢軍正黃旗，祖居在羊嶼鄉。羊嶼鄉屬閩縣江左里，民國二年（1913）閩縣與侯官縣合併為閩侯縣，民國二十三年（1934）江左里等六里，由閩侯劃歸長樂縣。**以父辛亥後去官，流寓山東。父黃曾源，母支氏。**吳郁生《黃曾源行狀》。《國立山東大學教職員履歷表》（1951 年）云：「母支氏，年七十八歲。」

其先世可考者：

遠祖黃希宣，以軍功編入漢軍旗籍，官至副都統。《黃曾源會試硃卷》（光緒庚寅恩科）。吳郁生《黃曾源行狀》。

駐閩始祖黃文元，清康熙十九年（1680）由京奉調入閩，以軍功授正黃旗領催。《黃曾源會試硃卷》（光緒庚寅恩科）。

二世祖黃鼎臣。《黃曾源會試硃卷》（光緒庚寅恩科）。

三世祖黃中極，字紫垣。清雍正七年（1729）挈眷移駐福州閩縣三江口洋嶼鄉水師旗營。羊嶼鄉屬閩縣江左里，民國二年（1913）閩縣與侯官縣合併為閩侯縣。民國二十三年（1934）江左里等六里，由閩侯劃歸長樂縣，李永選有《長樂六里志》。**由驍騎校歷官左翼佐領，署本營協領。乾隆五十一年（1786）統帶水師旗營水兵參與平定臺灣林爽文之亂，以軍功獎賞一等功牌。**《黃曾源會試硃卷》（光緒庚寅恩科）。吳郁生《黃曾源行狀》。黃曾成《琴江志》第五編武功：「黃統帶父子赴臺。乾隆五十一年，林爽文之亂，將軍恒瑞令我太高祖紫垣防衛五虎要隘。嗣賊氛猖獗，旋於是年冬，將軍鄂題保總帶滿漢旗兵乘為字趕繒船赴臺。臺地林深箐密，煙瘴殊甚。前有勃敵，後無援兵，瀕死者數。而大將軍福康安屢促進兵，遂賈勇直前，士皆奮鬭，大憝就戮。至五十六年凱旋。我太高祖長子和珍，成之高伯祖也，當征林爽文時，任驍騎校之職，隨父赴臺，充當哨官，以軍功陞二佐領。至嘉慶六年，亦總帶旗兵往剿海盜蔡牽。李忠毅公陣亡後，賊勢益熾，遂與邱良功、王得祿努力兜剿。黑水洋之捷，和珍殊為盡力焉。愚按：福公以柴大紀不行橐鞬之禮，致柴首領不保，其治亂用重可見一斑。而我太高祖能奉公守法，抵死不回，卒至奏凱，且得嘉獎一等功牌，非公忠體國者，曷克臻此。」李永選《長樂六里志》：「黃紫垣，洋嶼人。乾隆五十一年，林爽文亂。紫垣防衛五虎要隘。冬，將軍鄂題保總帶滿漢兵赴

臺灣作戰。初紫垣以聲援隔絕，瀕死者數，卒以奮勇殲敵大慤。至五十六年始還。子和珍，以隨父出征有功，升二佐領。嘉慶六年，亦統帶旗兵營與蔡牽戰黑水洋，奏捷。」

四世祖黃懷信，左翼佐領，署本營協領。《黃曾源會試硃卷》（光緒庚寅恩科）。

高祖黃春鱗，字重本，號六庵。由清字外郎保舉以縣丞歸部選用。《黃曾源會試硃卷》（光緒庚寅恩科）。

曾祖黃恩貴，字錫勳，號石卿。清道光十七年（1837）丁酉科舉人，知州銜廣東候補知縣。以留辦福州省城團練，奉旨賞戴藍翎。歷署遂溪、新寧等縣知縣，有治績。清同治九年（1870）卒於新寧縣知縣任上。《黃曾源會試硃卷》（光緒庚寅恩科）。吳郁生《黃曾源行狀》。李永選《長樂六里志》。黃曾成《琴江志》第八編《文苑》：「我伯祖錫勳，文章詞賦冠絕一時，於筆札一道，尤超超元著，無愧孟公。《詠子丑寅卯》云：『昨夜三更興偶然，解開鈕扣退金蓮。春風幾度從頭數，不是花邊是柳邊。』如此題目移詠香奩體，可謂想入非非矣。又《春日閒居》云：『人物欣欣向歲華，四圍金翠襯晴霞。山中閒劚君臣藥，檻外爭開姊妹花。頻醉濃香忙戲蝶，偶攀芳樹亂棲鴉。柳妝碧玉縈陶宅，底勝春藏蘇小家。』細玩詩味清脆可聽，有中唐遺音。」（光緒）《新寧縣志》卷三：「黃恩貴，正黃旗漢軍福建駐防。舉人。九年二月任。卒於任。」

祖黃運昌，字愫存，號星樵。福建候補同知，隨同大軍克復漳州、南靖。以全省肅清，奉旨賞加知府升銜。歷署長汀、連城、龍溪等縣知縣，清光緒三年（1877）十二月任雲霄撫民同知，到任未及三月而去世。《黃曾源會試硃卷》（光緒庚寅恩科）。吳郁生《黃曾源行狀》。（光緒）《長汀縣志》卷二十：「正黃旗監生，同治五年四月署。」同治六年重刊乾隆《汀州府志》列名有：「署長汀縣知縣候補同知加十級紀錄十次黃運昌，漢軍正黃旗，監生。」（民國）《雲霄縣志》卷十三「雲霄同知」下列：「黃運昌，光緒三年十二月。」《自傳》（1951 年 9 月 20 日）：「我的上代係讀書人家，到了祖父時，因為做雲霄廳同知，到任未三月逝世。死後，虧空累累，家遂破產中落。」

父黃曾源，初名曾詒，黃曾成《琴江志·黃曾源傳》。字石孫、石蓀，號立午，晚號槐廔。福州駐防漢軍正黃旗崇全佐領下人。清咸豐八年（1858）三月初八日生。由附生中式光緒十四年（1888）戊子科福建鄉試舉人，《黃曾源鄉試硃卷》（光緒戊子科）。清光緒十六年（1890）庚寅恩科

成進士，同榜進士有文廷式、吳蔭培、徐繼儒、朱益藩、王以慜、王乃徵、廖平、俞明震、夏曾佑、張學華、柳堂、蔡元培、江標等。按蔡元培光緒十六年（1890）會試成貢士，未殿試，光緒十八年（1892）補殿試。故黃曾源仍稱同科。**改翰林院庶吉士。**《黃曾源會試硃卷》（光緒庚寅恩科）。吳郁生《黃曾源行狀》。時王懿榮任庚寅科庶吉士教習，黃曾源與吳蔭培、謝佩賢、許晉祁、王安瀾、徐兆瑋、王乃徵、吳煦、韋履潔、吳慶祥、閻志廉同出王懿榮之門。見《王懿榮年譜》。**光緒十八年（1892）散館授職編修。**長樂天后宮有匾書「燕海生還」四大字，後跋云：「余歷丁家難，意忽忽不自得，己丑北上，禱於神，誓以功名不遂不復生還。今幸捷南宮，入詞垣，乞假南旋，言念疇昔，書此以志神貺。里人黃曾源。」見李永選《長樂六里志》。**光緒二十年（1894）大考三等第三十六名。光緒二十一年（1895）充國史館協修官。**《山東巡撫孫寶琦奏請以黃曾源補濟南守摺》。**光緒二十三年（1897）充直省鄉試磨勘官。光緒二十四年（1898）三月奉旨以御史記名，十二月充協辦院事本衙門撰文官，功臣館纂修官。光緒二十五年（1899）充鑲紅旗管學官。光緒二十六年（1900）二月初六日京察一等。**《緣督廬日記抄》卷八。**光緒二十七年（1901）二月傳補山東道監察御史，七月署督理街道御史，八月署禮科給事中，九月署江南道監察御史，十一月轉掌四川道監察御史。光緒二十八年（1902）二月調河南道監察御史，三月京察覆帶引見，奉硃筆圈出，四月十九日蒙召見一次，奉旨記名，以道府用。本月二十一日奉旨補授安徽徽州府知府。**《清代官員履歷檔案全編》。**光緒三十一年（1907）任青州府知府。**（光緒三十二年秋季）《縉紳全書》。（光緒）《益都縣圖志》卷十八。**宣統二年（1909）任濟南府知府。**（宣統）《山東通志》卷五十四。**辛亥革命去職，因福建原籍無產業，無家可歸，遂流寓青島。**黃孝紓撰《自傳》（1951 年 9 月 20 日）：「先父石蓀，幼年因債務逼迫，出外謀生，靠教家館為生活。在封建社會中讀書人惟一出路是科舉，先父亦不例外，辛苦掙扎，由秀才而舉人而進士，光緒庚寅年入翰林。是時外患日迫，清廷政治日趨腐敗。同榜中如文廷式、夏曾佑、廖平、蔡元培諸氏，思想皆趨向維新，因此我父親亦具有政治改革思想。在御史任內，雖有敢言直諫之名，但為時代意識所限，亦僅屬於改良主義。後因好直言，被親貴排擠，外調徽州知府，後轉青州、濟南知府。辛亥革命去職，因福建原籍無產業，無家可歸，遂流寓青島。」著有《奏議》及《詩文集》若干卷，藏於家。吳郁生撰《黃曾源行狀》。傳於世者有《義和團事實》一卷，稿本，存南京圖書館。《石蓀詩稿》一卷見李永選《長樂六里志》。有潛志堂

藏書數萬卷。與劉廷琛的潛樓、于式枚的潛史樓並稱三潛藏書樓。配史氏、王氏，前卒。繼配支氏。子四人，孝先，王夫人出。孝紓、孝平、孝綽俱支夫人出。吳郁生撰《黃曾源行狀》。黃孝紓撰《國立山東大學教職員履歷表》（1951年）云：「母支氏，年七十八歲。」

黃孝紓家族世系表：

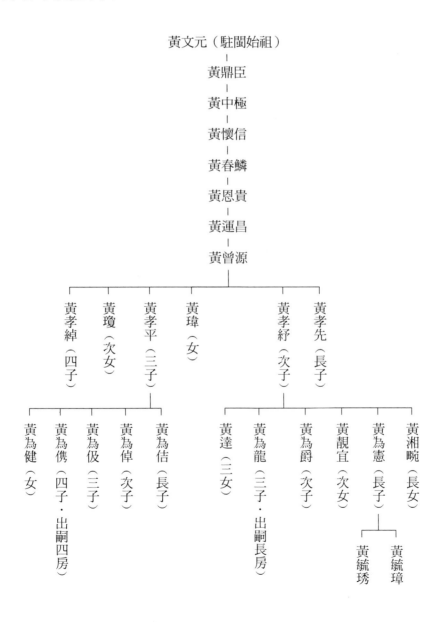

年　譜

1900 年（清光緒二十六年庚子），一歲

　　庚子之變，黃曾源目擊諸務，撰有《義和團事實》一書。北京失守，慈禧、光緒西逃，黃曾源在北京與留駐王公大臣奔走擘畫，傳遞消息，而籲請回鑾一疏，尤關大計。黃孝紓《哀生篇示份君》述庚子圍城時黃曾源之事云：「大人重官守，不忍詭言逸。應門無臧媼，我母躬井爨。糧盡繼以糜，窮搜到芋栗。危城逾十旬，祖宗實陰騭。消息憑蠟丸，密疏陳一一。行朝鑒忠藎，優詔到蓬蓽。」黃曾源所撰《義和團事實》一卷，稿本，現存南京圖書館，整理本刊《義和團運動史料叢編》第一輯。按庚子之時，《高枏日記》多及黃曾源事，刊《庚子記事》中。

　　八月二十三日（9 月 16 日），生於北京。黃孝紓《哀生篇示份君》：「我生歲在子，月中南呂律。」《國立山東大學教職員履歷表》（1951 年）出生日期一欄填「民前十四年八月廿三日生」。《自傳》（1955 年 9 月 28 日）云：「生於一九〇〇年八月。」《高等學校教師登記表》（1952 年 9 月 6 日）出生年月一欄填寫：「1900.8.23。」

　　時兩宮西狩，黃曾源名之曰鴻邁、孝紓，鴻邁取「鴻飛邁渚，公歸無所」之意，孝紓取「紓取國難謚」之意。黃孝紓《哀生篇示份君》云：「名余曰鴻邁，紓取國難謚。」或初名鴻邁，後字公渚，取「鴻飛邁渚」意。黃孝紓《林君荔淑四十壽序》述及早年在京之事云：「林君荔淑，長予十二歲。是時兩大人同宦京師，卜居瑞芝堂故宅，居相曬也。君方總角，以世講故，晨夕往來無間。予時在抱，未能憶也。家君嘗拓一齋，教兩家子弟。吾四叔父與五叔父皆君同學友，予以未得與為恨。及長率離徙，隨宦南天北地。更歷世變，忽忽且二十年。」載《大公報（天津）》1925 年 3 月 11 日。

是年，兄黃孝先十歲。黃孝先，字伯騫。生於清光緒十六年（1890），卒於民國二十九年（1940）。懷才嫉俗，不樂仕進，日與麴糵為伍。酒酣耳熟，操紙筆，詩文立就。所為詞，豪情茂采，不事修飾，而自合聲律。惜不自珍惜，身後存稿，強半散失，一生未娶。著有《甕天室類稿》。

1901 年（清光緒二十七年辛丑），二歲

四月二十日（5月18日），黃曾源奏呈《定期回鑾以維大局折》。

1902 年（清光緒二十八年壬寅），三歲

六月，黃曾源授徽州府知府。七月，出京。九月十八日領憑到省，十一月初十日到徽州府知府任。《山東巡撫孫寶琦奏請以黃曾源補濟南守摺》。（光緒二十八年秋）《縉紳全書》：「知府黃曾源，漢軍正黃旗人，庚寅，二十八年六月授。」林紓《送黃石孫侍御出守徽州序》：「壬寅七月，黃石孫侍御出守徽州，今侍郎郭公、京兆尹陳公餞之。……乃生則用諍以攻其私，死復平心以原其眚。侍御固不因人之曲而曲之，因人之直而直之，且其事人也，不以生死盛衰易其操，阿諛黨順變其言。嗟夫，若侍御者，誠君子也。」

是年，三弟黃孝平生。黃孝平，字君坦，號叔明，璽厂，又號甦宇，牪叟。著有《蟄燕龕詞稿》，代徐世昌撰《晚晴簃詩匯敘》。黃孝紓、黃孝平、黃孝綽兄弟三人，早年僑寓青島，築袖海樓讀書，潔身養志，並工駢文及詩詞，有「江夏三黃」之目。1966 年閩縣王則潞將黃孝紓《匑庵文稿》、黃孝平《問影軒駢體文存》、黃孝綽《攖寧齋遺稿》合印為《左海黃氏三先生儷體文》。

1903 年（清光緒二十九年癸卯），四歲

是年，隨父至徽州。黃孝紓《哀生篇示份君》：「隨官歷徽、青」。《哀時命賦》：「余隨侍於卯歲，值開元之季年。」

1904 年（清光緒三十年甲辰），五歲

是年，隨父在徽州。黃孝紓《哀生篇示份君》。

1905 年（清光緒三十一年乙巳），六歲

五月二十三日（6月23日），硃筆圈出，青州府知府著黃曾源調補。《山東巡撫孫寶琦奏請以黃曾源補濟南守摺》。陳亦書撰《許承堯與黃曾源、黃公渚父

子》：「黃曾源的後任徽州府知府是王振聲，根據《王振聲日記》第 62 頁：王振聲接旨日期是光緒三十一年八月二十二日（1905 年 9 月 10 日）。此時黃曾源並未隨即離開徽州，而是在等候王振聲的到任。1906 年 1 月 7 日王振聲到任接印，黃曾源一家於 1906 年 1 月 16 日（臘月二十二）辰時起程離歙『起行赴省』。」

是年，弟黃孝綽生。黃孝綽，字公孟，號訥庵、罃庵。幼好《太史公書》，治詞章，能為沈博絕麗之文。民國二十四年（1935）曾任職於膠濟鐵路、青島經濟年鑑編纂委員會。在舊京與兄君坦入清溪詩社。後任南京國民政府（汪偽政權）審計部、監察院祕書。南都板蕩，身歷兵間，詞多感事之作，黍離麥秀，固一往情深。妻劉希哲，劉廷琛女。卒於 1950 年。著有《藕孔煙語詞》二卷，《悅杕集（集簡齋詩句）》（載《青鶴》1932 年第 2 期、1933 年第 6 期、1933 年第 18 期），《攖寧齋遺稿》一卷（1966年閩縣王則潞印《左海黃氏三先生儷體文》本）。

是年，黃曾源與許承堯在徽州歙縣紫陽書院創辦新安中學堂。陳亦書撰《許承堯與黃曾源、黃公渚父子》。

1906 年（清光緒三十二年丙午），七歲

正月二十五日（2 月 18 日），黃曾源到省。二月初六日（2 月 28 日）到青州府知府任。《山東巡撫孫寶琦奏請以黃曾源補濟南守摺》。（光緒三十二年秋季）《縉紳全書》：「（青州府）知府黃曾源，石蓀，漢軍正黃旗人，庚寅，三十一年五月調。」

隨父至青州。黃孝紓《哀生篇示份君》：「隨官歷徽、青」。

1907 年（清光緒三十三年丁未），八歲

八歲卒鄹書，奇字識六七。撥鐙為八分，蠟扁亦奇崛。黃孝紓《哀生篇示份君》。

是年，隨父在青州。

1908 年（清光緒三十四年戊申），九歲

是年，隨父在青州。

1909 年（清宣統元年己酉），十歲

是年，隨父在青州。

是年，因青州駐防旗人把持學務，與紳民各爭意見，公立各學堂罷

學風潮起。黃曾源設法調和，稟文約六七千字。見《青州學界之滿漢》，載《神州日報》（1909 年 11 月 10 日）；《青州罷學之大風潮》，載《漢口中西報》（1909 年 11 月 15 日）。

1910 年（清宣統二年庚戌），十一歲

三月，黃曾源調署濟南府知府。三月十九日（4 月 28 日），到任。《山東巡撫孫寶琦奏請以黃曾源補濟南守摺》。

七月，黃曾源正式調任濟南府知府。

隨父至濟南。在濟南之日，黃孝紓「拏舟大明湖，朝山禮千佛。背誦秋柳詩，跌蕩送日月」。《山東巡撫孫寶琦奏請以黃曾源補濟南守摺》：「宣統二年三月調署濟南府知府，十九日到任。臣查該員心術純正，為守兼優，現署濟南府知府，措置裕如，以之調補濟南府知府，實堪勝任，與例亦屬相符合。仰懇天恩，俯念員缺緊要，准以青州府知府黃曾源調補濟南府知府，實於省會要缺有裨。如蒙允准，該員係現任知府調補知府銜缺相當，毋庸送部引見，所遺青州府知府員缺，遵旨即以鮑心增補授。再該員係再調之員，所有安徽徽州府任內罰俸處分，均係光緒三十四年十一月初九日恩詔以前之案，應請免其核計，除咨部查照外，理合恭摺具陳，伏乞皇上聖鑒，敕部核覆施行，謹奏。宣統二年七月初一日奉硃批吏部議奏，欽此。」黃曾源《校經室文集跋》：「宣統庚戌，余由青州調守濟南。」（宣統二年冬季）《縉紳全書》：「濟南府知府黃曾源，漢軍正黃旗人，庚寅，二年七月調。」按《凌霄一士隨筆》云：「其後相繼為濟南守者，……黃曾源由泰安，曾源值辛亥革命而去。」黃曾源由青州轉任濟南，非由泰安，此誤。

十一畢九經，千言不停筆。文成長老驚，自命羯與末。黃孝紓《哀生篇示份君》。

在濟南官所，得識柳堂。黃孝紓《柳勖菴壽言》云：「紓為童子時，隨侍家君濟南官所。其時年誼往來者，為柳丈勖庵。丈性樸儉，衣敝袍僅及踝，髯髟被領如雪，而步履甚健。每至齋，據几放談，聲格格出戶外，與家大人意相得也。一日手所著《筆諫堂集》二巨帙見贈，余竊取視，雖不盡通曉，覺所言多瑣屑可喜，心知其可貴而已。」載《大公報（天津）》1924 年 8 月 27 日第 2 張第 7 版。

1911 年（清宣統三年辛亥），十二歲

黃曾源在濟南府知府任上，以河防勞績保道員。時武昌變作，孫寶

琦謀山東獨立，以義不苟從，遂稱疾引去。及山左易幟，已先期舉家避地青島，賃屋僦居木肆中。張學華《黃曾源墓志銘》。黃孝紓《哀生篇示份君》：「一朝國步移，武漢幟先易。訛言及山東，徵調大軍集。疆臣持兩端，陰進遊士說。廷爭惟大人，語切皆盡裂。投版盡室行，勞山坐晞髮。廉吏不可為，蕭然立四壁。平生贍生資，強半大駔沒。書籍隨雲煙，身外幾長物。結廬在闤闠，邪許兩耳聒。詣人出無車，經旬髮不櫛。清寐擾市聲，雜處皆短褐。」《雅言》辛巳卷一載黃孝紓撰《辛亥後吾家避地青島，僦居木肆，湫囂狹隘不可以居，作〈賃舂篇〉》，即為當日寫照：「橫術何廣廣，吾獨困天桎。敝廬自湫囂，一暝聊可佚。心安即吾鄉，長吟百憂失。三年作流人，居處一褌蝨。開軒即通衢，朝夕塵堁溢。雞鴨亂溷藩，時復屋山逸。近市識物情，得酒衣屨質。牆頭過螽輪，檐矮常蔽日。偃臥衽滄溟，蜃氣連鮫穴。怢愺邪許聲，帆影旁枕出。風狂時破扉，雨甚室如漆。圖書亂槏架，如髮不可櫛。雜作傭保間，屠釣皆素噎。拘拘遺世心，吾道在抱膝。寤歌懷黃農，所寶經一袠。潔身以奉親，違天復何恤。八方塵冥冥，掃除先一室。」《雅言》辛巳卷七載黃孝紓《入島重過木肆故居》：「三年賃廡棲遲地，未得無情訪破春。」《（黃孝紓）自傳》（1955 年 9 月 28 日）：「先父服官三十年，辛亥罷官歸隱，宦囊不及乙萬元。一部分是中興煤礦及大源公司股票，一部分現金，存銀行生息，維持全家生計。以故民初第一次來到青島，無力購買住宅，賃屋而居。」

1912 年（民國元年壬子），十三歲

春，在青島，從薛肇基（淑周）治學。因薛氏來青島赫蘭大學（即德華大學）任教，黃孝紓就進了該校旁聽了一個時期。一直到民國三年（1914）秋至青州益都避亂，始在該校肄業。《自傳》（1951 年 9 月 20 日）：「我從小因體弱在家延師課讀，因我的塾師後來在赫蘭大學任教，因此也就進了該學校旁聽了一個時期，一九一四年德日戰爭起，由青島徙益都避亂。」《國立山東大學教職員履歷表》（1951 年）學歷填寫：「赫蘭大學肄業。」《1949 年教職員登記表》：「1912年至 1914 年，青島赫蘭大學肄業。」《高等學校教師登記表》（1952 年 9 月 6 日）：「1912 年春至 1914 年秋，在青島從薛淑周教授治學，證明人楊伯岡，青島工商局職員。」按：黃孝紓兄弟，由薛肇基啟蒙。黃孝紓《哀生篇示份君》：「循循侯官師，教誨亦多術。待問如撞鐘，善誘到佔畢。」《島上流人篇·薛淑周夫子》：「猗歟侯官師，誨我由童蒙。」侯官師者，薛肇基，字淑周，侯官人。

1913 年（民國二年癸丑），十四歲

五月，與弟黃孝平以書法就教李瑞清，並得李氏手書《禮器碑》相

餉。黃孝紓《清道人遺集佚稿序》:「壬癸間,偕胡瘦唐渡海,訪劉潛樓青島修詞館,後進禮謁家君逆旅。紓時弱冠,習篆隸,家君命就質,敦復教勉,瀕行出手書《禮器碑》相餉。」黃孝紓《李梣庵先生手書冊葉跋》(《大公報(天津)》1924 年 7 月 31 日):「紓性迂拙,於他物無所嗜,獨於書癖好不厭。而粗有所獲,不入歧途俗派者,則兩先生之力為多。一漢□易蔗農,一則臨川李梅庵。皆紓客膠時,從請益者也。兩先生貌和氣溫,樂獎借後進,皆於紓尤所期許。然師之久,過從之數,慇慇拳拳,至間處而仍以郵筒相誨者,則梣庵先生為尤摯焉。始紓之識先生於劉潛樓侍郎。紓年方十三四,家君挈余兄弟往執贄焉。先生顧余面笑,命執筆就几上作徑寸字。書竟,顧謂家君曰:『孺子可教也。當使縱習漢魏六朝碑板,以厚其根柢。』遂歷告古人撥燈、九宮之訣及鐘鼎彝器篆隸分楷之流別,移晷刻不倦。而余之□□八法,蓋自此始。先生與侍郎故有戚誼,間一歲即來,來輒淹留浹月。余每偕昆弟□杖侍側,出所習書以相質。虛往實歸,無不□吾□,以為他人無此樂也。」黃孝平《李梅盦先生手書冊葉跋》(載《青鶴》1933 年第 1 卷第 5 期):「因念島居時,先生自滬來遊,客潛樓劉丈許。家君挈平兄弟往謁,平時總丱,長方與案等,撰杖捧硯,從旁請益。尺寸之獲,未必非造於斯。」按肖鵬《清道人年譜長編》謂是年五月李瑞清、胡思敬訪劉廷琛於青島,陰圖復辟。劉廷琛通過黃曾源結識張勳,在復辟運動中,起一定作用。陳邦炎(申君)《清末民初雲烟錄》中《張辮帥與辮子兵》一節:「當時,在青島的諸人以溥偉為首,而溥偉之下最起作用的是劉廷琛。劉字幼雲,號潛樓,江西九江人,光緒二十年進士,在清末歷任翰林院編修,陝西提學使,京師大學堂監督,學部副大臣。張勳為江西奉新人,與劉有同鄉之誼,對劉特別傾服。劉起初對張的政治態度還不能無所懷疑,後來通過曾做過濟南知府的黃曾源(字石孫)結識了張幕中的塗紹光(字芝岩),又見到了王寶田,才開始與張建立聯繫。陳毅在一九二七年寫有一首贈黃曾源的詩,其中有『遂堅張劉歡,使相為羽翼,窺濟雖不成,人知德曾食』這樣幾句話。」

是年,在青島赫蘭大學讀書。

1914 年(民國三年甲寅),十五歲

秋,自青島赫蘭大學肄業。日德戰爭起,青島捲入旋渦。全家避亂,遂內徙青州益都。在家自修,同時開館授徒,補助生活。一直到延續到民國十一年(1922)年冬。《山東大學目前師資情況調查簡表》(1951 年 10 月 27 日):「一九一四,青島赫蘭大學肄業。」《自傳》(1951 年 9 月 20 日):「一九一四年德日戰爭起,由青島徙益都避亂。」又云:「一九一四年至一九二二年,皆在益都居住,

家境非常艱苦，無力上大學，在家自修，同時開館授徒，補助生活。」《自傳》（1955年 9 月 28 日）：「從一九一四年至一九二二年，皆在益都居住。家境非常艱苦，無力上大學，在家自修。同時開館授徒，補助生活。那時治學的方向，走的是乾嘉漢學家的路子。對於東原戴氏、高郵王氏、元和惠氏、金壇段氏諸人的書，我非常崇拜。思想因受廖平、康有為所著書的影響，憧憬大同，趨向空想的社會主義。同時又研究詞章，篤好漢魏六朝文，因為少年記憶力相當好，好寫辭賦和駢體文。其間正值五四運動，對於時局非常憤慨，希望有個改革。當時對於社會性質認識不清，不知資產階級，不能領導革命，反以北洋軍閥攘竊革命成果，走向反動道路，認為革命是少數人奪取政權的陰謀手段，掛羊頭賣狗肉，換湯不換藥，國家機構，是暴力機關，任何政治，都是以暴易暴，談不到什麼民意民主。因此對於政治，起了厭惡的心情。只希望有一技之長，苟全性命於亂世，做個自食其力的文人。因此從事研究繪畫、美術、篆刻、書法等等。在這時期，由於學習過勞，得了肺病及心臟病，經過休養一個期，才獲到了恢復。」劉廷琛《青島僑寓記跋》云：「敘述甲寅避亂情景，歷歷如繪。」黃孝紓《哀生篇示份君》，蓋為此時寫照：「如何小桃源，復此兵氛及。倉皇突未黔，鐵籠隨拔宅。青州復來歸，隨遇非舊識。六年三徙居，求田無一尺。」

1915 年（民國四年乙卯），十六歲

春，在益都任家庭教師，主要是教學兼賣文生活。《高等學校教師登記表》（1952 年 9 月 6 日）：「1915 年春至 1922 年冬，在益都任家庭教師，從事教學兼賣文生活。證明人楊伯岡，青島工商局職員。」《自傳》（1955 年 9 月 28 日）。黃孝紓《青州僑寓記》居在青州益都始末：「一為衛街住二年，一為中所營住三年，最後為西營二衛。歲在乙卯，為吾家自膠澳遷青之始」。同時者「則有劉潛樓、商雲汀、葉鶴巢諸丈，薛淑周夫子、李建侯表叔，以次來蒞。」最後所居為都護延公別業，「前為廳事，家大人款客所也。旁有小室，貯書其中，微風入幃，牙籤答響，顏其榜曰枕葄軒，北側問影軒、延嬉室，余兄弟讀書所也」。

春，為陳道量（寥士）繪《十園圖》。題曰：「半園圖，乙卯春日為寥士詩人作。匑厂黃孝紓。」圖載《國藝》1940 年第 1 卷第 5、6 期。黃孝綽附識云：「家兄為寥士道兄作十園圖，十誤署半，謹此附識。黃孝綽。」

夏五月，黃曾源撰《校經室文集跋》，述及劉承幹校刻孫葆田《校經室文集》事。「去歲獲交章一山太史，知劉翰怡京卿蒐刻昔賢著述，遂因一山太史商諸繆筱珊前輩，介於翰怡京卿，以廣其傳。於是君之遺集，其未刊於圖書館者，或不

至終於湮沒歟。而翰怡京卿於斯文將喪之時，力任此舉，俾余與漢三、穉雲藉以無負於死友，則尤余所永矢弗諼也。乙卯夏五月，前史官黃曾源跋於青州寄寓。」校刻孫葆田《校經室文集》為黃曾源等與劉承幹交往之始。後黃孝紓於民國十三年（1924）自青島至上海，經章梫（一山）介紹，任職吳興劉氏嘉業堂，當亦與此有關。

1916 年（民國五年丙辰），十七歲

在益都，任家庭教師。《高等學校教師登記表》（1952 年 9 月 6 日）。

1917 年（民國六年丁巳），十八歲

在益都，任家庭教師。《一九五一年思想工作總結》：「我出身在沒落官僚家庭，父親罷官後流寓山東，以賣文教書為生。我十八歲舊當家庭教師，經濟來源始終是靠薪水來維持生活。」《高等學校教師登記表》（1952 年 9 月 6 日）。《自傳》（1955 年 9 月 28 日）：「我十八歲當家庭教師。」

約是年與泰州周氏成婚。黃孝紓《哀生篇示份君》。按份君為周氏，係鄭天挺夫人周忺（字稚眉）胞妹。故黃氏填寫各種表格時，填寫親戚關係有鄭天挺。《鄭天挺西南聯大日記》（1946 年 1 月 1 日）：「赴黃公渚、君坦之約於東四牌樓二條胡同，並拜見姻年伯母支太夫人，亡室周稚眉夫人之姨母也。」

1918 年（民國七年戊午），十九歲

長女黃湘畹（紉蘭）生。《自傳》（1955 年 9 月 28 日）：「長女湘畹，輔仁大學畢業，青島工學院註冊科長，民盟盟員。」後嫁華粹深，2000 年去世。又見黃為隽先生編寫《左海黃氏世系表》。

1919 年（民國八年己未），二十歲

仍客益都，撰《莊子大同書》成。黃孝紓撰《其他》（1950 年 7 月 23 日）：「我生在光緒末年，正值戊戌變法高潮，我的業師又係研究《公羊》經學者，因此康、梁大同學說書籍，少年看了不少。記得二十歲時曾經寫了《莊子大同書》一個小冊子，博得老輩們稱許。」

長子黃為憲（用冬）生。黃為憲，字景度、用冬，撰有《琴湄詞》。後任青島人民銀行職員。《詞綜補遺》卷四十七選其《六醜·自詞偓去後》一首。黃孝紓《哀生篇示份君》云：「行年已及冠，差幸有家室。大男始勝衣，長女肌玉雪。」又見黃為隽先生編寫《左海黃氏世系表》。

是年，因業師肇基（淑周）遠去燕都，與弟黃孝平下帷自課。黃孝平《鑑沫集》末題云：「以上數首為己未以前少作，時從薛師淑周受業，是為寒窗學詩之始，掇錄附存以志青燈夜課之思。時薛師淑周遠去燕都，因與仲兄、季弟下帷自課，歲時□函請益。」

約是年，步庾信《哀江南賦》韻作《哀時命賦》。《自傳》（1951 年 9 月 20 日）：「當時又研究詞章，篤好漢魏六朝文，因為記憶力少時相當好，曾用《哀江南賦》韻做過一篇《哀時命賦》。其間正值五四運動，對於時局非常憤慨，希望政治有個改革。」劉承幹《蛃庵文稿序》：「嘗仿《哀江南賦》體撰《哀時命》一篇，文譽藉甚，傳播逮大江南北。余嘗於朱彊邨侍郎許讀其文，詫為夏玉樊、王紲綺流也。」黃際遇《因樹山館日記》（1936 年 5 月 30 日）：「其最稱於時為《哀時命賦》，用漢嚴忌篇名，趁蘭成《哀江南賦》原韻，事有傷心時也，麗句瑋詞所得多矣。」《歷代辭賦總匯·清代卷》錄黃孝紓《哀時命賦》。按《蛃庵文稿》卷一錄此文，末有諸家評語，如王乃徵（病山）評曰：「奇思壯采，暉麗萬有，才氣縱橫排奡，尤足令人驚嘆，石公有子矣。」劉廷琛（潛樓）評曰：「文體隨世運而異，古賦至齊梁為一大變，子山用漢賦之氣體，緯以新詞，遂成千古傑構，作者蘊蓄遭遇與子山相近，摹擬故能神似，詞條豐蔚，猶其餘事。」朱祖謀（彊村）評曰：「以沈博絕麗之才，發鬱伊愀愴之音，洋洋千言，令人忘其為和韻之文。」馮煦（蒿盦）評曰：「揮斥六合，氣象萬千，此才良不易得，惟當英儁之年，顧好作悲語，何耶。」章梫（一山）評曰：「低個家國盛衰之故驚心動魄，不忍卒讀，可與玉樊堂《大哀賦》比美。」

1920 年（民國九年庚申），二十一歲

是年，在青州。

是年，李瑞清病逝上海，後歸葬南京牛首山雪梅嶺。肖鵬《清道人年譜長編》。按黃孝紓、黃孝平兄弟少時以書法問學於李瑞清，多得指教。

1921 年（民國十年辛酉），二十二歲

五月，黃曾源為勞乃宣賦詩二首。詩云：「顯皇側席憂群盜，光帝中興盡掃除。蕊榜殊恩周士庶，蟾宮故事感車書。丹心黃髮承天語（今上御賜匾額），滄海桑田老客居（君避兵曲阜，逾年後應德儒尉禮賢之聘來居青島，計前後客於海濱幾及十年矣）。南極一星光耿耿，未應長此混樵漁。

紫色鼃聲閏位初，萬方爭誦辨奸書（袁世凱欲借君名以自重，假辭禮聘，君著共

和辦以抵之，義正詞嚴，一時傳誦殆遍）。官貧名重東歸後（君知吳橋縣，拳匪事起，君攷析源流，著書定為邪教，為袒拳者所怒，告歸。以資深詮補吏部主事，起江蘇提學使，京師大學堂總監督，學部大臣），世變心傷北望餘（君為學部大臣，以袁世凱心懷叵測，拂衣而去，未幾隆祐皇太后被迫而遜位之詔下矣）。願起桓榮為少傅（前以帝師徵，君年邁不敢應召），且同方朔話公車。知君治亂憂天下，底事辛年百不如（前辛酉浙亂初平，君登賢書，後十二年，君成進士，今自辛亥至辛酉，紛紛擾擾，迄無寧歲，撫今追昔，殆有不堪回首者矣）。

靭叟尚書與余同居青島，時相過從，丙寅避兵內徙。余遂滯迹青州，今君重宴鹿鳴，主上賜召丹心黃髮匾額，君賦紀恩詩三十韻見示，捧讀佳章，敬呈七律二首，滄桑滿目，知君亦同此感也。辛酉五月槐廔黃曾源拜稾。」按「丙寅」當為「甲寅」之譌。見泰和嘉成 2021 年春季藝術品拍賣會·海日流光——滄隱山房藏沈增植遺墨專場。按勞乃宣致夏敬觀《摸魚兒》詞，序中言及在青島等地流徙之狀，第一詞序云：「自題《勞山歸去來圖》。癸丑冬，應德國尉君尊孔文社之招，自淶水移家青島。以地在勞山之麓，為吾家得姓之祖居，此行可謂為歸。洮金甸丞為繪斯圖，自題此闋。」第二詞序云：「重返青島，再題《勞山歸去來圖》。癸丑移家青島，以在勞山之麓，繪《歸去來圖》，曾題一詞，歷荷同人題詠。甲寅戰事作，遷居闕里。丁巳時局又變，復返島上。撫今追昔，感慨繫之，再題此闋，以寫我懷。」見《夏敬觀家藏尺牘》。

是年，**為柳堂繪折扇**。末署「辛酉，公渚黃孝紓」。按此折扇現藏扶溝縣博物館。

1922 年（民國十一年壬戌），二十三歲

三月初九日（4 月 5 日）清明，與叔弟黃孝平（塈厂）、季弟黃孝綽（寬夫）、十弟孝繩，姪泰生，子黃為憲（用冬），女黃湘畹（紉芳）同遊青州范公祠，撰《清明日遊范公祠記》。文載《大公報（天津）》1924 年 5 月 19 日及《匑厂文稿》卷四。按陳柱《四十年來吾國之文學略談》亦舉是篇為佳作。

是年與弟黃孝平同讀書家塾。弟黃孝平亦傚效而撰《哀時命賦》。黃孝平《赤菟賦》跋云：「憶余弱冠以前，與仲兄匑菴共几案，習為詞賦，曾用庾蘭成《哀江南賦》全韻倣作《哀時命賦》一篇。嗣後仲兄赴滬，執教黌舍。余亦奔走餬口於四方，不彈此調忽忽五十餘年矣。茲者重溫故技，機杼尚未全忘。青氈餘味，惘惘在胸。而東西頭老屋之思，尤不禁愴然涕下也。」黃孝平跋云：「右賦一篇，壬戌年所作，斯時余與仲兄同讀書家塾，值北洋軍閥交鬨，窮兵之際，輾轉遷徙，歲無寧晷，偶為此

賦，步韻效顰，以為諧謔。後數年仲兄客遊滬瀆，少作駢文賦稿，先後獲友人措資刊行。余此作跰蹕學步，稚語滿紙，自視弗如，久棄篋衍，今忽忽四十年前事矣。晴窗謄錄一過，持示頌椒兄，祈削正榛蕪。不暇修飾，望嗤教之，並煩婉達涵負，可作盲翁詞觀，不登大雅之堂也，幸甚幸甚。璱庵識。」見曾克耑《頌橘廬叢稿外篇》卷三十四。

冬，全家自益都遷居青島。

是年，為柳堂（蒓齋）繪《耄學圖》並有題。黃孝紓《題耄學圖》云：「歲在壬戌，以書抵紓，屬為作《耄學圖》。」見《大公報（天津）》1923 年 10 月 22 日。

是年，次子黃為爵生。《自傳》（1955 年 9 月 28 日）：「次子為爵，南京石油公司會計。」又見黃為隽先生編寫《左海黃氏世系表》。

1923 年（民國十二年癸亥），二十四歲

七月，繪贈葉恭綽（遐庵）設色山水立軸。上為劉希淹節臨黃庭經字，下為黃孝紓摹龔賢畫作，上有二題云：「遐庵世先生教，孝紓。」「龔柴丈畫用筆，能於繁密渾厚中取韻，深得石田翁逸軌。癸亥七月，訒庵黃孝紓摹。」鈐「公渚長年」白文方印、「穎士之鉢」朱文方印、「尊知火馳」白文方印。見上海崇源 2010 年 7 月 31 日春季大型藝術品拍賣會・海上舊夢（四）。

八月初一日（9 月 11 日），張勳卒於天津。黃孝紓代父撰《張奉新誄文》。載《訒厂文稿》卷五。

九月十一日（10 月 20 日），《大公報（天津）》刊發所作《飛艇賦》，署名「公渚」。見《大公報（天津）》1923 年 10 月 20 日。按此篇後改名《航空賦》，載《訒厂文稿》卷一。

約是年，致信黃葆戉（蘐農）。題為《與家蘐農書》，中云「今年已二十有四。季弟君坦僅少二歲」，當為此年致函黃葆戉。載《大公報（天津）》1924 年 8 月 30 日。

1924 年（民國十三年甲子），二十五歲

春，遊青州怡園，有《怡園遊記》。略云：「是日支更生中表將歸海陵，以泰西法攝影為記。余弟璱厂首倡七絕四章，余因其數和之，時甲子春日也。」按《怡園遊記》載《訒厂文稿》卷四。

正月二十六日（3 月 1 日），自青島至上海，謀於此鬻畫。經章梫（一山）介紹，任吳興劉氏嘉業圖書館秘書、幹事兼編輯主任，主要擔

任整理圖書，審核板本，編寫提要，校勘古籍等事務。見《國立山東大學教職員履歷表》（1951 年）。又《教師及職員登記表》（1951 年 1 月）云：「1924 年 1 月至 1935 年 12 月，在上海嘉業圖書館任編輯主任。」《教職員登記表》（1949 年）：「1924 年至 1935 年，在上海嘉業圖書館，任幹事兼編輯主任，主管人為劉承幹。」

劉承幹《求恕齋日記》（正月二十六日條）第 7 冊第 389 頁：「晚黃公渚（孝紓，石蓀太守之子，一山薦在余處主記者也。今日上午自青島坐輪到此，至是來謁焉）來談。」劉承幹《求恕齋日記》中此日之後，記黃孝紓，多為事筆剳者。又見《嘉業堂藏書日記抄》第 493 頁。

又劉承幹《匔厂文稿序》云：「甲子（1924 年），匔厂謀鬻畫上海，因章一山左丞之介，來主嘉業堂。」按：任職上海嘉業堂之開始時間，《高等學校教師登記表》（1952 年 9 月 6 日）作「1923 年春」。《自傳》（1955 年 9 月 28 日）、《自傳》（1951 年 9 月 20 日）皆作 1923 年。當是誤記。《高等學校教師登記表》（1952 年 9 月 6 日）：「1923 年春至 1936 年春，上海嘉業圖書館秘書，主要從事編輯提要、考訂板本。章楶介紹。證明人張元濟，中國人民政治協商會委員。」《自傳》（1951 年 9 月 20 日）：「一九二三年至一九三六年，為就業住上海時期，擔任南潯劉氏嘉業堂圖書館編輯職務，月薪從一百元至一五十元，幫助整理圖書，考訂板本，編製藏書提要。張菊生、劉聚卿、董授經、朱古微、陳散原、羅雪堂諸氏，皆在該時所認識。」《自傳》（1955 年 9 月 28 日）：「一九二三年至一九三六年，為就業上海時期。擔任劉氏嘉業堂圖書館編輯職務，和私人秘書，月薪從五十元至一百五十元。幫助整理圖書，審核板本，編寫提要，校勘古籍。張菊生、況蕙風、劉世珩、徐乃昌、董康、羅振玉、朱彊村、陳三立、鄭太夷、陳仁先、程頌萬、李審言諸氏，皆在該時認識。」

正月二十九日（3 月 4 日），代劉承幹作函復汪鍾霖（甘卿）、孫守正（惠敷）、董康（授經）、王秉恩（雪岑）。晚預劉承幹家宴。劉承幹《求恕齋日記》（正月二十九日條）第 7 冊第 390 頁：「午後屬公渚作函復汪甘卿、孫惠敷、董授經。晚本生父親來，侍談良久。七時，外舅與沈田莘、徐曉霞、懋齋喬梓同來，茗談片時，然後入席。外舅歉讓再三，首席不肯座，推之不已。公渚首坐，外舅次之，田莘又次之，杞、虎兩兒亦侍宴。散後復長談至十一時而去。夜閱《式古訓齋文集》。屬公渚作函致王雪岑。」又見《嘉業堂藏書日記抄》第 493 頁。按黃孝紓代擬函稿，見上海圖書館藏《求恕齋信稿》中。

二月初二日（3 月 6 日），晚赴劉承幹家宴。代劉承幹作函致潘緝之。劉承幹《求恕齋日記》（二月初二日條）第 7 冊第 391 頁：「晚返家宴孫益庵、黃

公渚、董東蘇、沈醉愚、章一山、蔡詠和、孫季英、朱衡石，散後復小談而去。囑公渚作函復潘緝之。」又見《嘉業堂藏書日記抄》第 493 頁。

二月初三日（3 月 7 日），代劉承幹作函賀鄭孝胥（蘇戡）、金梁（息侯）。劉承幹《求恕齋日記》（二月初三日條）第 7 冊第 391 頁：「囑公渚作函賀鄭蘇戡、金息侯。新得內務府大臣之恩命也。」又見《嘉業堂藏書日記抄》第 494 頁。

二月初六日（3 月 10 日），夜與劉承幹談。劉承幹《求恕齋日記》（二月初六日條）第 7 冊第 393 頁：「夜間與公渚、惕若談。」

二月初九日（3 月 13 日），代劉承幹作函答朱仁壽。劉承幹《求恕齋日記》（二月初九日條）第 7 冊第 394 頁：「囑公渚作函答朱旭辰。」

二月十八日（3 月 22 日），代劉承幹作函致宋文蔚（澄之）、李東園、章鈺（式之）、張元濟（菊生）、白也詩。劉承幹《求恕齋日記》（二月十八日條）第 7 冊第 398 頁：「囑公渚作函致宋澄之、李東園、章式之（賀其六十壽辰）、張菊生、白也詩。」又見《嘉業堂藏書日記抄》第 494 頁。

二月十九日（3 月 23 日），夜代劉承幹作函致傅增湘、董康、劉世珩、王季烈。劉承幹《求恕齋日記》：「夜囑公渚作函致傅沅叔、董授經、劉聚卿、王君九。」又見《嘉業堂藏書日記抄》第 494 頁。

二月二十三日（3 月 27 日），劉承幹在南潯致函。劉承幹《求恕齋日記》：「囑醉愚作函致吳綱齋。又致黃公渚。」又見《嘉業堂藏書日記抄》第 494 頁。

三月初三日上巳（4 月 6 日），題陸燦為穆大展繪《攝山玩松圖卷》。跋曰：「穆近文大展，元和諸生，少遊沈歸愚之門，工詩古文，嗜流略學，精鑒別，多蓄三代秦漢鐘鼎彝器。擅篆刻，橅秦漢印鉢入能品。而碑版尤精，嘗獲《晉右軍將軍王夫人墓誌》於吳門短簿祠，影刻行世，幾於亂真。性澹泊，不慕榮進，隱居閭閈，設書肆自給。躬任剞劂，所刻書校寫精審，風行海內，名與毛汲古閣埒。與石琢堂、彭芝庭、潘榕皋、彭秋士、王夢樓、畢秋帆、錢竹汀、王西莊、袁隨園、錢十蘭為文字交。諸人所著書，多經其繕斠繡梓。殆宋臨安睦親坊陳解元、建安勤有堂余仁仲一流人物。卒於嘉慶十七年，年九十一。子廷梅能世其業。強學簃主人得此卷於姑蘇故家，屬為攷訂如右。是日同觀者馮煦、朱孝臧、王乃徵、張元濟、葉爾愷、吳俊卿、陶葆廉、鄭孝胥、龐元濟、張鈞衡、朱錕、劉世珩、徐乃昌、陳詩、況周頤、惲毓齡、惲毓珂、羅振常、褚德彝、徐珂、孫德謙、張爾田、袁思亮、劉承幹、夏敬觀、沈焜。歲在閼逢困敦上巳，甂厂黃孝紓識於南林劉氏嘉業堂。」此圖後歸黃孝紓墨謔盦，鈐「福唐黃氏枕葄軒藏金石書畫」印。黃氏得此畫又別紙跋云：「穆大展稽山玩松圖。

強學移故物，今歸墨諦盦。引首為沈德潛隸書攝山翫松圖五大字，坿題跋八十一人如下：陳宏謀、汪志伊、謝墉、沈德潛、彭啟豐、王昶、錢陳羣、秦大士、錢汝誠、張泰開、王鳴盛、薛觀光、蔣謝庭、介玉濤、蔣熊昌、李棥、陳景良、戴奎、葛正笏、史尚確、彭紹升、張大金、張其煒、吳賢、顧惇量、顧宗泰、應澧、陸鴻繡、韓錫胙、孫登標、金祖靜、陳蘭森、袁鑒、袁枚、張鳳孫、張塤、嚴長明、吳文溥、王瑑、錢坫、畢瀧、蒯謙吉、張復純、畢沅、畢溥、王文治、謝鳴篁、黃軒、李廷敬、王杰、楊堉、蔣元益、宋思仁、錢大昕、沈沾霖、劉墉、蒯嘉珍、徐昌期、季惇大、毛藻、蔡九齡、毛懷、吳友松、熊枚、舒懷、段琦、許寶善、范來宗、尤維熊、邢佶、沈起鳳、甄輔廷、潘奕雋、舒位、王曇、石韞玉、單澐、李翃、王賡言、康基田。」按《為穆大展繪攝山玩松圖卷》見 2013 年保利香港秋拍。後黃孝紓又撰《刊書家穆大展行樂圖》一文，載《春遊社瑣談》卷二中，較前跋多加增訂：「穆近文字大展，一字孔成，金陵人。諸生，少遊沈歸愚門。工詩古文，精鑒別，多蓄三代秦漢鐘鼎彝器；擅篆刻，橅秦漢印鉢入能品，而碑版尤精。嘗獲《晉右軍將軍王夫人墓誌》於吳門短簿祠，影刊行世，幾於亂真。性淡泊不慕榮進，市隱闤闠，設書肆自給。躬任剞劂，所刻書校寫精審，風行海內，名與汲古閣垺。生於康熙六十年，卒於嘉慶十七年，年九十一。子廷梅、君度能世其業。吳中書業至今守其矩矱，稱極盛焉。大展所刊書以寫刻本最精。墨諦盦藏有《昭代詞選》三十卷，吳縣蔣重光輯，乾隆鉏經堂刊。卷後有『金陵穆大展刻字』一行，寫刻極精。二為《金剛般若波羅密經》二卷，乾隆四十六年刊。前序有『吳門弟子穆大展熏沐敬刻』各一行。三為《關聖帝君聖跡圖志集》四卷，長洲沈德潛增訂，嘉慶七年蘇郡全晉會館刊。是書共二十五圖，首圖左下角有『吳門穆大展局鑴』，末圖左下角有『吳門穆君度鑴』各一行。圖繪精緻，刀法熟練，猶存明文林閣遺矩。大展愛棲霞山松柏之勝，晚年築精舍山椒，春秋佳日徜徉其間，極夷曠之高致。余藏有《攝山玩松圖》，為婁東陸星山繪。星山名燦，字幕雲，善傳神。嘗繪清高宗御容稱旨，賞賚優渥。畫有士氣，為世所重。卷高一尺三寸，長約四尺強。圖繪古松七株，虬柯龍鬣，蹲跐夭矯，臨風披偃，謖謖有聲，若與鳴泉相應。立松下戴笠笑睨者為大展，長身鶴立，貌清癯，雙目炯炯有神。一小童撰杖侍側，極謹願。松石淡墨染，松身及岩石側面略用淡赭渲。人物鐵線描，鉤勒簡淨，有筋骨。衣物淡著色，畫風近曾波臣。圖作於乾隆三十三年戊子，大展時年五十六歲。前額為沈德潛隸書『攝山玩松圖』五大字。另紙題跋為陳弘謀、汪志伊、謝墉、沈德潛、彭啟豐、王昶、錢陳羣、秦大士、錢汝誠、張泰開、王鳴盛、薛觀光、蔣謝庭、介玉濤、蔣熊昌、李棥、陳景良、戴奎、葛正笏、史尚確、彭紹升、張大金、張其煒、吳賢、顧惇量、顧宗泰、

應澧、陸鴻繡、韓錫胙、孫登標、金祖靜、陳蘭森、袁鑒、袁枚、張鳳孫、張塤、嚴長明、吳文溥、王璵、錢坫、蒯謙吉、張復純、畢沅、畢溥、王文治、謝鳴篁、黃軒、李廷敬、王杰、楊堉、蔣元益、宋思仁、錢大昕、沈沾霖、劉墉、蒯嘉珍、徐昌期、季惇大、毛藻、蔡九齡、毛懷、吳友松、熊枚、舒懷、段琦、許寶善、范來宗、尤維熊、邢佶、沈起鳳、甄輔廷、潘奕雋、舒位、王曇、石韞玉、單澐、李翃、王賡言、康基田。等八十一人。大展風流儒雅，交遊遍天下。生際承平，壽躋大耋。圖卷題識，乾嘉名流學者名公巨卿十居八九，極一時之盛，可備書林掌故焉。」見保利2013年香港秋季拍賣會影印本。

三月十八日（4月21日），代劉承幹作函致仲頤、高燮、陳準。《求恕齋日記》（三月十八日條）：「囑公渚作函致仲少梅、高吹萬、陳繩甫。」又見《嘉業堂藏書日記抄》第495頁。

三月二十日（4月23日），代劉承幹作函致李東園。《求恕齋日記》（三月二十日條）：「公渚作函致李東園。」又見《嘉業堂藏書日記抄》第495頁。

四月初五日（5月8日），代劉承幹作函復喻長霖，致宋文蔚、包延祺、陳詩。《求恕齋日記》（四月初五日條）：「囑公渚作函復喻志韶，致宋澄之、包滇生、陳子言。」又見《嘉業堂藏書日記抄》第497頁。

四月初七日（5月10日），代劉承幹作函致李詳、王秉恩、孫守正、吳雪賡。《求恕齋日記》（四月初七日條）：「囑公渚作函致李審言、王雪澄、孫惠敷、吳雪賡。」又見《嘉業堂藏書日記抄》第497頁。

四月十三日，鈔錄孫守正代劉承幹作致虞際唐請釋放徐全本函。《求恕齋日記》（四月十三日條）：「孫惠敷來談，代予作函致虞際唐請釋放徐全本也。囑公渚鈔之。」

四月十六日（5月19日），代劉承幹作函致吳士鑒、雷瑨、周慶雲。《求恕齋日記》（四月十六日條）：「囑公渚作函致吳絅齋、雷君彥周、周湘舲。」《嘉業堂藏書日記抄》第498頁。

四月十七日（5月20日），代劉承幹作函致金兆藩、汪鍾霖。《求恕齋日記》（四月十七日條）：「囑公渚作函致金籛孫、汪甘卿。」又見《嘉業堂藏書日記抄》第498頁。

四月二十日（5月23日），代劉承幹作函致楊朝慶。《求恕齋日記》（四月十七日條）：「囑公渚作函致楊雲史。」又見《嘉業堂藏書日記抄》第498頁。

　　四月，於上海蟬隱廬購《雲自在龕叢書》本方履籛撰《萬善花室文集》六卷，書中有批校圈點。首冊書衣題「甲子四月，購於海上之蟬隱廬」，並鈐「劬庵」印。書內有鈐「美意延年」「左海黃氏」「方巾居士」「雲自在龕」「福田黃紓」「人生識字憂患始」「碧慮稼」「公渚大利」「倜儻指揮天下事」「五十以學」「安般齋藏書印」「劬庵校勘」「鄞江漁父」等印。見泰和嘉成拍賣 2021 年 9 月 15 日。

　　五月十九日（6 月 20 日），代劉承幹作函復周慶雲、錢泰。《求恕齋日記》（五月十九日條）：「囑公渚作函復湘舲、階平。」

　　五月二十日（6 月 21 日），代劉承幹作函復吳士鑒、徐珂。《求恕齋日記》（五月二十日條）：「屬公渚作函復吳綱齋、徐仲可。」

　　六月，於上海蟬隱廬購《南北史捃華》四冊八卷，清光緒二年永康胡氏退補齋刻本。封面題「甲子六月，購自蟬隱廬，南北史捃華」，並於胡德琳序末過錄清益都楊峒題記。鈐「劬盦」白文方印。承青島籍金精舍主人安效忠先生賜告並提供圖片。

　　六月九日（7 月 10 日），代劉承幹作函致邢伯韜、成翊清、孫慎欽、孫玉仙。《求恕齋日記》（六月初九日條）：「囑公渚作函致邢伯韜、成翊清、孫慎欽、孫玉仙。」又見《嘉業堂藏書日記抄》第 500 頁。

　　六月十一日（7 月 12 日），代劉承幹作函致朱祖謀、王秉恩、宋文蔚。《求恕齋日記》（六月十一日條）：「囑公渚作函致朱古微、王雪岑、宋澄之。」又見《嘉業堂藏書日記抄》第 500 頁。

　　六月十四日（7 月 15 日），代劉承幹作函致金祖澤、楊鍾義、陳詒重、吳士鑒。《求恕齋日記》（六月十四日條）：「囑公渚作函復金硯君、楊芷牷、陳詒重、吳綱齋。」又見《嘉業堂藏書日記抄》第 501 頁。

　　六月十五日（7 月 16 日），代劉承幹作函致金紹城、劉體乾、況周頤、徐乃昌等。《求恕齋日記》（六月十五日條）：「屬公渚作函復金鞏伯、劉健之、況夔笙、徐積餘、本春森。」

　　六月十六日（7 月 17 日），代劉承幹作函致葉景葵、雷瑨、鍾伯荃、吳士鑒。《求恕齋日記》（六月十六日條）：「囑公渚作函致葉揆初、雷君曜、鍾伯荃、吳綱齋。」又見《嘉業堂藏書日記抄》第 501 頁。

　　六月十七日（7 月 18 日），代劉承幹作函復其外舅。《求恕齋日記》（六月十七日條）：「屬公渚作函復外舅。」

六月二十日（7 月 21 日），代劉承幹作函致汪鍾霖、雷瑨、張錫恭。
《求恕齋日記》（六月二十日條）：「屬公渚作函致汪甘卿、雷君曜、張聞遠。」又見《嘉業堂藏書日記抄》第 501 頁。

六月二十一日（7 月 22 日），代劉承幹作函謝蔣恢吾、許士衡。《求恕齋日記》（六月二十一日條）：「屬公渚作函謝蔣恢吾、許士衡。」又見《嘉業堂藏書日記抄》第 501 頁。

六月二十三日（7 月 24 日），代劉承幹作函復汪鍾霖等人。《求恕齋日記》（六月二十三日條）：「屬公渚作函復王敬銘、汪甘卿、金仲弢。」又見《嘉業堂藏書日記抄》第 501 頁。

六月二十三日（7 月 24 日），《大公報（天津）》刊發所作《上潛樓先生書》，署名「公渚」。見《大公報（天津）》1924 年 7 月 24 日。

六月二十四日（7 月 25 日），代劉承幹作函復胡爾瑛。《求恕齋日記》（六月二十四日條）：「屬公渚作函復胡孟璽（名爾瑛。福州人。亦無端來函通問者）。」

六月二十五日（7 月 26 日），代劉承幹作函致吳士鑒、錢泰、包延祺。《求恕齋日記》（六月二十五日條）：「屬公渚作函復吳綱齋、錢階平、包滇生。」又見《嘉業堂藏書日記抄》第 501 頁，誤作二十六日。

六月二十七日（7 月 28 日），代劉承幹作函致趙詒琛、成翊清、羅振常、金兆藩。《求恕齋日記》（六月二十七日條）：「屬公渚作函復趙學南、成翊清、羅子敬、金籛孫。又以學真和尚餽食物，亦作函謝之。」又見《嘉業堂藏書日記抄》第 502 頁。

六月二十八日（7 月 29 日），代劉承幹作函復馮煦等。《求恕齋日記》（六月二十八日條）：「屬公渚作函復馮夢華。又唁程鯉門（少白之子），又致錢立凡、六皆昆仲。」

六月二十九日（7 月 30 日），代劉承幹作函致朱仁壽、宋文蔚等。《求恕齋日記》（六月二十九日條）：「屬公渚作函復朱旭辰、宋澄之、袁子羽。」

六月三十日（7 月 31 日），代劉承幹作函致俞壽璋等。《求恕齋日記》（六月三十日條）：「屬公渚作函致俞琢吾，蓋余家公堂捐助紹興旅滬同鄉會費洋五百元也。又致沈醖石、劉健之、王君九。」又見《嘉業堂藏書日記抄》第 502 頁。

七月初一日（8 月 1 日），代劉承幹作函復吳士鑒等。《求恕齋日記》（七月初一日條）：「囑公渚作函復吳綱齋、寶瑞丞、程星甫。」又見《嘉業堂藏書日

記抄》第502頁。

七月初四日（8月4日），代劉承幹作函復鄧伯村、羅子蕊、鍾伯荃。《求恕齋日記》（七月初四日條）：「囑公渚作函復鄧伯村、羅子蕊、鍾伯荃。」又見《嘉業堂藏書日記抄》第502頁。

七月初五日（8月5日），代劉承幹作函致王國維、陳慶年、汪鍾霖、包延祺。《求恕齋日記》（七月初五日條）：「夜間囑公渚作函致王靜庵、陳善餘、汪甘卿、包滇生。」又見《嘉業堂藏書日記抄》第502頁。

七月初六日（8月6日），代劉承幹作函致復唐耕餘、王汝舟。《求恕齋日記》（七月初六日條）：「夜間囑公渚作函復唐耕餘、王濟川（名汝舟。城內人。來募施醫藥會，捐以二十元應之，其人並不識也）。」

七月初七日（8月7日），代劉承幹作函復張元濟、吳士鑒、宋文蔚。《求恕齋日記》（七月初七日條）：「夜間囑公渚作函復張菊生，致吳綱齋、宋澄之。」

七月初八日（8月8日），代劉承幹作函致俞壽璋、王式、金開藩。《求恕齋日記》（七月初八日條）：「囑公渚作函致俞琢吾、王叔用、金潛庵。」又見《嘉業堂藏書日記抄》第502頁。

夏，偕劉希亮（依隱）、黃孝綽（翆弟）等登勞山絕頂巨峰，有《青房並蒂蓮·御長風》詞。詞序云：「甲子夏日，偕依隱、翆弟登勞山絕頂巨峯。」載《東海勞歌》。《勞山集自序》亦云：「甲子、丙寅間，始偕友就力之所勝，間一遊勞山。」按劉希亮，字依隱。江西德化人。生於清光緒二十五（1899）年。劉廷琛子。京師大學堂畢業，歷任山東省公署祕書督軍署參議，代理膠濟路局總務處長等職。

八月初八日（9月6日），夜代劉承幹作函致陳式周。《求恕齋日記》（八月初八日條）：「夜屬公渚作函致陳式周。」又見《嘉業堂藏書日記抄》第504頁。

八月十一日（9月9日），夜代劉承幹作函致孫宣、袁子羽、宋文蔚、董康。《求恕齋日記》（八月十一日條）：「夜屬公渚作函致孫公達、袁子羽、宋澄之、董授經。」又見《嘉業堂藏書日記抄》第504頁。

八月十五日（9月13日），代劉承幹作函謝張鴻山。《求恕齋日記》（八月十五日條）：「屬公渚作函謝張鴻山（清麓書院贈書，伊乃院長，故作函謝之）。」又見《嘉業堂藏書日記抄》第504頁。

八月十九日（9月17日），代劉承幹作函致羅振玉。《求恕齋日記》（八月十九日條）：「夜屬公渚作函致羅叔蘊，又謝嚴穀孫、恭邸。」又見《嘉業堂藏

書日記抄》第 504 頁。

　　八月二十日（9 月 18 日），代劉承幹作函復蔣清瑞。《求恕齋日記》
（八月二十日條）：「蔣瀾江來募湖州紅十字會捐，余未見捐冊留存，因屬公渚作函復
之，應酬百元併冊送去。」又見《嘉業堂藏書日記抄》第 504 頁。

　　八月二十一日（9 月 19 日），夜代劉承幹作函致吳士鑒、汪鍾霖。
《求恕齋日記》（八月二十一日條）：「夜屬公渚作函致吳絅齋、汪甘卿。」又見《嘉業
堂藏書日記抄》第 504 頁。

　　八月二十八日（9 月 26 日），夜代劉承幹作函復劉體乾、陳詩。《求
恕齋日記》（八月二十八日條）：「夜小雨，囑公渚作函復劉健之、陳子言。」又見《嘉
業堂藏書日記抄》第 505 頁。

　　九月初二日（9 月 30 日），夜代劉承幹作函致葉子山。《求恕齋日記》
（九月初二日條）：「夜間囑公渚作函致葉子山，由從叔帶去。」

　　九月初五日（10 月 3 日），夜代劉承幹作函復董康、張元濟，致函
彭韞玉。《求恕齋日記》（九月初五日條）：「夜，緝甫來。囑公渚作函復董授經、張
菊生，致彭韞玉。」又見《嘉業堂藏書日記抄》第 505 頁。

　　九月初八日（10 月 6 日），代劉承幹作函復劉環甫、鈕恆孚。《求恕
齋日記》（九月初八日）：「囑公渚作函復劉環甫、鈕恆孚。」

　　九月初九日（10 月 7 日），代劉承幹作函致王一亭。《求恕齋日記》
（九月初九日）：「囑公渚作函致王一亭。」

　　九月初十日（10 月 8 日），代劉承幹作函復葉子山。《求恕齋日記》
（九月初十日）：「囑公渚作函復葉子山。」

　　九月十二日（10 月 10 日），夜代劉承幹作函復沈薇園、姚煜、今關
天彭。《求恕齋日記》（九月十二日）：「夜間囑公渚作函復沈薇園（借去洋五十元）、
姚文敷（募去救災會洋五百元）、今關天彭（日本人）。」

　　九月十五日（10 月 13 日），代劉承幹作函致吳士鑒、王君九。劉承
幹《求恕齋日記》。又見《嘉業堂藏書日記抄》第 506 頁。

　　九月十七日（10 月 15 日），代劉承幹作函復陳詩、周子美。劉承幹
《求恕齋日記》。又見《嘉業堂藏書日記抄》第 506 頁。

　　九月二十三日（10 月 21 日），代劉承幹作函復葉子山。劉承幹《求恕
齋日記》。又見《嘉業堂藏書日記抄》第 507 頁。

九月二十四日（10 月 22 日），代劉承幹作函復封文權（庸庵）、丁福保（仲祜）、鄒弢（翰飛）。劉承幹《求恕齋日記》。又見《嘉業堂藏書日記抄》第 507 頁。

九月二十五日（10 月 23 日），代劉承幹作函復陳式周、胡爾瑛（孟璽）。劉承幹《求恕齋日記》。又見《嘉業堂藏書日記抄》第 507 頁。

九月二十七日（10 月 25 日），代劉承幹作函復張元濟、吳士鑒。劉承幹《求恕齋日記》。又見《嘉業堂藏書日記抄》第 507 頁。

九月二十八日（10 月 26 日），代劉承幹作函復周慶雲（湘舲）、段鏡軒。劉承幹《求恕齋日記》。又見《嘉業堂藏書日記抄》第 507 頁。

十月初五日（11 月 1 日），代劉承幹作函復王君九、馮孟華。劉承幹《求恕齋日記》。又見《嘉業堂藏書日記抄》第 507 頁。

十月初七日（11 月 3 日），代劉承幹作函復林朝志、劉世珩（聚卿）、宗舜年（子戴）。劉承幹《求恕齋日記》。又見《嘉業堂藏書日記抄》第 508 頁。

十月二十一日，與劉承幹一同參加鄒履冰（在謙）婚禮。劉承幹《求恕齋日記》。又見《嘉業堂藏書日記抄》第 509 頁。

十一月初一日（11 月 27 日），參與劉承幹等四十三人會議爭持皇室優待條件事。《求恕齋日記》（十月初一條）：「午後以邀集諸公會議爭持皇室優待條件事，由夢華、雪岑、柏皋、一山、積餘（未至）。叔用出名，借余處茶話，到者康南海弼德（有為）、李守一提學（翰芬）、李伯行侍郎（經方）、吳寬仲太守（慶燾）、宗子戴觀察（舜年）、李振唐大令（之鼎）、他山大令（之韶）、何肖雅太守（剛德）、張豫泉觀察（其淦）、羅子敬待詔（振常）、承紹邨太守（恩）、惲瑾叔觀察（毓珂）、胡姓初閣丞（嗣瑗）、嚴仲琳太守（慶祺）、程學川太史（宗伊）、高雲麓太史（振霄）、秦子質軍門（炳直）、陸純伯觀察（樹藩）、謝石卿孝廉（鳳孫）、朱古微侍郎（祖謀）、李孔曼部郎（淵碩）、宋澄之孝廉（文蔚）、李伯貞太守（常度）、徐敏丞大令（道恭）、吳鑑泉參議（學謙）、鄧伯村大令（彥遠）、余堯衢參議（肇康）、況夔笙太守（周頤）、劉襄孫觀察（燕翼）、朱念陶觀察（錕）、沈淇泉太史（衛）、本生父親、外舅及沈慈護（頲）、益庵、醉愚、公渚及余共四十三人。初由南海發議擬借日兵，用激烈手段對付，大有夜郎自大，言語誇張之概，同人既無抗辯，大半侔為避開，康則甚為掃興，急欲一走，經數人勸止，敷衍了事，復小坐用點心而去。康去後，同人將柏皋所議致段、張函稿再四籌商，以伯行有言簡意賅之論，公舉姓初主稿，將柏皋所議帶去修改，約初三日再行集議於此，至晚乃散。」又見《嘉業堂藏書日記抄》第 510 頁。

　　十一月初三日（11月29日），劉承幹等人重議皇室優待條件事，擬定致段祺瑞、張作霖電稿。馮煦、陳夔龍、秦炳直、王乃徵、葉爾愷、王秉恩、余肇康、錢紹楨、陳三立、劉承幹等二百十六人列名。黃孝紓當列名其中。劉承幹《求恕齋日記》。又見《嘉業堂藏書日記抄》第511頁。

　　十一月十七日（12月13日），劉承幹致函來。劉承幹《求恕齋日記》。又見《嘉業堂藏書日記抄》第513頁。

　　十一月二十二日（12月18日），陳三立在塘山路寓所宴飲，坐中客有鄭孝胥、林開謩、黃公渚等人，並為詩鐘之會。《鄭孝胥日記》云：「遂至塘山路，赴伯嚴之約。方作詩鐘，『香、外』第六。食畢，又作『木、成』第七。於伯嚴坐間晤黃石蓀之子，字公渚，聞著作甚富，今就劉翰怡館。」又見李開軍《陳三立年譜長編》。

　　十一月二十八日（12月24日），鄭孝胥來訪，不遇。《鄭孝胥日記》第2034頁。

　　仲冬，獲交錢塘徐珂（仲可）。黃孝紓《純飛館填詞圖序》：「甲子仲冬，客遊滬瀆，獲交錢塘徐仲可舍人。」

　　十二月十日（1925年1月4日），赴鄭孝胥寓宅招飲，並作詩鐘。陳三立、馮煦、王秉恩、朱祖謀、王乃徵、余肇康、袁思亮、夏敬觀、林開謩等同集。《鄭孝胥日記》（十二月初十日）：「約伯嚴、夢華、雪澄、古微、聘三、堯衢、伯夔、劍丞、貽書、公渚午飯，作詩鐘，傍晚乃散。」又見李開軍《陳三立年譜長編》。

　　十二月十三日（1925年1月7日），劉承幹約上海皇家飯店西餐。劉承幹《求恕齋日記》。又見《嘉業堂藏書日記抄》第515頁。

　　十二月二十日（1925年1月13日），與劉承幹嘉業堂夜宴，同座者陶善乾（惕若）、沈焜（醉愚）等人。劉承幹《求恕齋日記》：「夜宴陶惕若、羅子蕊、黃公渚、黃緝夫、程星甫、瞿從叔、沈醉愚諸君於嘉業堂。」又見《嘉業堂藏書日記抄》第516頁。

　　十二月二十一日（1925年1月14日），由上海返青州。劉承幹《求恕齋日記》。又見《嘉業堂藏書日記抄》第516頁。

　　是年，馮君木贈陳訓正撰《天嬰室叢稿》。民國排印本，見黃孝紓《天嬰室叢稿跋》。

是年，次女黃靚宜生。《自傳》（1955 年 9 月 28 日）：「次女靚宜，北京大學畢業，本市第八中學教導主任，民盟盟員，山東全省人民代表。」又見黃為雋先生編寫《左海黃氏世系表》。

1925 年（民國十四年乙丑），二十六歲

歸青州。黃孝綽有《喜龢厂二兄旋青州，集元遺山句》一詩，載《申報》1926 年 6 月 3 日第五張。

二月初四日（2 月 26 日），自青州至上海。劉承幹《求恕齋日記》。又見《嘉業堂藏書日記抄》第 518 頁。

二月初五日（2 月 27 日），與劉承幹嘉業堂晚宴，同座者有孫德謙等人。劉承幹《求恕齋日記》。又見《嘉業堂藏書日記抄》第 519 頁。

是年，經吳昌碩介紹，在上海參加淞社。《高等學校教師登記表》（1952 年 9 月 6 日）：「一九二五年在上海參加淞社，會員吳昌碩介紹。」

二月十二日花朝日（3 月 6 日），淞社舉行第五十七集於滬上周氏園圃，同集者有吳昌碩、金蓉鏡、朱錕、陶葆廉、徐珂、徐乃昌、劉世珩、夏敬觀、陳詩、惲毓齡、惲毓珂、張鈞衡、羅振常、褚德彝、曹春涵、孫德謙、張爾田、沈焜、黃孝紓。主人為劉承幹、周慶雲、周鴻孫。以學圃嬉春為題。同時曹春涵、黃孝紓分繪《學圃嬉春圖》以紀其盛。黃孝紓撰《乙丑二月花朝日集周氏學圃記》。劉承幹《求恕齋日記》：「以花朝佳節，余與夢坡假湘雲觀察學圃舉行淞社第五十九集，醉愚、公渚先往招呼。余到時客尚未齊。至未刻始入席，共三桌。到者為金甸丞、朱念陶、徐積餘、惲季申、瑾叔、李振唐、陶拙存、張石銘、孫益庵、褚禮堂、白石農、曹恂卿、周湘雲、沈醉愚，又新入者為陳子言、羅子敬、黃公渚、劉公魯，余及夢坡共二十人，以學圃嬉春為題。擬繪圖記之。席散後宗子戴至，徘徊良久而出。邀而未至者為吳昌碩、章一山、高雲麓、況夔笙、劉聚卿、潘蘭史、徐仲可、呂幼舲、姚子梁、夏劍丞、張夢劬。」《吳興周夢坡先生年譜》云：「花朝與劉君翰怡借學圃為淞社五十七集，到者二十人。府君先成二律，以學圃嬉春命題，同時曹丈蘅史、黃君公渚分繪《學圃嬉春圖》，甸丞、缶廬、積餘、念陶諸丈及陳先生鶴柴各有詩，仲可丈填清平樂一闋。淞社至此止。」按王蘊章（西神）《春音餘響》（《同聲月刊》1940 年第 1 卷創刊號）云黃孝紓曾加入春音詞社，似有誤：「海上詞社，以民初春音為最盛。民元，余遊南洋群島。時江寧陳倦鶴匪石，方主檳鄉嶼某報筆政，余旅行中所作詩詞，匪石輒登諸報端，聞聲相思，因以訂交。迨

余返國，匪石亦倦遊歸來，為《民權報》編輯社論。匪石好填詞，有其鄉先輩莊中白蒿庵之遺風。蒿庵詞，譚復堂最致激賞，《篋中》一編，評謂『哀於屯田，厚於片玉』。又云：『《碧山》《白雲》之調，屈原、宋玉之心，興寄百端，望古遙集，止庵所謂能出者也』。匪石時寓滬西，距余寓廬甚近，朝夕過從，因共發起詞社，請歸安朱古微漚尹丈為社長。漚丈名社曰春音，取互相勞苦之意。一時同社者，有虞山龐檗子、長洲吳瞿安、湘潭袁伯夔、新建夏映盦、杭縣徐仲可、烏程周夢坡、番禺潘蘭史、長洲曹君直、通州白中磊諸公。最遠者為陝西李孟符，最少者為義寧陳彥通，特二君不常在滬，偶一涖滬，加入社集耳。最後加入者，為吳江葉楚傖，而臨桂況夔笙、侯官郭嘯麓、淳安邵次公、閩縣林子有、丹徒葉菽漁、香山楊鐵夫，及林鐵錚、黃公渚等，又更其後加入者也。」

三月初七日（3月30日），**訪鄭孝胥**。《鄭孝胥日記》第2046頁。

閏四月初九（5月30日），**觀鄭孝胥作字**。《鄭孝胥日記》第2052頁。

五月初一日（6月21日），**訪鄭孝胥**。《鄭孝胥日記》第2054頁。

五月初八日（6月28日），**參加鄭孝胥溫經會**，同至者陳重威、許汝棻、王乃徵、羅振常等。又為鄭孝胥畫山水便面。《鄭孝胥日記》第2054頁。

於況周頤座上獲晤趙尊嶽（叔雍）。黃孝紓《近知詞序》：「客遊滬瀆之二年，獲晤趙子叔雍於臨桂況蕙風先生座上。」又見鄭煒明、陳玉瑩《況周頤年譜》。

夏，趙尊嶽（叔雍）贈清光緒宣統間江陰金氏粟香室刻金武祥輯《江陰叢書》。前有黃公渚題云：「乙丑夏，趙叔雍持贈。」存五種二冊：《宜齋野乘》《陽羨茗壺系》《洞山岕茶系》《江陰李氏得月樓書目摘錄》，以上四種合一冊；《江陰藝文志》一冊。鈐「翶厂」朱文小印。按是書現藏山東大學圖書館。

六月十七日（8月6日），**訪鄭孝胥**。《鄭孝胥日記》第2059頁。

六月二十日（8月9日），**鄭孝胥邀午飯**，同席者王乃徵、陳重威、許汝棻、羅振常。《鄭孝胥日記》第2060頁。

六月二十六日（8月15日），**以況周頤移家蘇州，趙尊嶽為餞行，黃孝紓與劉承幹、孫德謙、陳運彰等參加**。劉承幹《求恕齋日記》。又見《嘉業堂藏書日記抄》第526頁。

夏敬觀有詩來示。夏敬觀《飲康橋居月下看菊，柬蒿庵、息塵、倦知、漚尹諸老，並示叔通、公渚》，見《忍古樓詩》卷十。

九月初四日（10月21日），**徐珂（仲可）約袁思亮、夏敬觀、趙尊嶽、

馮幵、陳敬第諸人於是日集會。徐珂與夏敬觀函（乙丑八月三十日），見《夏敬觀家藏尺牘》。

九月之望，夏敬觀（映庵）招同王秉恩（息存）、朱祖謀（漚尹）、周達（梅泉）、陳敬第（叔通）、黃孝紓（公渚）飲於康橋居。余肇康有《乙丑九月之望，映庵世先生招同息存、漚尹、梅泉、叔通、公渚飲康橋居，蘐庵有詩，次韻奉酬主人，即希正句》一詩，見《夏敬觀家藏尺牘》。

十月初五日（11月20日），訪鄭孝胥，並持贈李鶴山畫《風異圖》。《鄭孝胥日記》第2073頁：「黃公渚來，持其表弟李鶴山畫《風異圖》遺余。」

十一月十日（12月25日），赴劉承幹之約至南潯。劉承幹《求恕齋日記》。《嘉業堂藏書日記抄》第531頁。

十一月十一日（12月26日），與劉承幹乘小舟至嘉業藏書樓，晤周子美、施韻秋，並謁見劉承幹本生父。劉承幹《求恕齋日記》。《嘉業堂藏書日記抄》第531頁。

十一月二十一日（1926年1月5日），自南潯返滬。劉承幹《求恕齋日記》。《嘉業堂藏書日記抄》第531頁。

十二月二十二日（1926年2月4日），劉承幹夜宴嘉業堂，同座者陳詩、費有容、沈焜等。劉承幹《求恕齋日記》。《嘉業堂藏書日記抄》第533頁。

是年，為何剛德《話夢集》題簽「話夢集，黃孝紓題眉」，「話夢集」三字為隸書題字。何剛德《話夢集》。

是年為劉廷琛撰《潛樓圖序》。按《潛樓圖》乃陳曾壽為劉廷琛所繪。序載《匑厂文稿》卷二。

1926年（民國十五年丙寅），二十七歲

元日試筆，有詩示伯岡、青甫諸君并寄黃孝先（半髠）伯兄、季弟黃孝平（鹽厂）北京。詩載《雅言》壬午卷四：「俯仰乾坤寄一塵，猶憑舊臘說王春。儒冠無命為才惜，世事如人逐歲新。淚滿露車看赤縣，夢扶日穀待黃人。自斟家釀謀新醉，爛漫功名鈌狗陳。」

正月初九日（2月21日），《申報》載況周頤（蕙風）《餐櫻廡漫筆》論及黃公渚駢文。況周頤（蕙風）《餐櫻廡漫筆》：「閩縣黃公渚春秋方富，工詩古文詞，已卓然名世，尤長駢儷，為武進趙叔雍序所作《近知詞》云：『居滬瀆之二年，

晤趙君叔雍於臨桂況夔生先生座上。嚶鳴軫慕，相賞撫塵；古歡惠綏，宛然翕羽。萍波既契，弦韋互宣。暇出是編，屬為弁首。含毫戛子，寄思要紹。圭臬於騷雅，杼軸乎悲愉。澄江喻潔，風引晚漪；秋山共超，夕生空翠。服姑蕘之草，香可悅魂；御羅軿之衣，光能馺世。溢目致歡，抗手無輩。夫心聲攸寄，貴在性情；胎息所區，必明雅鄭。要氳氤於素蘊，明得失於寸心。以述景者表裏空靈，以言情者曲突彌盡。元解之宰肸響於古人，獨運之匠揮斥於六合。意內言外，斯為美耳。君家世方雅，春秋綺富。怡情鉛槧，屏絕聲華。到門盡長者之車，置驛悉高塵之侶。造公差之座，有書千卷；讀子敬之文，其才一石。既晤攸之窮達之旨，彌適仲郢名教之娛。鷰辰索句，博循陔之歡；磧硯湄豪，索中閨而和。夕簾襬月，高樹答響；風笛尋羽，涼籟瀉春。閑居之樂，足備人倫；傳歌之詞，無忝作者。為之三復，悠然意遠。涼月窺戶，花傲傲以競舞；微風在樹，葉蟄蟄而炫涼。戛乎雅唱，麗矣難能。自曰近知，猶謙志也。昔君里張皋文先生載憑經席，兼總詞林；迦葉文宗，遂操選政。篇章艷於當時，流派衍於江左。幽賞代綿，靈契有賴。玩春華而有思，啟秋實於未振。異日者子長絕業，副在名山；耆鄉樂章，傳歌井水。纓橐群雅，領袖風騷，吾當為君勉焉而已。」載《申報》1926 年 2 月 21 日第 5 張。按此處所引《近知詞序》與《弜庵文稿》卷二所載者有異。

　　二月下浣，李宣倜《鞠部叢譚校補》雕印，黃孝紓嘗有萬言弁首。見李宣倜《解連環·為黃公渚題墨謔高畫隱圖》，小注云：「予所撰《鞠部叢譚校補》，君以萬言弁首。」按黃孝紓撰《鞠部叢譚校補》一文未見，王式通所撰者皆駢儷，或為黃氏代筆乎，俟考。《鞠部叢談校補》扉頁鄭孝胥題署「羅癭公遺編，李釋戡校補」，牌記云「丙寅二月下澣，樊山閱，涉園雕，無邊華盦藏版」。

　　三月二十一日（5 月 2 日），劉廷琛（潛樓）於《申報》本埠增刊載書畫潤例，並托黃孝紓在滬代收。《申報》1926 年 5 月 2 日本埠增刊云：「德化劉潛樓廷琛侍郎，氣節文章彪炳當世。辛亥後避居山東之青島，日以臨池自遣，博習諸碑，不為時俗詭怪側媚之狀，而氣象雍容，與古為會。近因海內求書者過多，特託黃弜厂在滬代收，世有好侍郎書法者，可就近向各箋紙店或愛文義路八十四號劉宅內黃弜厂索閱潤格可也。」

　　四月初七日（5 月 18 日），午後與劉承幹長談。劉承幹《求恕齋日記》。《嘉業堂藏書日記抄》第 538 頁。

　　四月十一日（5 月 22 日），午後與劉承幹長談。劉承幹《求恕齋日記》。《嘉業堂藏書日記抄》第 539 頁。

四月十三日（5月24日），午後與劉承幹長談。劉承幹《求恕齋日記》。《嘉業堂藏書日記抄》第539頁。

五月初十日（6月19日），劉承幹為羅振玉餞行，黃孝紓與康有為、傅增湘、劉世珩、王乃徵、葉爾愷等人參與。劉承幹《求恕齋日記》。《嘉業堂藏書日記抄》第542頁。

五月十六日（6月25日），午後與劉承幹談。劉承幹《求恕齋日記》。《嘉業堂藏書日記抄》第543頁。

五月二十一日（6月30日），同劉道鏗（放園）、黃葆戉（藹農）小集市樓放園，暢談禪理，因撰《高陽臺》詞。詞刊《申報》1926年7月30日第5張《藝林》，序云：「五月二十一日，同劉放園、黃藹農小集市樓放園，暢談禪理，聞者各有無窮之感，愴然賦此示兩君。」

六月初五日（7月14日），訪鄭孝胥。《鄭孝胥日記》第2108頁。

六月初八日（7月17日），訪鄭孝胥。《鄭孝胥日記》第2108頁。

六月十四日（7月23日），訪鄭孝胥。《鄭孝胥日記》第2109頁。

六月二十八日（8月6日），訪鄭孝胥。《鄭孝胥日記》第2110頁。

七月初二日（8月9日），贈鄭孝胥駢體序文。《鄭孝胥日記》第2111頁。

七月初三日（8月10日），夜赴鄭孝胥之宴，同至者周達、夏敬觀、梅笙、宋千居等。《鄭孝胥日記》第2111頁。

七月十八日（8月18日），況周頤病逝於上海寓廬。馮开《清故通議大夫三品銜浙江補用知府況君墓誌銘》：「春秋六十有八，以丙寅七月十八日病殤於上海寓次。」見《廣清碑傳集》卷十八。

七月二十四日（8月24日），轉交劉承幹《何肖雅詩鈔》。劉承幹《求恕齋日記》：「夜閱《何肖雅詩鈔》，公渚交來，謂有許多官階諡法記憶不清，屬余就所知者為之改正云。」《嘉業堂藏書日記抄》第547頁。按《何肖雅詩鈔》，當指何剛德所撰《話夢集》二卷，民國十四年（1925）刊成。

八月二十四日（9月24日），同劉承幹至上海貝勒路弔況周頤之喪。劉承幹《求恕齋日記》：「余偕公渚出門至貝勒路弔況夔笙之喪，賓客寥寥，聯幛亦僂指可數，門庭冷落，不謂名士下場，竟而如此，良可歎也。一拜即歸。」又見《嘉業堂藏書日記抄》第549頁。

　　九月九日重陽日（10月15日），與友人至華安樓舉行重九登高會雅集。參預者有王秉恩（雪澄）、秦炳直（子質）、陳三立（散原）、余肇康（堯衢）、王乃徵（病山）、朱祖謀（古微）、金蓉鏡（甸丞）、汪詒書（頌年）、潘飛聲（蘭史）、吳昌碩（缶翁）、曾熙（農髯）、程頌萬（子大）等。吳昌碩、吳湖帆、吳徵等繪《登高雅集圖》，黃孝紓撰《丁卯九日集華安高樓記》記此次盛事並題圖後。文載《䚉厂文稿》卷四。又見李開軍《陳三立年譜長編》。《吳興周夢坡先生年譜》：「九月九日為登高會設讌海上華安八樓。先後來會者有王雪澄、余倦知、王病山、朱古微、吳倉石、金甸丞、潘蘭史、曾重伯、吳寬仲、曾農髯、程子大、黃篤友、徐仲可、陳蔭軒、宗子戴、莫伯衡、諸貞壯、錢仲仙、汪璇甫、汪頌年、秦子質、陳散原、沈淇泉、陳仁先、鄒適盧、夏劍丞、嚴孟繁、謝馥園、趙叔孺、褚禮堂、王綏珊、葉柏皋、李雲書、商笙伯、惲季申、惲瑾叔、徐積餘、陶拙存、張菊生、王一亭、冒鶴亭、葉玉虎、狄楚青、高欣木、丁輔之、袁伯夔、袁巽初、譚瓶齋、陳豪生、白石農、關炯之、何敘甫、吳東邁、沈醉愚、王啟之、李拔可、蔣孟蘋、王尊農、姚虞琴、黃公渚諸先生。始丙寅止庚午，前後五年。」姚景瀛有《丁卯重九與金甸丞、周夢坡邀集海上名流都四十餘人華安層樓作登高雅集，次十髮韻》，載《珍帚齋詩草》。按《登高雅集圖》手卷，王福厂題引首，褒鋗居士（吳徵）寫秋林一角，吳湖颿畫遠山，呂萬寫黃菊，香嚴（金蓉鏡）補樹屋，丙寅重九日，郭蘭祥寫層樓，昌碩（吳昌碩）補澹墨林，叔孺（趙叔孺）畫馬及騎者，屺亭（郭蘭枝）補樹石欄杆。圖後有黃孝紓《丁卯九日集華安高樓記》題記，題記後有吳昌碩跋：「江流四塞海中央，蜃氣翻翻一雁翔。酒自醉天人自壽，補硾跎處又重陽。作賦無才老自歎，佘山歐浦上闌干。滕王高閣依稀似，望斷天風助子安。黃華如斗蟹如盆，世界離奇佛漫瞋。造像一區如鑄我，聊充五季六朝人。丙寅重陽，虞琴老兄招飲海上層樓，賦此請正。安吉吳昌碩年八十三。」王福厂跋云：「虞老為此圖，時在丁卯，距今恰三十年。卷中人什不存一，吾與福厂猶得與虞老月謀雞豚之近局，可云天幸。丙申上巳，冒廣生疚齋記，王禔福厂書。」後復有程頌萬、陳寶書、余肇康、余襄傳、黃慶曾、錢葆青、吳慶燾、沈焜、金蓉鏡、郭蘭祥、謝鳳孫、潘飛聲、冒廣生、周慶雲、夏敬觀、狄平子、白曾麟、趙叔孺、王个簃、葉恭綽、姚虞琴共廿一家跋。見中國嘉德2004年春季拍賣會・中國近現代書畫（上）。

　　秋，羅振常贈蟫隱廬排印本宋劉過《龍洲詞》一冊。題曰：「丙寅秋，羅子經贈。」下鈐「䚉厂」白文小方印。

十月二十日（11 月 24 日），赴鄭孝胥宴，馮煦、王秉恩、宋文蔚、余肇康、朱祖謀、王乃徵、章梫、王式等同座。《鄭孝胥日記》（十月二十日）：「過馮夢華、劉錫之。夜宴夢華、雪澄、澄之、堯衢、古微、病山、一山、叔用、公渚。」

十月二十二日（11 月 26 日），馮煦（蒿庵）、朱祖謀（彊邨）、王秉恩（雪澄）、王乃徵（病山）、鄭孝胥（蘇戡）、劉廷琛（潛樓）、章梫（一山）、袁思亮（伯夔）、劉承幹（翰怡）同為黃孝紓訂文及書畫潤格，《申報》刊出。《申報》1926 年 11 月 26 日第 3 張：「黃匑厂鬻文及書畫。匑厂家世簪華，早預勝流，詩文書畫純古絕倫，茲因求者過多，同人為訂潤格細目，請向拋球場九華堂索閱可也。馮蒿庵、朱彊邨、王雪澄、王病山、鄭蘇戡、劉潛樓、章一山、袁伯夔、劉翰怡啟。」按是日訪鄭孝胥，《鄭孝胥日記》第 2124 頁云：「魯山、劍丞、朱大可、黃公渚、劉錫之來。」

十月二十七日（12 月 1 日），訪鄭孝胥。《鄭孝胥日記》第 2125 頁。

十一月初六（12 月 10 日），赴羅振常之宴請。《鄭孝胥日記》第 2125 頁：「羅子經假齋中宴媒人沈醉愚、黃公渚，其長女許婚南潯周子美。」

十一月十七日（12 月 21 日），與馮煦、朱祖謀、余肇康、張元濟、王秉恩、葉爾愷、曾熙、劉體智、周慶雲、劉承幹等人共擬《介紹名醫劉穉樵觀察兼鬻文字》登《申報》。載《申報》1926 年 12 月 21 日第 2 張。

是年，因曾熙（農髯）介紹，被聘上海市中國畫會委員。《高等學校教師登記表》（1952 年 9 月 6 日）：「一九二六年被聘上海市中國畫會委員，曾農髯介紹。」按中國畫會出版《中國現代名畫彙刊》收錄其作品。民國二十五年（1936）出版的《中國畫會會員錄》載有其名氏。

1927 年（民國十六年丁卯），二十八歲

正月十五日（2 月 16 日），午後與劉承幹久談。劉承幹《求恕齋日記》：「午後黃公渚上樓來談良久乃去。」又見《嘉業堂藏書日記抄》第 555 頁。

正月二十二日（2 月 23 日），夜與劉承幹長談。劉承幹《求恕齋日記》：「夜，公渚上樓長談而去。」《嘉業堂藏書日記抄》第 555 頁。

二月，經王蘊章（西神）介紹，任上海正風大學中文系兼任教授，擔任古籍校讀、韻文選等課。任職一年半。《教師及職員登記表》（1951 年 1

月）：「1927 年 2 月至 1928 年 7 月，在上海正風大學任教授。」《國立山東大學教職員履歷表》（1951 年）。《自傳（1955 年 9 月 28 日）》。《教職員登記表》（1949 年）：「1927 年至 1928 年，上海正風大學教授，擔任古籍校讀、韻文課，主管人王蘊章。」《高等學校教師登記表》（1952 年 9 月 6 日）：「1927 年秋至 1928 年夏，上海正風大學教授，擔任讀書指導、韻文選等課程。王西神介紹。證明人夏敬觀，上海文物保管委員會委員。」《自傳》（1951 年 9 月 20 日）：「一九二七年即在正風大學中文系任教授，月薪二百元。」《山東大學目前師資情況調查簡表》（1951 年 10 月 27 日）云：「任上海正風大學教授一年半。」

　　二月初五（3 月 8 日），康有為卒於青島。康同璧《南海康先生年譜續編》。按黃孝紓《自傳（1955 年 9 月 28 日）》云：「從一九一四年至一九二二年⋯⋯思想因受廖平、康有為所著書的影響，憬憧大同，趨向空想的社會主義。」

　　二月初七日（3 月 10 日），夜與劉承幹談。劉承幹《求恕齋日記》。又見《嘉業堂藏書日記抄》第 556 頁。

　　三月十三日（4 月 14 日），赴周達（梅泉）夜飲之約，同至者陳三立（伯嚴）、朱祖謀（古微）、李宣龔（拔可）、夏敬觀（劍丞）、袁思亮（伯夔）、鄭孝胥等。《鄭孝胥日記》第 2140 頁：「梅泉約夜飲，伯嚴、古微、拔可、劍丞、公渚、伯夔及梅泉之子農叔，月極明。」

　　三月二十三日（4 月 24 日），訪鄭孝胥，午飯乃去。《鄭孝胥日記》第 2141 頁：「王聘三、許魯山、黃藹農、黃公渚、張子襄來，午飯乃去。」

　　四月十四日（5 月 14 日），攜示劉承幹陳邑若函。劉承幹《求恕齋日記》，又見《嘉業堂藏書日記抄》第 559 頁。

　　春，繪《仿王清暉本設色山水》立軸。題曰：「倣王清暉本。似蓮甫仁兄大人雅屬。丁卯春月，翏厂黃孝紓作。」見上海清蓮閣 2012 年秋季書畫拍賣會。

　　夏敬觀有詩贈黃曾源，中有句云「我始識仲子，契心文字間」。夏敬觀《贈黃石孫》，見《忍古樓詩》卷十一。

　　夏，支更生寄贈清道光刻本清吳嘉紀撰《陋軒詩》十二卷五冊。黃孝紓題曰：「丁卯夏日，支更生表兄寄贈。」鈐「翏厂」朱文小方印、「翏盦」白文方印。按是書現藏山東大學圖書館。

　　與夏敬觀函。云：「映庵先生有道：日前晤教，快甚。翰怡近刻《雪橋餘集》，知鄰駕已有一二三集，特以奉贈，合為完璧。《章實齋先生遺書》頭批已分罄，頃已重

印，竣功當再奉上。《康橋居圖》錦屏風是何物，跌窩是樓抑是堂，並詢，乞示為禱。專肅，敬請箸安。黃孝紓頓首。」見《夏敬觀家藏尺牘》第 206 頁。按《雪橋餘集》，當指《雪橋詩話餘集》。夏敬觀有《自題康橋居圖》，作於九月間，詠晚娛堂、忍古樓、窈窕釋迦室、桃台、梅台、虹亭、杯池、西阜、東阜、荷橋、跌窩、汲磯、笠亭、塢亭、錦屏風，借畦十六處，見《忍古樓詩》卷十一，此函當在此後。

十月初一日（10 月 25 日），劉承幹致函黃孝紓。見劉承幹《求恕齋日記》，又見《嘉業堂藏書日記抄》第 565 頁。

十月二十日（11 月 13 日），赴夏敬觀之約往看菊花，陳三立、鄭孝胥、余肇康、吳慶燾、周達、李大防、高鳳謙等同集。《鄭孝胥日記》第 2164 頁：「夏劍丞邀看菊花，坐有伯嚴、堯衢、寬仲、梅泉、公渚、范之、夢旦、大七、小七。」又見李開軍《陳三立年譜長編》。

十月二十三日（11 月 16 日），偕友人陳罕（巨來）訪鄭孝胥。又與鄭孝胥同訪沈璘慶、葉爾愷，皆不遇。《鄭孝胥日記》第 2164 頁：「公渚及其友陳罕巨來訪，陳能刻印，願刻以贈余。與公渚步過沈魯青，魯青七十生日，舉家往海軍公所；遂訪葉伯皋，亦不遇；因過公渚寓，坐久之。」

十二月二十七日，張鈞衡（適園）病逝於上海。黃孝紓有聯輓之。聯云：「應無所在，行於布施，因果證三生，記曾經塔結緣，七寶莊嚴開淨土；生有自來，死而後已，哀榮符兩字，以見士林歸仰，一時冠蓋集名園。黃孝紓。」見《張適園先生哀輓錄》。

冬，以《燭影搖紅》詞為周肇祥（養庵）題《籌鐙紡讀圖》。末署：「養庵先生以籌鐙紡讀圖徵題，聲為此詞，即希正律。匑厂黃孝紓初稿。」鈐「尊知火馳」白文方印、「頵士語業」白文方印。按劉韻松題記末云：「敬題籌燈紡讀圖以應養庵道丈大吟壇雅令。戊寅冬日，劉韻松呈稿。」見中國嘉德 2016 年春季拍賣會。又見《大匠如斯——黃公渚誕辰一百二十週年紀念集》第 29 頁。

是年，與陳曾壽遊焦山，小住焦山歸來閣。《千秋歲引·雁水初程》詞序云：「秋晚信宿焦山歸來閣，憶丁卯年與蒼虹曾此小住，相隔又五年矣。感念前塵，不能無詞。」載《詞綜補遺》卷四十七。

是年，三子黃為龍生。《自傳》（1955 年 9 月 28 日）：「幼子為龍，出嗣長房。山大地礦系畢業，現供職北京科學院地質學院。」按 1963 年黃為龍自北京中國科學院古脊椎動物研究所調至天津自然博物館工作。又見黃為雋先生編寫《左海黃氏世系表》。

1928 年（民國十七年戊辰），二十九歲

正月十六日（2 月 17 日），劉承幹致函黃孝紓。劉承幹《求恕齋日記》。
又見《嘉業堂藏書日記抄》第 567 頁。

二月十四日（3 月 5 日），劉承幹致函黃孝紓。劉承幹《求恕齋日記》。
又見《嘉業堂藏書日記抄》第 568 頁。

閏二月十九日（4 月 9 日），訪鄭孝胥。《鄭孝胥日記》第 2179 頁。

閏二月二十日（4 月 10 日），劉承幹致函黃孝紓。劉承幹《求恕齋日
記》。又見《嘉業堂藏書日記抄》第 570 頁。

閏二月二十五日（4 月 15 日），劉承幹致函黃孝紓。劉承幹《求恕齋
日記》。又見《嘉業堂藏書日記抄》第 570 頁。

閏二月二十六日（4 月 16 日），訪鄭孝胥。《鄭孝胥日記》第 2180 頁。

五月八日（6 月 25 日），夜與劉承幹談。劉承幹《求恕齋日記》。又見《嘉
業堂藏書日記抄》第 575 頁。

五月十四日（7 月 1 日），上海臨時義賑會為籌賑魯災，議定徵求物
品，發行福果券充賑款。為贊助作品。《申報》（1928 年 7 月 1 日，8 月 23 日）。
《曾熙年譜長編》第 673 頁。《徵求物品助賑會鳴謝捐助物品啟事第六號》（《申報》
1928 年 7 月 23 日）：「黃孝紓善士助自書自畫屏幅扇面六件。」

五月十八日（7 月 5 日），《申報》刊《黃軛厂山水例》云：「扇面八
元，三尺中堂二十元，三尺屏條十五元，文例、書例另有細目。收件處
拋球場朵雲軒、九華堂、三馬路蟫隱廬。」《申報》1928 年 7 月 5 日本埠增刊。
又刊於 7 月 8 日、7 月 10 日、7 月 11 日本埠增刊。

六月初七日（7 月 23 日），《申報》本埠增刊刊出《黃軛厂山水文
字例》云：「扇面六元，三尺屏條十五元，餘詳細例。」《申報》1928 年 7 月
23 日本埠增刊，同時刊載：「劉潛樓侍郎鬻書例：榜書四元，扇面六元，堂幅五尺十
二元。黃石孫太史鬻文字：中堂四尺五元，五尺六元，楹聯同中堂例，扇面三元，屏
幅四尺三元，文詳潤例。」

六月十七日（8 月 2 日），四時與劉承幹同至徐園即雙清別墅祝孫
寶琦（慕韓）夫人六十壽。劉承幹《求恕齋日記》。又見《嘉業堂藏書日記抄》
第 576 頁。

六月二十三日（8 月 8 日），夜與劉承幹談。劉承幹《求恕齋日記》：「夜

與公渚談，據述今日所至之處，若陳容民、許魯山、陶拙存均不以羅叔蘊為然，謂不願由彼作面子，並勸予萬不可列名，蓋無益於事而有害於己，現在政府最恨遺民，如有錢者尤為注意，此真不可不防，實是愛吾者之美意。此數語乃拙存所說者，尚有惲季申、曹梅訪、張豫泉、李孔曼均極熱心，願附名焉。予以為最可恨者有一班遺老，自己則毫無忠義之心，皇室之事全不在心上，若有人出而為之，則又必多方譏笑以批評之，即如今日之事，他人不為，而叔蘊能為之（理論應由陳弢庵、朱艾卿、鄭蘇勘等發起，結合團體，請政府嚴辦保護），即是忠臣義士，縱其人他處有不足取之處，此舉總是好事，何可一概抹煞。思之心痛，此所以有今日之世界。讀書君子尚如此，況小人乎。」又見《嘉業堂藏書日記抄》第 577 頁。

六月，遊嶗山外九水，有《哨徧・水以九名》一詞紀其事。詞序云：「夏日遊外九水，遇雨旋晴，景尤奇麗，賦柬同遊諸子，時戊辰六月。」詞載《東海勞歌》。

六月，為呂貞白繪《濠堂讀書圖》。題曰：「濠堂讀書圖，戴庵先生屬。戊辰六月，匑厂黃孝紓。」後有程頌萬跋，云：「黃生畫本呂生居，文采風流迥自如。記取濠堂無恙月，容君劫鱸照觀書。不諳曲學與狂譚，疏樹房櫳細竹庵。猶是養魚風日美，兩家名父海東南。戊辰新秋，公渚為貞伯世仁兄作濠堂讀書圖屬題，十髮居士頌萬時客海上。」陳寶書跋云：「聖賢雕琢資蟇盜，因是因非任自然。搜攝古今藏一室，葦間漁父定延緣。貞伯吾兄同學命題，陳寶書。」見 2023 年春季日本京畿美術拍賣會。

七月六日（8 月 20 日），馮煦卒於滬寓。蔣國榜《金壇馮蒿庵先生家傳》。按馮煦曾為黃孝紓定潤例，黃氏又有《與馮蒿庵論文書》。

七月三十日（9 月 13 日），劉承幹因東陵善後事設宴，黃孝紓與葉爾愷、章梫、孫寶琦、冒廣生等人參與。劉承幹《求恕齋日記》：「午後徐積餘交到印光法師助修東陵善後款洋叁拾元，方外而具愛國之忱，墨而儒者，讚歎靡已。奈何身受君父之恩而漠然視之，轉不若緇衣之侶，有頗多矣。葉柏皋來，繼而一山、惠敷來。晚孫慕韓、黃伯雨、章拱北（名景楓，金華人，辛卯舉人，福建建州縣，後過道班，曾署興泉永道，國變後曾當煙酒公賣官產處等差）、曹梅訪、周紫珊、冒鶴亭、黃涵之、孫厚在（名嘉榮，紹興人，湖北知府，聞與國民黨人頗接近，亦老革命家也）、左臺孫均先後至，適陳容民來訪，公渚遂邀之入席，成翊清亦至，共兩席，膳系功德林素菜，以今日之宴，乃為東陵善後事，非尋常宴會者比，蓋照大喪例也。散後請諸公落筆，共寫約三千元。邀而未至者，俞琢吾、王雪澄、張仲照、李木公（木公人雖

未至，而貢款壹千元即已送來）。此次宴客雖余與柏皋、一山同具名，然其費皆余一人認之，蓋往往如此，非止今日也。」

　　秋日，與弟黃孝平（鹽厂）過嶗山觀川臺，小憩洪氏別業，有詩記之。詩題云《戊辰秋日，與鹽弟過觀川臺，小憩洪氏別業》，載《勞山紀遊集》。

　　八月初，同陳三立、周達、王乃徵、朱祖謀、程頌萬、袁思亮等往遊公園。周達有《苦雨初晴，野潦漸退，同散原、病山、漚尹、十髮、公渚、伯揆徒步至某氏園列坐廊廡，秋花絢爛，木芙蓉亦盛開，口占四絕，視同遊諸公》，載《今覺盦詩》卷二。又見《陳三立先生年譜長編》。

　　八月九日（9 月 22 日），赴周達（梅泉）之招，與陳三立（散原）、朱祖謀（彊村）、王乃徵（病山）、袁思亮（伯夔）等至吳淞見海。李開軍《陳三立先生年譜長編》。按陳三立有《戊辰八月，梅泉招彊村、病山、伯夔、公渚、汝舟至吳淞見海》一詩。周達有《八月初九日同散原、病山、漚尹、公渚、伯揆放舟至吳淞口觀海同作》，載《今覺盦詩》卷二，又見《國際週報》1928 年第 1 卷第 4 期。袁思亮有《戊辰八月，梅泉招同公渚陪散原、彊村、病山三丈人泛舟吳淞賦此報謝兼呈諸公》，載《蘉庵詩集》卷上。

　　八月初九日（9 月 22 日），《國際週報》第一卷第二期刊《黃軺厂潤格》。云：閩縣黃軺厂微尚清遠，矜服前修，圖書一室，密爾自娛，詩文之外，兼工書畫，逸才孤詣，夐異時流，比年以來，薄遊滬瀆，治生之資取給翰墨，天假藝鳴，旨歸義取，事有前例，爰為擬目如左：

　　壽文壹百圓（千字以上每百字加十圓）。徵詩啟陸拾圓（五百字以上每百字加十圓）。碑銘、墓誌壹百兩。傳、行述、誄壹百圓。記、序、跋、祭文每百字二十圓。詩詞題跋另議。各件如須譔人自具姓名臨時酌定。

　　隸書例：楹聯，四尺以下四圓，五尺尺六圓，七八尺八圓。

　　堂幅，四尺以下六圓，五六尺十圓，七八尺十六圓。

　　屏幅，四尺以下每條四圓，五尺六圓，六尺八圓，七八尺十二圓（合寫四體照潤加二成）。

　　冊頁，每方尺三圓。扇面，每柄三圓。

　　橫幅，整幅同堂幅，半幅同屏條。壽文、碑誌另議。大篆、真草同值。箋紙加半。

　　山水畫例：堂幅，二尺以下十六圓，三尺二十圓，四尺四十圓，五尺五十圓，六尺六十圓。

屏條，三尺以下每條十六圓，四尺二十圓，五尺三十圓，六尺四十圓。

橫幅，整幅同堂幅，半幅同屏幅。卷子，每尺十圓。

扇面，每柄八圓。冊頁，每張十圓（以一尺為度過者遞加）。

以上各費一成，約期取件。

陳寶琛、吳郁生、孫寶琦、曾熙、何剛德、章梫

朱祖謀、鄭孝胥、劉廷琛、王乃徵、袁思亮、劉承幹同訂。

收件處：上海南京路四百九十五號國際週報發行所李廷弼轉。Li Ting-Pi The China Weekly 495 NanKing Road, Shanghai China.

按：《國際週報》第 1 卷第 3 期至第 8 期，第 2 卷第 4 期亦載此潤格。

仲秋，因陳曾壽之介，識蔣國榜。黃孝紓《南湖介壽圖記》：「戊辰仲秋，始因蘄水陳仁先侍御之介，奉手左右。」載《蘭陔壽母圖》後。後蔣國榜為刊《䏑厂文稿》六卷，書牌題「江寧蔣氏湖上艸堂叢刊之一」。夏敬觀序云：「今因蔣蘇厂先生慫恿，裒所為文曰䏑厂文稿者六卷付印。」

八月二十三日（10 月 6 日），《國際週報》第一卷第三期刊刊出《黃石孫侍御曾源潤例》並附《叔姝女士山水潤例》。

黃石孫侍御曾源潤例：石孫侍御以名翰林（庚寅）入直諫垣，有聲光緒間。與中江王病山侍郎、瀘州高城南給諫同時有三諫之目。嗣忤當路，遂歸隱林下。劬學不倦，所為古文詞，樸茂淵懿，不斷斷一家一人之矩矱。間為駢儷，趨嚮在中郎、子健之間。書法文字雅健，不名一家，揭櫫正軌，合漢魏唐宋為一冶。年來流寓青島，閉門著書，蕭然物外。茲以海內求索坌集，爰列潤目如左：

碑誌、傳狀之屬二百兩。書言哀詞之屬二百元。詩詞題跋及一切小品之屬每百字二十圓，不及百字作百字計。文體繁多，凡潤例所未備者，另議各件如須撰人自具姓名臨時酌訂。

書例：中堂，四尺五圓，五尺六圓，六尺八圓。楹聯，三尺四圓，四尺五圓，五尺六圓。

屏幅，四尺以內三圓，五尺四圓，六尺五圓。橫幅，全幅同中堂，半幅同屏條。

冊頁：扇面三圓，榜書每字四圓。碑碣壽序另議，墨費加一。

叔姝女士山水潤例附：女士為侍御女公子，淵源家法，劬學早成。所為山水，規橅南樓，蒼潤秀雅，敻異時流。並為擬目，以諗遠邇。

堂幅：三尺八圓，四尺十二圓。屏條：三尺六圓，每加一尺加二圓。

橫幅，同堂幅。冊頁：扇面四圓，墨費加一，先潤後墨。

朱彊邨、陳散原、鄭蘇戡、袁伯夔

沈淇泉、王雪存、余堯衢、劉翰怡同啟。

收件通信處：上海南京路四百九十五號李廷弼轉。Li Ting-Pi The China Weekly 495 NanKing Road, Shanghai China.

秋晚，同周達、陳敬第、袁思亮共話於巢園西池。周達有《秋晚同公渚、叔通、伯揆共話於巢園西池》一詩，載《今覺盦詩》卷二。

九月初三日（10 月 15 日），《申報》刊黃孝紓山水文字潤例。《申報》1928 年 10 月 15 日本埠增刊載：「劉潛樓侍郎鬻書例：榜書四元，扇面六元，堂幅五尺十二元。黃石孫太史鬻文字：中堂四尺五元，五尺六元，楹同聯中堂例，扇面三元，屏幅四尺三元，詳細潤例。葉栢皋太史鬻文字：中堂四尺五元，五尺六元，聯對同中堂例，屏幅四尺三元，扇面三元，文例另詳。陳容民太守鬻書例：楹聯屏條各三元，堂幅五元，扇面二元。●寓愛文義路誠意里七百五十一號。黃匑厂山水文字例：扇面六元，三尺屏條十五元，餘文詳例。交件處各大箋扇店。」

九月二十一日（11 月 2 日），訪鄭孝胥。又赴陳三立寓所，祝其七十六歲生日。與冒廣生、鄭孝胥同詣王乃徵。冒懷蘇《冒鶴亭先生年譜》。《鄭孝胥日記》第 2208 頁：「黃公渚來。伯嚴七十六歲生日，往視之，晤程子大、余堯衢、冒鶴亭、狄楚青、袁伯夔等，葉恭綽字譽虎，素未識，初見之。與鶴亭、公渚同過王病山。至大世界，聽小燕樓鼓書。」

九月，與陳曾壽適焦山登高，宿松寥閣。陳曾壽有《戊辰九月，同公渚君適焦山登高，宿松寥閣》一詩，載《國聞週報》1929 年第 6 卷第 14 期。

主持《國際週刊》藝林欄目，題「頤水室選」，每期皆選同時諸公所撰詩詞。見《國際週刊》。按此匯集可編為《頤水室詩詞選》。

十月初二日（11 月 13 日），赴鄭孝胥晚飯之約，同至者朱祖謀、王乃徵、夏敬觀、陳曾壽、周達、黃葆戉等。是日，《申報·自由談·文藝界消息》刊載黃孝紓潤格，云：「閩州黃匑厂先生，為石孫侍御哲嗣，家學淵源，不同凡俗。所為詩文，樸茂古稚，足與先哲抗手。又嘗從林畏廬翁學畫，造詣絕深。比以求者紛集，弢庵、散原、彊邨、病山、蘇戡、潛樓諸老，特為潤格。堂幅二尺十六圓，三尺廿圓，扇冊十圓，餘詳筆

單。收件處本埠愛文義路八十四號劉宅。」《鄭孝胥日記》第 2209 頁。《申報》
1928 年 11 月 13 日，同在本期，《書畫訊》刊《黃石孫君鬻書》一文云：「黃石孫君（曾
源）在前清以名翰林入直諫垣，有聲光緒間。所為古文詞，樸茂淵懿，不齗齗一家人
之矩矱。間為駢儷，趨嚮在中郎、子建之間。書法雅健，合漢魏唐宋為一冶。年來流
寓青島，閉門著書，蕭然物外。茲以海內求索文字者紛集，爰訂潤例應世。其次君翮
厂、女公子叔姝，文字亦俱訂有潤格筆單，函索即寄。收件處愛文義路八十四號黃翮
厂。」《新聞報本埠附刊》（1928 年 10 月 19 日）亦載《黃石孫侍御之文字》此條。

十月初九日（11 月 20 日），劉承幹致函黃孝紓。劉承幹《求恕齋日記》。
又見《嘉業堂藏書日記抄》第 585 頁。

十一月二十四日（1929 年 1 月 4 日），夜飯後與劉承幹談。劉承幹
《求恕齋日記》：「夜飯後與子美、公渚談。公渚於十三日到此。」又見《嘉業堂藏書
日記抄》第 586 頁。

冬，序《吳游片羽》。是年七月，葉恭綽倡議遊吳門，冒廣生、趙尊嶽等同
行，此遊諸人得詩編為《吳游片羽》三卷出版，中葉恭綽《蘇游雜詠》一卷，冒廣生
《戊辰紀游詩》一卷，趙尊嶽《蘇虞紀游雜事》一卷。

冬，以《暗香·六朝石墨》詞題吳湖帆藏《董美人墓志》。詞曰：「六
朝石墨。洗翠鬌小字，嬌嬈初識。喚起娟魂，零落楊花弔寒食。多少梁園影事，試重
向鬌天追憶。記冶咲、迴雪吹花，霞采比顏色。　　傾國。本難得。嘆桂蕊易零，綺
恨無極。漫言比翼，黃絹詞成淚應濕。長伴荒山石鏡，千載話，蠶叢遺迹。試問訊，
珠燕甕，更誰解覓。暗香。湖帆仁兄屬題，戊辰冬，黃孝紓。」按吳湖帆藏《董美人
墓志》現藏上海博物館。

是年，為冒廣生撰《冒鶴亭京卿和杜工部夔州五律詩序》。云：「如皋
冒鶴亭京卿以戊辰之年，辟地滬瀆，索居多暇，取杜工部夔州五律，依韻和之，自夏
徂秋，得詩五十餘首，命弁其言，用引其緒。」見《翮厂文稿》卷二。

1929 年（民國十八年己巳），三十歲

約是年初，為歙縣曹靖陶繪《看雲樓覓句圖》。黃曾源亦為曹靖陶題《靖
陶世兄既屬紓兒為繪看雲樓覓句圖，以余曾承乏徽守，不可無詩，因感念舊遊，愴然
成詠》一詩：「白雲不礙小樓明，畫裏雄村記舊程。江海一氄成昨夢，溪山重對若為情。
交枝紅豆花應放，妍筆金荃世已驚。萬事蒼茫隨變態，素辭剩可慰勞生。」見曹靖陶
錄《看雲樓覓句圖題詞》，載《大報》（1929 年 8 月 3 日）。陳亦書撰《許承堯與黃曾

源、黃公渚父子》。有曹靖陶輯《看雲樓覓句圖題詞》（錄楊度、李宣倜、閔爾昌題詩），載《大報（上海 1924）》1929 年 4 月 15 日。袁思亮有《看雲樓覓句圖序》，載《申報》1929 年 3 月 5 日第 5 張。金松岑有《歙縣曹靖陶熙宇索題看雲樓覓句圖，圖為閩黃公渚作》，載《藝浪》月刊 1934 年第 2 卷第 1 期。

二月初五日（3 月 15 日），鄭孝胥與陳重威同來訪。是日《新聞報》刊《黃石孫先生賣文字》潤例，由黃孝紓在滬代收。云：「黃石孫先生（曾源）以名翰林入直諫垣，有聲光緒間。所為古文詞，樸茂淵懿。間為駢儷，趨嚮在中郎、子建之間。書法雅健，不名一家。比以索者坌集，特由其次君䣊厂在滬收件。其文例：碑志傳狀二百兩，壽言哀辭二百元。書例：中堂四尺五元，五尺六元，楹聯同。扇冊三元。䣊厂先生淵源家學，工詩古文詞，兼工書畫，並有潤格。通信處本埠愛文義路八十四號劉宅內黃䣊厂。」《時事新報》（3 月 16 日）亦載此條。《鄭孝胥日記》第 2226 頁。

二月初八日（3 月 18 日），鄭孝胥再付編纂費三百元。《鄭孝胥日記》第 2227 頁：「使大七再付黃公渚編纂費三百元，已付二百元。」按此編纂費當指黃孝紓代鄭孝胥編《清朝歷代政要》者。

二月十六日（3 月 26 日），赴鄭孝胥晚飯之約，同至者許汝棻、陳重威、羅振常。《鄭孝胥日記》第 2228 頁。

二月二十一日（3 月 31 日），與鄭孝胥、王乃徵同遊兆豐花園。《鄭孝胥日記》第 2228 頁。

二月二十五日（4 月 4 日），訪鄭孝胥，交《政要》稿九束。《鄭孝胥日記》第 2229 頁：「黃公渚來，示《政要》鈔稿九束。」按此《政要》當為《清朝歷代政要》。

三月初二日（4 月 11 日），鄭孝胥有晚飯之約。《鄭孝胥日記》第 2230 頁：「約文淵、幼安、佐泉、雅初、容民、魯山、子經、仁先、公渚晚飯。」

三月初七日（4 月 16 日），與夏敬觀、梁鴻志訪龍榆生、盧前於真茹，重遊張氏園。夏敬觀有《浣溪沙慢·三月七日，偕黃公渚、梁眾異訪龍榆生、盧冀野真茹，重遊張氏園，榆生為設酒寓齋，賦此報謝》一詞紀此事，見《映盦詞》卷四。

三月初八日（4 月 17 日），訪鄭孝胥。《鄭孝胥日記》第 2231 頁。

三月初十日（4 月 19 日），與鄭孝胥、朱祖謀、王乃徵等同遊沙發

公園。《鄭孝胥日記》第2231頁：「至一元會消閒別墅，乃改為公宴，以余及稚辛為客。與古微、聘三、公渚、稚辛同遊沙發公園。」

三月十二日（4月21日），鄭孝胥七十初度，黃孝紓賦詩為壽。曹靖陶（看雲樓主）《海藏壽言》：「閩縣鄭蘇戡先生孝胥，騷壇領袖，人倫模楷。今歲七十初度，一時勝流，賦詩為壽，琳琅滿目，美不勝收。……餘如卓芝南孝復、夏劍丞敬觀、袁伯揆思亮、王逸塘揖唐、李拔可宣龔、釋戡宣侗、陳叔通敬第、黃公渚孝紓、周梅泉達之作，均有好句。」載《申報》1929年8月5日第6張。

三月，劉廷琛邀遊青島匯泉公園，有詩紀其事。詩序云：「青島匯泉公園四山合抱，境絕幽，花時遊人尤盛。己巳三月，潛樓丈邀同範卿、璽弟往遊，因賦。」《夏敬觀家藏尺牘》第202～203頁。

七月初九日（8月13日），夜與劉承幹共談良久。劉承幹《求恕齋日記》。又見《嘉業堂藏書日記抄》第587頁。

八月三十日（10月2日），重陽前十日，陳三立北上廬山，龍榆生招飲集暨南林亭祖行，酒罷偕遊真茹張氏園，攝影賦詩以紀其事。與會者有陳三立（散原）、朱祖謀（彊村）、夏敬觀（映庵）、陳曾壽（仁先）、程頌萬（十髮）、袁思亮（伯夔）、黃孝紓（公渚）、謝鳳孫（復園）、王乃徵（病山）等。黃孝紓繪圖紀其事。黃孝紓題云「己巳八月，榆生道兄侍其尊人蛻庵年丈□客於真茹張氏蓬園兼為伯嚴丈祖行。是日會者朱彊邨、王病山、程十髮、陳仁先、夏映庵、謝復園、袁伯夔諸先生。閩縣黃孝紓繪圖並識。」龍榆生有詩題曰《己巳重陽前十日，約集散原、彊村、病山、十髮、映庵、復園、蒼虬、伯夔、公渚諸公於真茹張氏園，別後率成長句。時散原丈將離滬入廬山，尤不勝別情之搖憾也》。黃孝紓以《己巳秋月，散原丈將北上，榆生招同病山、彊邨、仁先、復園、劍丞、伯夔、十髮諸公，假真茹張氏園，為散丈祖行，兼攝影以紀。榆生有詩索和，因賦》和之：「板閣鉤簾晚更幽，蕭森梧竹對冥搜。斜陽池館娛殘世，別路風霜及杪秋。目極空郊增意氣，座饒佳客足淹留。盍簪亦有搏沙感，鏡裏遹光那易求。」按此次合影又載《青鶴》1932年第1卷第17期，題曰：蓬園雅集留影。見龍榆生《風雨龍吟室漫稿》，張暉《龍榆生先生年譜（增訂本）》，李開軍《陳三立年譜長編》。黃孝紓所繪圖，見上海新世紀拍賣2005年第102屆藝術品拍賣會·書畫、瓷器工藝品專場。

秋，曹經沅在北京自宣武城南之南橫街移居城東隆福寺側，倩張大千、溥心畬、黃孝紓等為繪《移居圖》。見王仲鏞編校《借槐廬詩集》附錄。此圖卷現藏重慶三峽博物館。前有鄭沅篆文題額。

　　九月十六日（10 月 18 日），夜與劉承幹談。<small>劉承幹《求恕齋日記》。又</small>
<small>見《嘉業堂藏書日記抄》第 590 頁。</small>

　　十月初七日（11 月 7 日），葉恭綽、趙尊嶽訪劉承幹，欲選有清一
代詩餘，定名《清詞鈔》，約一百卷，推劉承幹與黃孝紓為總幹事。<small>劉承</small>
<small>幹《求恕齋日記》：「葉譽虎、趙叔雍偕至，欲選有清一代詩餘，定名《清詞鈔》，約一</small>
<small>百卷，推余與公渚為總幹事，其意以叔雍從事報館而譽虎寓居偏僻，欲就余處為徵集</small>
<small>之所。余以精神疲憊，且自己事務亦在憊辦，婉言辭謝。而伊等以為事可責成公渚，</small>
<small>惟借余寓為敘集所耳，因邀公渚來此同談，良久而去。」又見《嘉業堂藏書日記抄》</small>
<small>第 590 頁。</small>

　　十月初十日（11 月 10 日），與劉承幹、沈焜至六三花園參加吳昌碩
追悼會。<small>劉承幹《求恕齋日記》：「午刻培餘弟來，偕同公渚、醉愚至六三花園以為</small>
<small>吳昌碩開追悼會也。」又見《嘉業堂藏書日記抄》第 591 頁。</small>

　　十月二十七（11 月 27 日），朱祖謀、徐乃昌、黃孝紓等以《清詞鈔》
事集議於覺林素菜館，推黃孝紓等任《清詞鈔》編纂處幹事，負責編次。
<small>《教職員登記表》（1949 年）：「1929 年至 1934 年在上海《清詞鈔》編纂處任副總幹</small>
<small>事，主管人朱孝臧、葉遐庵。」《己巳十月廿七號清詞鈔編纂處議決事》：「己巳十月廿</small>
<small>七號，海上同人以清詞鈔事集議於覺林，到者如下：朱彊邨、徐積餘、金甸丞、董授</small>
<small>經、潘蘭史、周夢坡、夏劍丞、易由甫、吳湖帆、陳彥通、陳鶴柴、易大庵、況又韓、</small>
<small>劉翰怡、葉玉甫、黃公渚。議決事項如下：一、暫定名《清詞鈔》。其辦事處定名《清</small>
<small>詞鈔》編纂處。二、海上同人各將所藏清人詞務請於半月內鈔目交來並任搜輯。三、</small>
<small>通函各地同人，分任搜輯，並將藏詞不論總集、專集、選本、稿本，一律鈔目寄滬。</small>
<small>四、推朱彊邨為總編纂。五、推程子大、徐積餘、王書衡、陳石遺、卓芝南、易由甫、</small>
<small>夏閏枝、趙堯生、夏劍丞、董授經、冒鶴亭、袁伯葵、金甸卿、許守白、潘蘭史、闞</small>
<small>鶴初、何梅生、王西神、劉翰怡、趙叔雍、葉玉甫、黃公渚為編纂。六、推鄧孝先、</small>
<small>馬夷初、張繼若、胡幼胰、陳佩忍、柳翼謀、袁淑和、顧頡剛、金松岑、李範之、吳</small>
<small>瞿庵為名譽編纂。七、推劉翰怡、葉玉甫、趙叔雍、黃公渚為幹事。八、編次推黃公</small>
<small>渚、劉紀澤，並須附索引。九、審定推朱彊邨。十、同人函件稿籍均寄上海愛文義路</small>
<small>八十四號劉宅，歸黃公渚先生收存管理。十一、各地同人徵得詞稿，如卷帙繁重，不</small>
<small>便郵寄者，即請選鈔寄滬，但務請附列集名卷數、版本及名號爵里等。十二、凡借用</small>
<small>之書籍稿本，同人均負妥慎保全之責，如購買郵寄鈔寫等費用較巨者，可商由本處負</small>
<small>擔。十三、本書期以一年觀成，任選擇者，務請每次定立程限，以免延誤。十四、編</small>

纂諸君同時請負採訪之責，其編纂之任務可於各地行之，但宗旨辦法請與本處接洽，以期一貫。十五。會計庶務由幹事任之。」又《編纂清詞鈔徵書》：「詞始於唐，盛於宋。而有清一代，哀集之富，視前代且猶過焉。近頃滬上朱彊村（祖謀）、董授經（康）、劉翰怡（承幹）、葉遐庵（恭綽）等，鑒於《歷代詩餘》之選列於官書，《四朝詞宗》之編匯為鉅製，而深慨乎有清樂府之雅詞，尚闕聲家之總集，爰有《清詞鈔》之編纂。上年十月二十七日集海上名流於覺林，議決設《清詞鈔》編纂處，從事編纂，期以一年觀成，並推舉朱彊村為總編纂兼審定，編纂及名譽編纂達四十餘人之多。現正函向各地圖書館徵求書籍。茲將其《簡則》錄後。附：《清詞鈔編纂處徵求書籍簡則》：一、本處為編纂《清詞抄》求有關各書籍，凡以清代詞集等見寄者，均所歡迎。一、海內藏家，自接函後，請以半月中將所藏各種詞集或附見古人總集中詞集均請先抄目寄本處審查，再行接洽或借或抄辦法，以免重複而省手續。一、凡海內人士先代詞稿，或已刻或未刻，如肯惠寄，得由本處選登。一、海內詞家生存者不收。一、承假各書，本處當負保管之責，如係孤本，或附見總集，不便單行惠寄者，擬請代鈔，鈔費由本處任之，其詳細辦法，臨時互商決定。一、歸還假書以半年為限，如有特別情形，得通融辦理，但必先期函商，通函酌定。一、要函及寄書皆須掛號徑寄本處，收到時當以本處印戳為信。一、來函及寄書藉務請詳細注明地址日期，以便稽核兼備裁答。一、本處設立上海愛文義路八十四號。」按：《編纂清詞鈔徵書》載《文字同盟》第 4 年第 2 號（1930 年 2 月），又見張暉撰《龍榆生先生年譜（增訂本）》。

　　龍榆生《最近二十五年之詞壇概況》：「民國以來，對於清代文學之整理，其工程浩大，而最有價值者，莫過於《清詞鈔》之纂輯。其議發自十八年冬。其年十月二十日，由發起人朱彊村（孝臧）、徐積餘（乃昌）、金甸丞（蓉鏡）、董授經（康）、潘蘭史（飛聲）、周夢坡（慶雲）、夏劍丞（敬觀）、易由甫（順豫）、吳湖帆、陳彥通（方恪）、陳鶴柴（詩）、易大厂（韋齋）、況又韓（維琦）、劉翰怡（承幹）、葉遐庵、黃公渚（孝紓）集議於覺林素菜館。議決設立《清詞鈔》編纂處，並推定朱彊村為總編纂，程子大、徐積餘、王書衡、陳石遺、卓芝南、易由甫、夏閏枝、趙堯生、夏劍丞、董授經、冒鶴亭、袁伯夔、金甸丞、周夢坡、張菊生、陳述叔、王又點、邵伯褧、邵次公、陳鶴柴、林鐵尊、曹纕蘅、郭嘯麓、周梅泉、汪憬吾、譚瑑卿、許守白、潘蘭史、闞鶴初、何梅生、王西神、劉翰怡、趙叔雍、葉遐庵、黃公渚、易大厂、龍榆生等為編纂。當即由黃公渚起草，廣徵海內藏家所有清人詞集。其啟事略云：『三百年間，才俊踵係，人歌柳七之詞，家寶石帚之集。康乾之際，趨步南唐；咸同以來，競稱北宋。藏山待後，悉為樂府之雄詞；斷代成書，尚缺聲家之總集。華亭《詞雅》之編，長水

《名家》之輯，以及《粵西詞見》、《金陵詞鈔》、浙西六家之書、常州三人之作；或意存鄉獻而僅及偏隅，或取備篋中而但徵倫好。譬諸絕潢斷港，未臻溟涬之觀；片石單椒，難語嵯峨之狀；風流漸滅，識者恫焉！……思集眾制，勒為一書。』定議之初，葉遐庵、黃公渚兩先生，實總其事。既而海內藏家，除北平圖書館、南京國學圖書館外，如南陵徐氏小檀欒室、武進趙氏惜陰堂、吳縣潘博山、永嘉梅冷僧等，亦先後以所藏詞目至。分別選輯，迄於今，已得百數十巨冊，所收詞約三四千家，由遐庵先生匯送彊村老人鑒定。雖茲事體大，一時難竟全功，而薄海嚮風，咸知注意於清詞，此一大結集，其結果之良好，當可預期也。」

按黃孝紓所擬《清詞鈔》徵書之啟云：「蓋聞詞學之興，原於《風》《騷》。《金荃》一集，始號專家；《花間》十編，爰摻選政。自宋迄明，聲學大昌，專書踵出。《中興絕妙》之編，《群英草堂》之集，《花庵》《四水》之所搜疏，鳳林、汲古之所鳩刻，莫不津逮學林，炳麟藝苑。爰暨清代，縹緗益富。《歷代詩餘》之選，列於官書；《四朝詞綜》之篇，匯為鉅製。暉麗萬有，皋牢百昌。發潛德之幽暉，恢大晟之宏緒，衰集之富，視前代且猶過焉。惟是三百年間，文運昌明，才俊踵係。人歌井水之詞，家寶石帚之集。康乾之際，趨步南唐，咸同以來，競稱北宋。藏山待後，悉為樂府之雅詞；斷代成書，尚闕聲家之總集。華亭《詞雅》之編，長水《名家》之輯，以及《粵西詞見》、《金陵詞抄》、浙西六家之書、常州三人之作，或意存鄉獻而僅及偏隅，或取備匧中而但征倫好。譬諸絕潢斷港，未臻溟涬之觀；片石單椒，難語嵯峨之狀。風流漸滅，識者恫焉。同人生當叔季，矜服前修，慨小雅之將亡，幸英塵之未沫，思集眾制，勒為一書。敬維菊生先生，詞林哲匠，學府宗師。志發幽光，有君子當仁之責；家藏秘帙，多人間未見之書。茲特公推為本處編纂，尚冀時賜教言，共襄盛舉。他山攻錯，有待宏裁。赤水求珠，期無遺寶。庶幾觀成剞劂，考千秋得失之林；附庸詩歌，備一代風俗之史。

朱彊邨	金甸丞	徐積餘	程十髮	林鐵尊
夏劍丞	陳彥通	吳湖帆	董綬經	易由甫
潘蘭史	易大庵	冒鶴汀	邵次公	袁伯夔
周夢坡	周梅泉	陳鶴柴	趙叔雍	譚篆卿
況又韓	劉翰怡	黃公渚	葉玉甫	同　啟」

《編纂清詞鈔徵書》：「詞始於唐，盛於宋。而有清一代，衰集之富，視前代且猶過焉。近頃滬上朱彊村（祖謀）、董授經（康）、劉翰怡（承幹）、葉遐庵（恭綽）等鑒

於《歷代詩餘》之選，列於官書。《四朝詞宗》之編，匯為巨製。而深慨乎有清樂府之雅詞，尚闕聲家之總集。爰有《清詞鈔》之編纂。上年十月二十七日集海上名流於覺林，議決設《清詞鈔》編纂處，從事編纂。期以一年觀成。並推舉朱疆村為總編纂兼審定，編纂及名譽編纂達四十餘人之多。現正函向各地圖書館徵求書籍。茲將其簡則錄後。

附《清詞鈔》編纂處徵求書籍簡則：

（一）本處為編纂《清詞鈔》求有關各書籍。凡以清代詞集等見寄者，均所歡迎。

（一）海內藏家自接函後，請以半月中將所藏各種詞集，或附見古人總集中詞集，均請先鈔目自寄本處審查。再行接洽或借或鈔辦法，以免重複而省手續。

（一）凡海內人士先代詞稿，或已刻或未刻，如肯惠寄。得由本處選登。

（一）海內詞家生存者不收。

（一）承假各書本處當負保管之責。如係孤本，或附見總集，不便單行惠寄者，擬請代鈔。鈔費由本處任之。其詳細辦法，臨時互商決定。

（一）歸還假書，以半年為限。如有特別情形，得通融辦理。但必先期函商，通函酌定。

（一）要函及寄書，皆須掛號逕寄本處。收到時當以本處印戳為信。

（一）來函及寄書籍，務請詳細注明地址日期，以便稽核，兼備裁答。

（一）本處設立上海愛文義路八十四號。」見《大公報（天津）》1930 年 1 月 20 日，又見《文字同盟》1930 年第 4 年第 2 號。

仲冬，序夏敬觀所撰《漢短簫鐃歌注》。文載《䣄厂文稿》卷二。又見商務印書館排印《漢短簫鐃歌注》卷首，末署「己巳仲冬黃孝紓」，文字與《䣄庵文稿》本略有異。

十月二十九日（11 月 29 日），鄭孝胥來訪。《鄭孝胥日記》第 2260 頁。

十一月初二日（12 月 2 日），劉承幹致函黃孝紓。劉承幹《求恕齋日記》。又見《嘉業堂藏書日記抄》第 591 頁。

十一月二十八日（12 月 28 日），訪鄭孝胥。《鄭孝胥日記》第 2263 頁。

十一月二十三日（12 月 23 日），劉承幹致函黃孝紓。劉承幹《求恕齋日記》。又見《嘉業堂藏書日記抄》第 592 頁。

十一月二十九日（12 月 29 日），鄭孝胥邀晚飯。《鄭孝胥日記》第 2263

頁：「約魯山、容民、左泉、子經、公渚晚飯。」

十二月初二日（12 月 2 日），劉承幹致函黃孝紓。劉承幹《求恕齋日記》。又見《嘉業堂藏書日記抄》第 592 頁。

與夏敬觀、吳湖帆、徐楨立、陳灨一、馬壽華等成立康橋畫社。任康橋畫社主任，教授國畫。《教職員登記表》（1949 年）：「1929 年至 1937 年，上海康橋畫社主任，教授國畫，主管人夏劍丞。」陳衍《石遺室詩話續編》：「黃公渚（孝紓）工畫、駢文，流寓上海，賣文賣畫自給。與夏劍丞諸人結康橋畫社，與朱古微諸人，結詞社。」按：《夏敬觀年譜》繫此事於民國十九年（1930）。

是年，海上詩鐘社集於晨風廬。黃孝紓與潘飛聲、夏敬觀、李宣龔等先後入社。《吳興周夢坡先生年譜》：「海上詩鐘社集於晨風廬，拈『滿千』兩字四唱，又『柴四』兩字五唱。先後入社者，有曾重伯、余倦知、金甸丞、朱漚尹、潘蘭史、黃篤友、程子大、吳寬仲、文公達、江晴嵐、陳散原、俞琢吾、冒鶴亭、葉玉虎、姚虞琴、陳彥通、夏劍丞、陳豪生、陳君任、黃公渚、王蓴農、李拔可、陳仁先、袁伯夔諸先生。」

是年，寫示夏敬觀遊青島詩卷，夏有詩答之。夏敬觀《賦答公渚寫示遊青島詩卷》，見《忍古樓詩》卷十二。

是年，為陳曾壽繪《補經圖》題《弔雷鋒塔文》。按該圖與陳曾壽收藏的雷峰塔出土經卷四卷，藏上海博物館。另有釋真放、姚華、張祖廉、馮煦、冒廣生、程頌萬、溥儒、胡嗣瑗題詠。《弔雷鋒塔文》初發表在《時報》1924 年 11 月 2 日。按《中國古籍善本書目》著錄上海博物館藏宋開寶八年吳越國王錢俶刻本《一切如來心秘密全身舍利寶篋印陀羅尼經》一卷，有程頌萬題詞、冒廣生題詞、胡嗣瑗題詞、馮煦題詞、溥儒題詩、陳曾壽繪圖、黃孝紓題詞、姚華題詞、張祖廉題詞、陳曾壽題詩。

1930 年（民國十九年庚午），三十一歲

三月三日（4 月 1 日），上巳，陳夔龍約至花近樓午宴。陳夔龍有《上巳日花近樓午宴補作消寒第九集即席賦呈諸老》，小注云：「公渚作《花近樓詩序》，駢體極工麗。」載《國聞週報》1930 年第 7 卷第 23 期。

三月十四日（4 月 12 日），遇鄭孝胥。《鄭孝胥日記》第 2278 頁。

三月二十四日（4 月 22 日），同朱祖謀（彊邨）、陳曾壽（蒼虬）等遊蘇州顧氏怡園。陳曾壽有《徵招．三月廿四日，同彊邨、夷叔、匑庵、子玉、惕齋及寥志二弟集蘇州怡園》。黃孝紓亦有《徵招》一詞，序云：「庚午三月，薄遊姑蘇，

彊邨丈招同夷叔、蒼虬、慎先、笠士諸公集顧氏怡園。蒼虬有詞，余亦繼聲。」按陳曾壽《徵招》詞載《國聞週報》1930 年第 7 卷第 30 期，黃孝紓《徵招》詞載《國聞週報》1930 年第 7 卷第 27 期。又見謝永芳《陳曾壽年譜》。

三月二十六日（4 月 24 日），**鄭孝胥邀晚飯**。《鄭孝胥日記》第 2280 頁：「約古微、聘山、堯衢、仁先、劍丞、梅泉、伯夔、公渚晚飯。」

四月初一日（4 月 29 日），**鄭孝胥邀晚飯**。《鄭孝胥日記》第 2281 頁：「約魯山、容民、子經、公渚晚飯。」

四月初七日（5 月 5 日），**應周達之約，同鄭孝胥、沈崑三、袁思亮、袁榮法坐小汽船至吳淞**。《鄭孝胥日記》第 2282 頁：「周梅泉約同坐小溓船至吳淞，沈崑山、袁伯夔、袁帥南、黃公渚同遊。」

任商務印書館特約編輯。《國立山東大學教職員履歷表》（1951 年）。

孟夏，為蔣國榜之母撰《南湖介壽圖記》。末署：「歲在上章敦牂孟夏之月，閩縣黃孝紓頓首拜祝。」此文有黃孝紓手書四條屏，見《大匠如斯——黃公渚誕辰一百二十週年紀念集》第 30～31 頁。文見《青鶴》1932 年第 1 卷第 3 期。又題於蕭俊賢繪《蘭陔壽母圖》後，末署「庚午夏，匑厂黃孝紓記」，見浙江南北拍賣公司 2015 年秋季拍賣。按《南湖介壽圖記》諸本所載略有異。

夏六月，識張鏡夫於青島，並約張至南潯嘉業堂為劉承幹整理藏書。張鏡夫《涵芬樓志書目錄跋》：「共和第一庚午夏六月，識黃公渚先生於青島，並約予往南潯嘉業堂為劉翰怡先生整理藏書。翰怡於前年來青島，和藹長者，以家變而懊喪過甚。」是時黃孝紓借予張鏡夫《涵芬樓志書目錄》一巨冊，張氏命次子張啟昌鈔錄，現此本存山東大學圖書館。

閏六月二十四日（8 月 18 日），代劉承幹陪林葆恒、徐乃昌、葉爾愷、方燕年諸人，談良久。劉承幹《求恕齋日記》。又見《嘉業堂藏書日記抄》第 595 頁。

七月四日（8 月 27 日），曾熙病卒於滬寓。《曾農髯先生訃告》，載《申報》（1930 年 9 月 15 日）。

七月，酷熱，袁思亮邀陳祖壬、黃孝紓至黃浦公園看月。《蘦庵詩集》卷下（民國鈔本）有《庚午七月酷熱邀病樹、匑庵黃浦公園看月》一詩。

七月十九日（9 月 11 日），余肇康卒於滬寓。黃孝紓有《余勣知參議誄》一文悼之，載《匑厂文稿》卷五。

　　七月二十四日（9 月 16 日），與劉承幹至陳曾壽處訪張道銘。劉承幹
《求恕齋日記》。又見《嘉業堂藏書日記抄》第 596 頁。

　　七月，與陳曾壽、袁思亮、呂貞白同觀吳湖帆藏趙孟頫章草《急就
章》冊頁及《慈齋臨王廉州虞山十景畫冊》《慈齋臨董源夏山圖手卷》。趙
孟頫章草《急就章》冊頁題云：「庚午七月，袁思亮、黃孝紓、呂傳元、陳曾壽同觀。」
《慈齋臨王廉州虞山十景畫冊》陳曾壽跋云：「精嚴華妙，如見天人。少陵詩所謂『潤
聚金碧氣，清無沙土痕』，庶足當此，歎觀止矣。庚午七月，陳曾壽謹記。與袁思亮、
黃孝紓、呂傳元同觀。」見《吳湖帆年譜》。

　　八月初五日（9 月 26 日），夜陳曾壽將赴天津，劉承幹為餞行，陪
者陳重威、黃葆戉、李宣龔、夏敬觀、袁思亮、李淵碩、黃孝紓等人。
劉承幹《求恕齋日記》。又見《嘉業堂藏書日記抄》第 599 頁。

　　八月初九日（9 月 30 日），午後四時，與劉承幹同至袁思亮家為陳
曾壽送行。劉承幹《求恕齋日記》。又見《嘉業堂藏書日記抄》第 599 頁。

　　八月，經夏敬觀介紹，任中國公學中文系任教授，擔任詞選、詩選、
文心雕龍等課程，任職一年。《國立山東大學教職員履歷表》（1951 年）。《自傳》
（1955 年 9 月 28 日）。《教師及職員登記表》（1951 年 1 月）：「1930 年 8 月至 1931 年
7 月，上海中國公學任教授。」《教職員登記表》（1949 年）：「1930 年至 1931 年，上
海中國公學教授，詞、詩文批評，主管人馬君武。」《高等學校教師登記表》（1952 年
9 月 6 日）：「1930 年夏至 1931 年夏，上海公學教授。擔任詞選、詩選、文心雕龍等
課程。介紹人夏敬觀。證明人夏敬觀，上海文物保管委員會委員。」《自傳》（1951 年
9 月 20 日）：「一九三十年又在中國公學任教授，月薪二百二十元。」《山東大學目前
師資情況調查簡表》（1951 年 10 月 27 日）云：「（任職）中國公學一年。」

　　九月十六日（11 月 6 日），與夏敬觀、周慶雲倡立漚社。社長朱祖
謀。每月一集，集必填詞，以二人主之。題各寫意，調則同一。社員有
潘飛聲、程頌萬、洪汝閹、林鶗翔、謝掄元、林葆恒、楊玉銜、姚景之、
許崇熙、冒廣生、劉肇隅、高毓彤、袁思亮、葉恭綽、郭則澐、梁鴻志、
王蘊章、徐楨立、陳祖壬、吳湖帆、陳方恪、彭醇士、趙尊嶽、龍沐勳、
袁榮法等。初集命調《齊天樂》，黃孝紓賦《齊天樂·海濱尊俎符天意》
一詞。前後社集二十次，輯為《漚社詞鈔》一冊，中收黃孝紓詞十八首。
潘飛聲《漚社詞鈔序》。馬強《漚社研究》。周延祁《吳興周夢坡年譜》庚午舊曆九月

條云：「九月夏丈劍丞、黃君公渚倡詞社會於海上，名曰漚社。」《詞學季刊》創刊號「詞壇消息」一欄有「漚社近訊」：「漚社成立於十九年冬，為海上詞流所組織。每月一集，集必填詞。初有社員二十餘人，以後續見增益，亦有散之四方者。自前年彊邨先生下世，一時頓失盟主，又值淞滬之變，頗現消沈氣象。近時時局稍稍安定，社集照常進行，盛況不減於往日。」按：《高等學校教師登記表》（1952 年 9 月 6 日）云：「一九二六年參加漚社，會員朱孝臧介紹。」當為誤記。

先後加入漚社者二十九人：朱祖謀（字古微，號漚尹，歸安人，咸豐丁巳生）、潘飛聲（字蘭史，號老劍，番禺人，咸豐戊午生）、周慶雲（字湘舲，號夢坡，烏程人，同治甲子生）、程頌萬（字子大，號十髮，寧鄉人，同治乙丑生）、洪汝闓（字澤丞，號勺廬，歙縣人，同治己巳生）、林鵾翔（字鐵尊，號半櫻，吳縣人，同治辛未生）、謝掄元（字榆孫，號緹廬，餘姚人，同治壬申生）、林葆恒（字子有，號訒庵，閩縣人，同治壬申生）、楊玉銜（字鐵夫，號鐵庵，中山人，同治壬申生）、姚景之（字景之，號宣素，吳興人，同治壬申生）、許崇熙（字季純，號滄江，長沙人，同治癸酉生）、冒廣生（字鶴亭，號疢齋，如皋人，同治癸酉生）、劉肇隅（字廉生，號澹園，湘潭人，光緒乙亥生）、夏敬觀（字劍丞，號吷庵，新建人，光緒乙亥生）、高毓浵（字潛子，號淞潛，靜海人，光緒丁丑生）、袁思亮（字伯夔，號蘦庵，湘潭人，光緒己卯生）、葉恭綽（字玉虎，號遐庵，番禺人，光緒辛巳生）、梁鴻志（字眾異，號無畏，長樂人，光緒癸未生）、郭則澐（字嘯麓，號蟄雲，閩侯人，光緒壬午生）、王蘊章（字蓴農，號西神，無錫人，光緒乙酉生）、徐楨立（字紹周，號餘習，長沙人，光緒庚寅生）、陳祖壬（字君任，號病樹，新城人，光緒壬辰生）、吳湖帆（字湖帆，號醜簃，吳縣人，光緒甲午生）、陳方恪（字彥通，號鸞陂，義寧人，光緒乙未生）、彭醇士（字醇士，號篔思，高安人，光緒丙申生）、趙尊嶽（字叔雍，號高梧，武進人，光緒戊戌年生）、黃孝紓（字公渚，號匑庵，閩縣人，光緒庚子生）、龍榆生（字榆生，號娛生，萬載人，光緒壬寅生）、袁榮法（字帥南，號滄州，湘潭人，光緒丁未生）等。《漚社詞鈔》後復附《和作同人姓字籍齒錄》十二人：汪兆鏞（字伯序，號憬吾，番禺人）、張茂炯（字仲青，號艮廬，吳縣人）、趙熙（字堯生，號香宋，榮縣人）、邵章（字伯庚，號倬庵，仁和人）、陳洵（字述叔，號海綃，新會人）、路朝鑾（字金坡，號瓠庵，畢節人）、張爾田（字孟劬，號遯庵·錢塘人）、胡嗣瑗（字琴初，號愔仲，開州人）、陳曾壽（字仁先，號蒼虬，蘄水人）、包安保（字柚斧，號鶯巢，鎮江人）、黃孝平（字君坦，號瓁庵，閩侯人）、陳文中（號淑通，長壽人）等。

　　曹靖陶（看雲樓）《漚社雅集記》：「漚社肇始於庚午九月十六日，社以漚名，取朱彊邨先生別號漚尹故也。社友共二十二人，每月一集。朱彊邨祖謀，歸安人，七十五歲。潘蘭史飛聲，番禺人，七十四歲。周夢坡慶雲，烏程人，六十八歲。程十髮頌萬，寧鄉人，六十七歲。楊鐵夫，中山人，六十一歲。林鐵尊鷗翔，歸安人，六十一歲。林子有葆恒，閩縣人，六十歲。許季純崇熙，長沙人，五十九歲。夏吷庵敬觀，新建人，五十七歲。袁伯夔思亮，湘潭人，五十三歲。葉遐庵恭綽，番禺人，五十一歲。郭嘯麓則澐，閩縣人，五十歲。王西神蘊章，無錫人，四十八歲。徐紹周楨立，長沙人，四十二歲。陳君任祖壬，新城人，四十歲。陳彥通方恪，義寧人，三十九歲。吳湖帆，吳縣人，三十八歲。彭醇士，高安人，三十六歲。趙叔雍尊嶽，武進人，三十五歲。黃翔厂孝紓，閩縣人，三十二歲。龍榆生沐勛，萬載人，三十歲。袁帥南榮法，湘潭人，二十五歲。是集攝影於夏吷庵之康橋居，到者凡十七人。程十髮因病未至，遣公子君碩代表，楊鐵夫後至，林鐵尊在鎮，郭嘯麓在津，吳湖帆在蘇，趙叔雍居憂，均未及預。時辛未四月初一日，康橋居薔薇盛開。攝影處，即吷庵先生所謂錦屏風也。」見《上海畫報》1931 年第 737 期。

　　潘飛聲《漚社詞選序》：「辛未（1931）之秋，夏君劍丞，招集吷庵，同人議倡詞會。時朱古微先生，以詞壇耆宿，翩然戾止，厥興甚豪，遂推祭酒。是曰擬調《齊天樂》，有即席成者。會中共十四人。嗣後每月一會，以二人主之，題各寫意，調則同一。必循古法，不務艱澀。襟抱之偕，酬唱之樂，雖王仲仙集中詠物諸作，篾以加焉。由是遂成漚社。」載《詞學季刊》第一卷第四號。

　　龍榆生《彊邨晚歲詞稿跋》：「予（龍榆生）年三十……時旅滬詞流如番禺潘蘭史飛聲、寧鄉程子大頌萬、歙縣洪澤丞汝闓、吳興林鐵尊鷗翔、如皋冒鶴亭廣生、新建夏劍丞敬觀、湘潭袁伯夔思亮、番禺葉玉虎恭綽、吳縣吳湖帆、義寧陳彥通方恪、閩縣黃孝紓等二十餘人，約為漚社。月課一詞以相切磋，共推先生（朱祖謀）為盟主。」載《龍榆生詞學論文集》。

　　龍榆生《最近二十五年之詞壇概況》：「漚社社在上海。為歸安朱彊村、番禺潘蘭史、烏程周夢坡、寧鄉程十髮（頌萬）、閩縣林子有、新建夏吷庵（敬觀）、湘潭袁伯夔（思亮）、番禺葉遐庵、無錫王西神、新城陳君任（祖壬）、義寧陳彥通、吳縣吳湖帆、武進趙叔雍、閩縣黃公渚、萬載龍榆生（沐勛）諸人所發起。以次加人者，有長沙徐紹周（楨立）、許季純（崇熙）、高安彭醇士、閩縣郭嘯麓（則澐）、湘潭袁帥南（榮法）、歸安林鐵尊（鷗翔）、廣西楊鐵夫等，共二十餘人。每月一集，限調不限題，每集必有油印本傳觀。自去年冬成立，迄今已七集矣。在各詞社中，以此為最盛，亦最

自由。遇宴集時，縱談文藝，宴畢而散，各不相謀，蓋一純粹文藝結合之團體，絕不含有其他任何意味者也。」見《國立暨南大學創校廿五年成立四周年紀念論文集》。

《喚庵詞》：「夏劍丞先生……前年（1931）滬上詞流，發起漚社，既推疆邨翁為盟主，先生亦故調重彈。」載《詞學季刊》創刊號。

袁思亮《贈徐紹周序》：「庚午秋，吳興朱彊邨侍郎舉詞社上海，曰漚社。寧鄉程十髮先生介長沙徐子紹周以來，余識紹周自此始。其後來者日眾，都二十餘人。侍郎居稍僻遠，十髮老病不時出，其有所業者，非社集或酒食之會，不得數相見，獨紹周與其縣人許季純、新城陳君任、義寧陳彥通、閩黃公渚，及余五六人者，居邇而務閒，得旦暮往還，酣嬉諧謔笑呼以為樂。季純工詩文及書。君任能古文辭，尤雄於詩，善論議，凌厲慓悍無所屈。彥通詩詞絕工，態度閒雅，清談如魏晉人。至於為學兼宗漢宋，博聞彊記，詩文書畫，奄有眾長，則推徐、黃。而公渚復旁通篆刻、星命推歲之術，紹周亦沈浸梵典，嗜古物，精鑒藏。數人者，各挾其所能，相與馳騁辨難，或互自矜重娛詫，以為世莫我知也。紹周最號為沈默謙退，猶自喜其八分書，謂獨得漢人遺法，而於文乃深自祕惜，不肯出示人。余與君任數鉤致以術，激怒以語言，終不可得而見也。已而紹周與公渚作畫社，畫益有名。余季弟婦譚慎，先習平原書，又好繪事，苦無所得師。見紹周所作畫，曰：師在是矣。因從問業。紹周要余為文而命弟婦書之以為贄。余求見紹周之文而不可得者也，不敢不有所先焉，輒為紀余兩人訂交之始，而吾儕一稔以來，煦嫗慰薦於喪亂幽憂之中有可喜者，書之以為贈。紹周其終祕惜其文，不屑與吾儕往復乎。抑猶將一吐其鬱積磅礴之天聲，震盪吾儕之耳目以為快也。」載袁思亮《蘉庵文集》卷二。按李肖聃《星廬日錄》錄此文作《湘潭袁思亮〈贈徐紹周敘〉》，蓋初稿之本，文中與夏敬觀之事猶存而未刪，與此略有異。

袁思亮復有《齊天樂》一詞紀其事，序云：「庚午初冬，映庵、公渚續舉詞社，有懷散原師廬山，蒼虯津門。」見《青鶴》1932 年第 1 卷第 1 期。

吳湖帆為周慶雲繪《漚社填詞圖》，題曰：「庚午間，夢坡先生與朱漚尹侍郎等結漚社詞集，都二十餘人，尊酒相尚，唱和互應者數年，余亦廁其間，迺為先生作此圖並記。癸酉首春，吳湖帆。」見上海嘉禾 2023 秋季藝術品拍賣會·中國近現代書畫作品專場。

九月二十一日（11 月 11 日），鄭孝胥來訪。《鄭孝胥日記》第 2303 頁。

九月二十四日（11 月 14 日），鄭孝胥邀晚飯。《鄭孝胥日記》第 2303 頁：「夜，約魯山、容民、子經、公渚、藹農飯。」

　　九月二十六日（11月16日），與夏敬觀約鄭孝胥午飯。《鄭孝胥日記》
第 2303 頁。陳詒《夏敬觀年譜》：「先生與黃孝紓邀午宴，至者鄭孝胥、朱祖謀、諸宗
元等。」

　　九月二十八日（11月18日），鄭孝胥來訪，不遇。《鄭孝胥日記》第
2304 頁。

　　十月初一日（11月20日），與朱祖謀、袁思亮、劉承幹同至西摩路
應林葆恒之招，補祝王乃徵七十壽辰。同席者夏敬觀、鄭孝胥、李宣龔、
趙尊嶽等人。劉承幹《求恕齋日記》。又見《嘉業堂藏書日記抄》第 601 頁。

　　十月初二日（11月21日），赴鄭孝胥夜宴之約，與朱祖謀、王乃徵、
夏敬觀、袁思亮、許汝棻、陳重威等同席。《鄭孝胥日記》第 2304 頁。陳詒
《夏敬觀年譜》。

　　十月初四日（11月23日），與劉承幹同至海格路應李宣龔之招，補
祝王乃徵七十壽辰，同座者朱祖謀、鄭孝胥、俞明震、袁思亮、夏敬觀
諸人。劉承幹《求恕齋日記》。又見《嘉業堂藏書日記抄》第 601 頁。

　　十月初七日（11月26日），與劉承幹同至康腦脫路應袁思亮之招，
補祝王乃徵七十壽辰，同座者朱祖謀、鄭孝胥、林葆恒、周達、陳詩、夏
敬觀、李宣龔諸人。劉承幹《求恕齋日記》。又見《嘉業堂藏書日記抄》第 601 頁。

　　十月十三日（12月2日），劉承幹在晉隆西餐館為王乃徵補祝七十
壽辰，黃孝紓與鄭孝胥、程頌萬、朱祖謀、徐乃昌、冒廣生、夏敬觀、
陳重威、陳詩、李宣龔、趙尊嶽等人參與。席後，與劉承幹、沈焜至中
國書店看書。《鄭孝胥日記》第 2305 頁。劉承幹《求恕齋日記》。又見《嘉業堂藏書
日記抄》第 602 頁。

　　十月十七日（12月6日），與劉承幹、沈焜至愛多亞路都益處應嚴
昌埁之招，同席者潘飛聲、夏敬觀、姚瀛、周慶雲等人。劉承幹《求恕齋
日記》。又見《嘉業堂藏書日記抄》第 602 頁。

　　十月二十日（12月9日），與劉承幹、夏敬觀、袁思亮、冒廣生、
沈觀安等人至龐元濟處看畫。劉承幹《求恕齋日記》：「三時許夏劍丞、袁伯夔、
冒鶴亭、沈劍知先後至公渚書齋，以今日同至龐萊臣處看畫。五時餘，余詣公渚書齋，
約同偕往。至則姚虞琴、周湘舲、屠輔清、郭屺庭均在看宋徽宗及王廉州、石谷、惲
南田、石濤和尚畫，展玩良久乃入席。萊臣以受寒故，體不甚適，嘔吐發熱，故由屺

庭代表，自不陪坐。席散，劍知先走，伯夔、虞琴、劍丞、公渚至屺庭房中看其臨摹畫幅。余與鶴亭、湘舲、輔清、萊臣清談良久而散。」又見《嘉業堂藏書日記抄》第603頁。

十月二十一日（12月10日），與劉承幹至梅博格路晨風廬應周慶雲、姚瀛之招，為王乃徵補祝七十壽辰兼為冒廣生餞行，同席者朱祖謀、潘飛聲、夏敬觀。劉承幹《求恕齋日記》。又見《嘉業堂藏書日記抄》第603頁。

十月二十六日（12月15日），與秦炳直、陳三立、朱孝臧、吳學廉、王乃徵、鄭孝胥、潘飛聲、江峯青、周慶雲、錢葆青、程頌萬、黃慶曾、陳曾壽、冒廣生、夏敬觀、楊會康、李宣龔、葉恭綽、夏壽田、鄭沅、袁思亮、諸宗元、姚景瀛、俞壽璋、陶淑惠、劉肇隅、陳祖壬、趙壽人、蔣國榜、陳方恪、程士經、程士夔、程康、夏逢時、陳寶書等在上海設筵公祭余肇康。見黃孝紓《余勃知參議誄》，載《匑厂文稿》卷五。李開軍《陳三立年譜長編》。按此日鄭孝胥在天津，見《鄭孝胥日記》，僅為列名。

十月二十七日（12月16日），與劉承幹至福康里應何剛德之約，同席者有林葆恒、劉燕翼等人。劉承幹《求恕齋日記》。又見《嘉業堂藏書日記抄》第603頁。

十月，與漚社第二次社集。賦《芳草渡·鹽弟自濟南寄示明湖秋泛詞，根觸前塵，因倚此解寄懷》《芳草渡·倦知翁下世已數月，舊館經過，追憶昔遊，不覺泫然，賦此以代大招，並邀映庵、夢庵同作》二詞。漚社社集第二集，一九三〇年孟冬十月。此集共得二十三闋，限調《芳草渡》。參與者有：朱孝臧、袁思亮、夏敬觀、黃孝紓、林葆恒、趙尊嶽、陳祖壬、姚景之、潘飛聲、程頌萬、徐楨立、袁榮法、陳方恪、吳湖帆、冒廣生、郭則澐、林鵾翔、葉恭綽、王蘊章，和作者汪兆鏞、邵章、張茂炯。見《漚社詞鈔》。

十月，為陳夔龍《花近樓詩存》撰序。序末署：「庚午十月愚姪黃孝紓公渚謹序。」

十一月，與漚社第三次社集，命調《石湖仙》。賦《石湖仙·映厂以所藏〈大鶴山人遺墨〉屬題》一詞。漚社社集第三集，一九三〇年仲冬十一月。此集共得十七闋，限調《石湖仙》。參與者有：朱孝臧、袁思亮二首、龍沐勛、陳祖壬二首、夏敬觀、徐楨立、林葆恒、程頌萬、趙尊嶽、潘飛聲、陳方恪、郭則澐、林鵾翔、王蘊章、黃孝紓。和作者汪兆鏞、陳曾壽、黃孝平、張爾田、趙熙。見《漚社詞鈔》。

　　十一月初八日（12 月 27 日），曹經沅來訪。劉承幹《求恕齋日記》。又見《嘉業堂藏書日記抄》第 605 頁。

　　十一月十三日（1931 年元旦），藝文匯社成立於上海威海衛路萱春里，黃孝紓任撰纂。《藝文匯社元旦成立》：「近有組織藝文匯社於威海衛路萱春里者，承辦各界委託代撰賀聯、挽聯、詩詞、序傳及各類文辭，並書畫篆刻。內設有文藝委託及文物代售兩部。特約海內多數名宿，分任各項文辭藝事。撰纂現聞有夏劍丞、黃公渚、陳彥通、陳豪生等。書畫有姚虞琴、錢太希、況又韓等。篆刻有陳巨來、況小宋等。才藝萃集，盛極一時，實為海上空前未有文藝委託唯一機關。定陽歷元旦正式成立云。」載《申報》1930 年 12 月 30 日第 4 張。又見《時事新報（上海）》1930 年 12 月 30 日，題曰《藝文匯社之組織》。

　　十二月十九日（1931 年 2 月 6 日），與漚社第四次社集，命調《東坡引》。賦《東坡引·除夕寄懷劉潛樓丈》一詞。漚社社集第四集，一九三〇年十二月十九月。由程頌萬、徐紹周招集。此集共得十四闋，限調《東坡引》。參與者有：袁思亮、程頌萬、林葆恒、陳祖壬、朱孝臧、潘飛聲、龍沐勛、趙尊嶽、袁榮法、郭則澐、黃孝紓。見《漚社詞鈔》。

　　是年，《溫如集》出版，有黃公渚題詩云：「開元法曲久消沈，猶是黃鐘大呂音。回首伊涼家萬里，江南珍重歲寒心。」《溫如集》。

　　是年，林葆恒纂《閩詞徵》刊印出版，錄黃孝紓詞十五首。按《閩詞徵》錄其詞為《望南雲慢·辛未正月，再入都門，假居墮弟景山寄廬。故國春深，芳韶綴目，流連光景，根觸百端，倚此寄懷漚社諸子，並邀墮弟同作》《浣溪沙·和墮弟春感韻》《驀山溪·青島海濱晚眺，共墮弟作》《漢宮春·真茹張氏園杜鵑盛開，榆生有開花之約，後期而往，零落盡矣，歌和彊村、映庵兩公》《渡江雲·寄懷散原丈，并簡蒼虬翁》《金菊對芙蓉·園中海棠開謝作》《徵招·公園夜坐，寄懷蒼虬，與子有同作》《玲瓏四犯·夜枕聞雨聲，懷墮弟，兼示伯岡，用清真韻》《芳草渡·墮弟寄示明湖遊詩，根觸舊遊，聲為此詞》《雨霖鈴·青島東山侍家大人訪勞韌叟尚書故宅》《齊天樂·蒼虬老人出示和弢庵丈早蟬詞，課餘續和》《木蘭花慢·和仁先先生兼送北上》《瑣窗寒·和蒼虬老人》《疏影·為葉玉虎先生題遐庵夢憶圖》《六醜·庭中珍珠梅一株，為余遷居青州時手植。花蕊小如珠璣玉雪，堪念。戊辰四月移家青島，先一夕，花為風雨所敗，淒然賦之》。並論之曰：「黃孝紓，字公渚，號匑庵，閩縣人，孝先弟。有《碧廬宧詞》。」見林葆恒輯《閩詞徵》卷六。

是年，三女黃達生。《自傳》（1955 年 9 月 28 日）：「三女黃達，山大農學院園藝系畢業，現任錦州農業學校教員。婿崔偉，寶應人，復旦大學畢業，也是錦州農校教員。」又見黃為雋先生編寫《左海黃氏世系表》。

夫人周氏卒。周氏於幼女出生後三月不幸亡故。按十二月十一日，劉承幹致函黃孝紓悼亡，當為此事。劉承幹《求恕齋日記》：「囑剛甫寫信慰黃公渚悼亡。」又見《嘉業堂藏書日記抄》（12 月 11 日）第 609 頁。

約是年或稍後，為潘飛聲題楊葆光繪《西湖秋泛圖》。題曰：「定香橋北接巖□，耐我尋思屋似舲。夜寂魚跳半湖月，山寒犬吠一天星。閣中對燭明心事，勝處譚詩見性靈。海角相望怊悵在，尚餘斷夢語西泠。蘭史社長屬題，黃孝紓。」見西泠拍賣 2017 年秋季拍賣會·中國書畫海上畫派作品專場。按黃孝紓之前為程十髮庚午十二月題記，潘飛聲逝於民國二十三年（1934），故題字時間當在此之間。

1931 年（民國二十年辛未），三十二歲

正月，入北京，假居黃孝平景山寄廬，有《望南雲慢》詞紀其事。序云：「辛未正月，再入都門，假居璧弟景山寄廬。故國春深，芳韶綴目，流連光景，根觸百端，倚此寄懷漚社諸子，並邀璧弟同作。」載《閩詩徵》卷六。

正月初二日（2 月 18 日），與弟黃孝平（君坦）訪孫宣，晚復長談。《孫宣日記》第 133～134 頁：「上午詣楊氏，訪君坦，不值。君坦與其兄公渚同來也。下午張養涵來訪，養涵自卜魁來，將南行也。毅行來，篆青來。晚詣東草堂飲，同坐十有五人，蓋一時朋遊盛會矣。飲後偕君坦詣其寓齋，公渚亦適自外歸，久談。聞柯鳳老以數百金購某氏《穀梁注稿》，稍加整理，即付剞劂。此市井小人剽竊聲名者所為，鳳老果能為之乎？余初以為浮議，而君坦言之確鑿，某君乃濰縣一老儒。鳳老掇采屠、傅諸家草稿成《新元史》，得日本國文學博士，顧猶自視，欿然必欲以經說鳴世，而高年宜頤養，不宜勞神於箋注之役。此取人草稿，亦無如何之一法耳。鳳老與晉老互相詆諆，而二老咸不免官僚習氣。他日欲求二先生行實，於此可略見焉。」

正月初三日（2 月 19 日），與弟黃孝平、孫宣等偕遊廠甸，過茹古齋、延古齋、雅文齋等數家。《孫宣日記》第 134 頁。

正月初六日（2 月 22 日），午後，與弟黃孝平訪孫宣長談，復偕遊廠甸。《孫宣日記》第 134 頁。

正月初九日（2 月 25 日），與孫宣等遊廠肆。《孫宣日記》第 135 頁。

正月初十日（2月26日），與弟黃孝平至八面槽酒樓，與孫宣之宴。《孫宣日記》第135頁。

正月十二日（2月28日），午與弟黃孝平至縹月軒應王式通、譚祖任之招，同座邵章、曹經沅、孫雄、夏仁虎、倫明等。飲後，與孫宣遊廠肆，過青雲閣小坐。《孫宣日記》第136頁。

正月十四日（3月2日），晚與弟黃孝平招飲孫宣於市樓，飲後詣聽李姝歌曲。《孫宣日記》第136頁。

正月十五日（3月3日），午後孫宣訪黃孝紓、黃孝平送行。《孫宣日記》第136頁。

正月，薄遊津沽，住陳曾壽蒼虹閣。有《桂枝香·辛未正月，薄遊津沽，小住蒼虹閣，南旋有期，留別沽上諸公》一詞紀此事。載《雅言》辛巳卷十一、十二合訂本中。

正月十六日（3月4日），晤胡嗣瑗。《胡嗣瑗日記》（1931年1月16日條）：「夜間陳曾壽約往觀劇，晤黃孝紓。」

正月十七日（3月5日），訪鄭孝胥。夜在陳曾壽宅，晤胡嗣瑗，久談。《鄭孝胥日記》第2318頁。《胡嗣瑗日記》（1931年1月17日條）：「至陳曾壽宅，拜黃孝紓，久談，留飯。夜十鐘半乃歸。」

正月十八日（3月6日），覲見溥儀，得旨明晨來見。晚，在陳曾壽宅為胡嗣瑗畫山水便面。《胡嗣瑗日記》（1931年1月18日條）：「黃孝紓來，得旨明晨來見。晚集陳曾壽宅，黃孝紓為畫山水便面。」

正月十九日（3月7日），溥儀在天津召見黃孝紓、鄭垂等人，言對甚久，言講學事。晚胡嗣瑗宴於南園。晚與陳曾壽合繪山水一幅，夜談甚樂。溥儀《召見日記簿》第197頁。《胡嗣瑗日記》（1931年1月19日條）：「黃孝紓來見。晚間因預約黃孝紓、鄭孝胥、陳曾壽、曾矩、夏瑞符、李孺飲於南園，勉出作主人。」《陳曾壽日記》117頁：「公渚入見，言對甚久，言講學事。」

正月二十日（3月8日），訪胡嗣瑗。又訪鄭孝胥。夜，鄭孝胥宴請於松竹樓，同至者周學淵、陳曾壽、林棨等。《胡嗣瑗日記》（1931年1月20日條）：「黃孝紓、鄭孝胥先後來看，強起酬對。是日鄭孝胥約飲松竹樓，未赴。」《鄭孝胥日記》第2318頁。

正月二十一日（3月9日），陳曾壽設宴餞行。《陳曾壽日記》117頁：

「約幼蘭、立之晚酌，餞公渚也。公渚夜車行。」

正月二十三日（3月11日），陳曾壽寫示胡嗣瑗與黃孝紓倡和詩，邀同作。《胡嗣瑗日記》（1931年1月23日條）：「陳曾壽寫示與黃孝紓倡和各一首，索同作。」

春日，薄遊濟南，拏舟大明湖。有《瑞鶴仙‧辛未春日，薄遊濟南，拏舟大明湖。壐弟有詞索和，余亦繼聲》一詞紀其事，詞載《漚社詞鈔》。

正月，與漚社第五次社集，命調《瑞鶴仙》。賦《瑞鶴仙‧為袁異初題五十四小影即送其遊日本》《瑞鶴仙‧辛未春日，薄遊濟南，拏舟大明湖。壐弟有詞索和，余亦繼聲》二詞。漚社社集第五集，一九三一年正月。此集共得十五闋，限調《瑞鶴仙》。參與者有：郭則澐、夏敬觀、林鵾翔、林葆恒、朱孝臧、潘飛聲、程頌萬、黃孝紓二首、龍沐勛、袁榮法、袁思亮、吳湖帆、周慶雲、趙尊嶽。見《漚社詞鈔》。

正月，致信冒廣生。《冒廣生友朋書札》載：「鶴亭世先生著席：白下槃亭，叨惠嘉醑。情盤景遄，彌傷易別。囑覓《素蘭集》已函島寓，尚未得覆。大集昨日始由伯葵兄處取回，先此□寄呈。集中十四卷十頁後半四行『小雲樓』，『樓』字似係『棲』字之誤，複印時可改正也。白下遊蹤，以後湖櫻桃花為最。曾紀以小詞，容改定後再呈粲教。本月漚社詞集，彊丈有《瑞鶴仙》一首極佳。下期詞牌為《三姝媚》，未知能否惠貺佳章，以為吾黨張目否？玉甫先生近為庚款事，聞赴南京合議，想已晤面。病丈正月已隻身返川掃墓，蜀道艱難，寇盜如麻，殊可慮耳。餘續佈不一。專復，即請道安。世愚弟期黃孝紓頓首。董卿先生均此道念。」按：漚社社集朱祖謀作《瑞鶴仙》，沈文泉《朱彊邨年譜》繫於民國二十年元宵節後至寒食節前。

二月十四日（4月1日），劉承幹囑沈焜（醉愚）作函致黃孝紓。劉承幹《求恕齋日記》。

二月十五日（4月2日），邀朱祖謀、夏敬觀等遊梵王渡公園。朱有詞《三姝媚‧寒食梵王渡園作》，黃氏有和詞，題云：「春日招同彊邨、子有、劍丞、伯夔、紹周、季純、帥南諸君，遊梵王渡公園，彊邨丈有詞，余亦繼聲。」沈文泉《朱彊邨年譜》、《彊邨語業箋注》。

二月二十六日（4月13日），晤鄭孝胥。《鄭孝胥日記》第2322頁。

三月二十七（4月14日），與陳祖壬宴請鄭孝胥、袁榮法等於梁園。晚劉承幹夜宴鄭孝胥，黃孝紓與朱祖謀、何剛德、夏敬觀、袁思亮、葉

爾愷等人。《鄭孝胥日記》第 2322 頁。劉承幹《求恕齋日記》。又見《嘉業堂藏書日記抄》第 616 頁。

　　三月初四日（4 月 21 日），與漚社第六集於葉園，命調《三姝媚》，賦《三姝媚·二月十五日梵王渡公園作》一詞。晚，與陳重威、朱祖謀、許汝棻、劉佐泉、夏敬觀、羅振常、袁思亮、陳祖壬、彭醇士赴鄭孝胥家宴。《鄭孝胥日記》、陳誼撰《夏敬觀年譜》。按漚社社集第六集，一九三一年三月初四日。此集共得十七闋，限調《三姝媚》。參與者有：陳祖壬、袁思亮、朱孝臧、林葆恒、夏敬觀、彭醇士、龍沐勛、潘飛聲、周慶雲、程頌萬、王蘊章、黃孝紓、楊玉銜、徐楨立、姚景之、袁榮法、郭則澐。見《漚社詞鈔》。

　　三月十二日（4 月 29 日），訪鄭孝胥。《鄭孝胥日記》第 2324 頁。

　　三月十四日（5 月 1 日），與劉承幹同訪鄭孝胥，未見。《求恕齋日記》：「與公渚同訪鄭蘇堪，未見。由伊幼子可久（名何）招待。」《嘉業堂藏書日記抄》第 615 頁。

　　三月十七日（5 月 4 日），陪劉承幹夜宴鄭孝胥，同席者朱祖謀、何剛德、夏敬觀、袁思亮、羅振常、葉爾愷。《求恕齋日記》：「夜宴鄭蘇堪、稚辛昆季，陪者朱古微、何小雅、夏劍丞、袁伯夔、羅子敬、葉伯皋、黃公渚，席後略談而散。」《嘉業堂藏書日記抄》第 616 頁。

　　三月二十四日（5 月 11 日），與夏敬觀、許崇熙、徐楨立、陳祖壬集於袁思亮剛伐邑齋，作餞春酒會，繪《倣米氏山水》一幅。許崇熙有《漢宮春·立夏後五日，同劍丞、紹周、公渚、君任集伯夔剛伐邑齋，主人出示餞春新詞。紹周、公渚各據案作米山一幅，風雨竟日，談諧盡歡，即事成聲，因仍原韻博諸君一粲》一次紀其事，載《漚社詞鈔》。

　　春，為李國松繪《肥遯廬圖》。題曰：「肥遯廬圖，木公道兄世大人雅屬。壬申春，匑厂黃孝紓。」按李國松《肥遯廬圖》，同時繪圖並題跋者有彭醇士、蒙壽芝、周肇祥、楊文州、王樞、徐楨立、葉玉麟。張運題云：「木公先生自辛亥秋挈家避滬，旋遂買地築室，即今所謂肥遯廬者也。迄今餘二十年矣，感人事之日非，慨瞻烏之靡止，信非吾土。吾愛吾廬，既匯圖詠，因俾書端。甲戌正月，學弟張運。」見 2020 年朵雲軒 120 週年金秋拍賣會·藝緣珍藏——同一上款、同一藏家書畫（二）。按李國松與夏敬觀函（辛未四月二十七日）：「紹丈、匑兄合作《肥遯廬圖》已裝成立軸，敢求賜題一詩，以為光寵。」見《夏敬觀家藏尺牘》。紹丈，當為徐楨立，字紹周，匑兄，當為黃孝紓，號匑庵，則此畫當作於此日之前。

　　春，以《石湖仙》詞題夏敬觀藏《大鶴山人手書詞稿》。黃氏題詞云：「騰騰愁絲。撫青簡凝塵，淒黯殘世。幾許冷紅詞，想樵風、行吟佗傺。埋名人海，怎省識、舊家蘭錡。傷逝。問石芝、社事誰繼。　　勞生夢迷藕孔，渺人天、殘燈隱几。遼海沈沈，我亦江南孤寄。故園鵑啼，寒宵鶴唳。癙愁無地。何限意、對問更灑清淚。調寄《石湖仙》，映盦吟長囑題。辛未春，黃孝紓。」見陳詒撰《夏敬觀年譜》。

　　暮春，龍榆生遊張氏園，見杜鵑花盛，因約朱祖謀、夏敬觀、林葆恒、黃孝紓等來看。龍榆生有《漢宮春》一詞，序云：「春暮遊張氏園，見杜鵑花甚盛，因約彊村、映庵、子有諸丈及公渚來看。後期數日，零落殆盡，感成此闋，用張三影題。」詞下注「浴佛節後三日」，蓋約張氏園看花，當在此時前後。見虞思徵《龍榆生致夏敬觀書札四通考釋》，載《詞學》2020 年第 43 輯。

　　四月初一日（5 月 17 日），與漚社第七次社集於夏敬觀康橋居，賦《漢宮春・真茹張氏蓬園，杜鵑花事絕盛。辛未春暮，榆生招同彊村、訒庵、映庵諸公往觀，會更風雨，零落殆盡。彊丈有詞，余以繼聲，兼邀訒庵、映庵二公同賦》一詞。是集有《漚社雅集圖》照片。漚社社集第七集，一九三一年暮春。此集共得十八闋，限調《漢宮春》。參與者有：許崇熙二首、王蘊章、葉恭綽、龍沐勛、林葆恒、朱孝臧、彭醇士二首、袁榮法、林鵾翔二首、楊玉銜、郭則澐、黃孝紓、潘飛聲、陳方恪。見《漚社詞鈔》。又見陳詒撰《夏敬觀年譜》。按是集攝有《漚社雅集圖》照片，載《上海畫報》1931 年第 737 期，曹靖陶（看雲樓）《漚社雅集記》「時辛未四月初一日，康橋居薔薇盛開。攝影處，即映庵先生所謂錦屏風也」，當即此時。

　　四月初三日（5 月 19 日），朱祖謀、蔣雅初來訪黃孝紓，因陳星華喪子，欲將所藏《巢氏病源》一書售與劉承幹。劉承幹《求恕齋日記》。又見《嘉業堂藏書日記抄》第 616 頁。

　　四月初五日（5 月 21 日），介紹桐城馬根質將方苞評點明嘉靖游居敬刻本《柳文》轉售劉承幹。劉承幹《求恕齋日記》：「公渚介紹桐城馬文季（名根質，通伯之子）將方望溪評點明本《柳子厚集》一部質洋二百番，此書共八冊，通伯得於廠肆而無年月款識，以家藏望溪手札核之，審為親筆，乃徵名流題詠，如陳弢庵、趙堯生、陳仁先、林琴南、勞玉初等均有題識。」又見《嘉業堂藏書日記抄》第 617 頁。按是書為《柳文》四十三卷別集二卷外集二卷附錄一卷，明嘉靖十六年游居敬刻韓柳文本，清方苞批，馬其昶跋，陳寶琛等題識。原書今藏上海師範大學圖書館。三十一年春吳震修有過錄本（或過錄自葉玉麟過錄本），見 2014 年上海博古齋古籍善

本專場拍賣，上有吳震修過錄宣統二年大雪前一日閩縣陳寶琛題識，宣統辛未七月十七日葉玉麟題識，庚戌冬至後一日陳曾壽題識，庚戌嘉平閩縣後學林紓敬識等。

四月二十九日（6 月 16 日），**繪畫屏祝周慶雲妻七十之壽**。《吳興周夢坡先生年譜》：「四月二十九日為我母七十生日，府君賦五古三章壽之。是日仍放生西溪，並填《渡江雲》一闋以紀。一時為壽者，陳先生仁先繪《十八應真象》，張閬聲、夏劍丞、程子大、黃公渚、吳湖帆、郭和庭、郭起庭、許纘侯諸先生續畫屏。」

四月三十日（6 月 17 日），**張元濟致黃公渚函，為祝劉承幹五十壽事**。云：「公渚仁兄世大人閣下，昨在李拔可兄處得誦尊函，藉悉五月初八日為翰怡兄五秩大慶，尊處擬集詩屏為壽。弟與翰兄交誼深摯，極思附驥，擬撰小詩一首，藉伸祝意。可否乞檢付屏紙一方，俾便寫奉。專懇。敬頌吟安。二十年六月十七日。」見《張元濟全集》。

初夏，**繪《大明湖一角》並題《瑞鶴仙》詞**。末署：「辛未初夏，翏厂寫大明湖一角並題。」圖載《青鶴》1932 年第 1 卷第 3 期。

五月，**臨《趙集賢蘋渚秋泛圖》**。題曰：「趙集賢蘋渚秋泛圖，王石谷有臨本，設色極澹，愈見渾厚，雨牕背臨，大意相似，贈梅先生雅政。辛未五月，翏厂黃孝紓。」見《中國書畫家》2020 年 05 期，今藏青島籍金精舍主人安效忠先生處。

五月，**繪青綠山水一幅**。題曰：「昭陽叶洽皋月。霜腴黃孝紓作。」見中國嘉德 2006 年第 4 期嘉德四季拍賣會中國書畫（二）專場。

五月，**與漚社第八次社集，賦《渡江雲‧和映厂秦淮秋感用清真韻》一詞**。漚社社集第八集，一九三一年五月。此集共得十五闋，限調《渡江雲》。參與者有：郭則澐、袁思亮、陳祖壬、林葆恒、朱孝臧、楊玉銜、程頌萬、陳方恪、夏敬觀二首、黃孝紓、葉恭綽二首、趙尊嶽、袁榮法。見《漚社詞鈔》。見陳誼撰《夏敬觀年譜》。

六月初五日（7 月 19 日），**與夏敬觀、徐楨立在功德林宴請劉承幹、姚瀛（虞琴）、葉爾愷（伯皋）、趙尊嶽（叔雍）、朱桂（犀禪）、許綬臣、陳方恪（彥通）**。劉承幹《求恕齋日記》：「至功德林，應夏劍丞、徐紹周、黃公渚之招，同席者尚有姚虞琴、葉伯皋、趙叔雍、朱犀禪、許綬臣、陳彥通。」又見《嘉業堂藏書日記抄》第 619 頁。

六月初十日（7 月 24 日），**晚，劉承幹宴請溥侗，同席者夏敬觀、鄭沅、秦炳直、程頌萬、林葆恒、徐乃昌、葉爾愷、徐楨立、龐元濟、**

俞長霖等人。劉承幹《求恕齋日記》。又見《嘉業堂藏書日記抄》第 620 頁。

六月初十至十二日（7 月 24 日至 26 日），黃孝紓與夏敬觀（映庵）、徐楨立（紹周）書畫展在上海西藏路寧波同鄉會舉行。《申報》（1931 年 7 月 25 日第 4 張）《藝林新訊·夏徐黃書畫展》：「夏映庵敬觀、徐紹周楨立、黃公渚孝紓三君，並以文學有稱於時，詩詞駢散文各極其妙。嘗與朱彊村、葉遐庵、潘蘭史、周夢坡、袁伯夔、王西神、趙叔雍、吳湖帆、林子有、陳彥通諸君結漚社於滬上。社以漚名，取彊村先生別號漚尹故也。三君兼擅六法，力追宋元以來高古凝重之遺，不取姿媚，氣韻彌高。映庵所居在極司非而路康家橋，有園亭之勝，花木絕佳。徐、黃兩君嘗遊康橋，吟詠之暇，相與吮豪和墨，所作益多。因於本月二十四日至二十六日。在西藏路寧波同鄉會展覽三日。古穆妍雅，無美不備。所作扇葉，早已定購一空。足徵有目共賞。此外尚有王西神、程子大、葉柏皋、許季純、葉浦孫高梓書畫，並集漚社詞屏，尤為特色。」

六月，與漚社第九次社集，賦《風入松·蒼虬書來，慨然增久別之感，賦此代柬》一詞。漚社社集第九集，一九三一年六月。此集共得十五闋，限調《風入松》。參與者有：林葆恒、龍沐勛、郭則澐三首、潘飛聲、袁思亮、夏敬觀、楊玉銜、葉恭綽、趙尊嶽、朱孝臧、林鵾翔、黃孝紓、周慶雲。見《漚社詞鈔》。按夏敬觀有《風入松·六月廿五立秋夜作》，則此次社集當在此日或此後。

夏，陳方恪題黃孝紓繪《谿山霽雪圖》。黃孝紓題曰：「谿山霽雪，仿烏目山人筆意。匑厂黃孝紓。」陳方恪題云：「蠻柯點碧，趁越谿雪霽，曾共吟屐。素潤泠泠，靜拂瑤琴，東風為洗芳澤。青山一見經年事，定誰惜、飄零江國。悵姈娉、恨想雲衣，淚灑翠華亭北。　　須信驂鸞舊侶，月明香霧裡，飛去無力。儘念多情，□取寒姿，慰我天涯遊歷。金尊別有相思句，奈瘦損、庾郎詞筆。待歸時、一笛扁舟。付與暮愁空闊。調寄疏影。辛未夏日，彥通陳方恪題。」載《東方畫報》1930 年 29 卷第 1 期、《東方雜誌》1932 年第 29 卷第 1 期、《東方寫真集》1934 年。按陳方恪所題詞，又見《陳方恪詩詞集》中，序云：「癸丑歲暮，獨載雪詣孤山觀海。時值高花半吐，水石瀟寥，流連孤賞，悠然會心。石湖幽躅，怳旦暮也。仍藉白石翁仙侶宮寫之。」當以舊作題新繪，文字亦有出入。

與漚社第十次社集，賦《玉燭新·壽訒庵六十》一詞。漚社社集第十集，一九三一年。此集共得七闋，不限調，祝林葆恒六十之壽。參與者有：趙尊嶽、葉恭綽、黃孝紓、緹廬、龍沐勛、林鵾翔、陳方恪。見《漚社詞鈔》。

七月初一日（8月14日），與劉承幹至一品香應沈衞之招，同席者有鄭沅、俞長霖、張啟後、葉爾愷等人。劉承幹《求恕齋日記》。又見《嘉業堂藏書日記抄》第620頁。

七月初四日（8月17日），與劉承幹晚宴，同座者有俞長霖、周慶雲等人。劉承幹《求恕齋日記》。又見《嘉業堂藏書日記抄》第621頁。

七月十一日（8月24日），與俞長霖晚宴，同座者有張啟後、鄭沅、劉承幹等人。劉承幹《求恕齋日記》。又見《嘉業堂藏書日記抄》第621頁。

七月十四日（8月27日），陪劉承幹晚宴趙萬里，同席者張元濟、鄭振鐸、張宗祥、張乃熊、瞿濟蒼。劉承幹《求恕齋日記》：「今晚宴趙萬里，陪者張菊生、鄭振鐸、張冷僧、張芹伯、瞿濟蒼、公渚，九時半散席。」又見《嘉業堂藏書日記抄》第621頁。

七月秋夕，與漚社第十一次社集，賦《安公子·和咉厂感事之作》一詞。漚社社集第十一集，一九三一年七月秋夕。此集共得十九闋，限調《安公子》。參與者有：袁思亮二首、楊玉銜三首、姚景之二首、黃孝紓、許崇熙二首、林鵾翔、龍沐勛、袁榮法、郭則澐、林葆恒、徐楨立、陳祖壬、洪汝闓、周慶雲。和作者有路朝鑾。見《漚社詞鈔》。

秋，繪《松風海濤》圖。上有徐楨立題首云：「松風海濤。長沙徐楨立。」黃孝紓題云：「臨李晞古本。辛未秋，匑厂黃孝紓。」程頌萬題云：「積鐵沈沈盡壓溪，長松落落與天齊。不知橋下何年水，流出三峰太華西。辛未八月，十髮居士頌萬題。」陳祖壬（病樹）題云：「晞古生自荊關，而整峻中別有清腴之致，匑厂此幅庶幾近之。陳病樹。」後此圖載《藝文》雜誌創刊號。又載《大匠如斯——黃公渚誕辰一百二十週年紀念集》第48頁。

秋，為陳瀞一繪《武夷山一角》立軸。題曰：「雨餘黛色接遙天，對展巖屏一角煙。出世遐心依夕照，破空冷語盦山泉。偶逢落石成跌坐，靜覺松濤礙定禪。海曲相望怊悵在，將家長寄畫中船。辛未秋日，寫武夷山一角，似甘簃先生大雅屬，匑厂黃孝紓并題。」鈐「頤水室」朱文長方印、「匑盦」白文方印、「公渚」白文方印、「衽海廔」朱文方印、「漚社詞人」朱文方印。見北京翰海2023年12月16日秋季拍賣會·中國近現代書畫。

八月二十日（10月1日），與劉承幹、秦炳直、朱祖謀、葉爾愷、徐乃昌、王乃徵等發起在上海長沙路報本堂公祭升允。劉承幹《求恕齋日

記》。又見《嘉業堂藏書日記抄》第624～625頁。

八月二十九日（10月10日），與林葆恒（子有）、梁鴻志（眾異）、徐楨立（紹周）、趙尊嶽（叔雍）、夏敬觀（劍丞），遊古漪園，夏敬觀有《被花惱》一詞紀此事。夏敬觀《被花惱·辛未八月晦，偕林子有、梁眾異、徐紹周、趙叔雍、黃公渚遊古漪園》，見《映盦詞》卷三。

九月初，與漚社第十二次社集，賦《被花惱·暮秋同眾異及鹺弟驅車會泉山中作》一詞。漚社社集第十二集，此集共得十六闋，限調《被花惱》。參與者有：許崇熙、夏敬觀、林鵾翔、袁思亮、姚景之、陳祖壬、龍榆生、林葆恒、謝掄元二首、楊玉銜、袁榮法、潘飛聲、郭則澐、黃孝紓、葉恭綽。和作者有：黃孝平。見《漚社詞鈔》。

九月八日（10月18日），與夏敬觀、林葆恒、林謙宣、徐楨立、梁鴻志遊吳中諸園，九月九日（10月19日）登虎丘、天平二山。夏敬觀有《辛未重九，偕林子有謙宣昆仲、徐紹周、梁眾異、黃公渚遊吳中諸園，登虎丘、天平感賦三章》一詩，見《國聞週報》第八卷第五十期《采風錄》，又見《忍古樓詩》卷十三。陳誼《夏敬觀年譜》。林葆恒有《辛未九月八日，偕謙宣十二弟陪映庵、紹周、眾異、公渚諸君遊蘇州各園，翼日登虎丘、天平，歸賦，即送謙弟回福州，錄乞映庵詩老教和》詩，見《夏敬觀家藏尺牘》。

九月十二日（10月22日），晚赴李拔可宴席，同席者陳衍、梁鴻志、葉恭綽、朱祖謀、潘飛聲、林葆恒、姚瀛、劉承幹等人。劉承幹《求恕齋日記》。又見《嘉業堂藏書日記抄》第626頁。

十月十二日（11月21日）。為孫宣題《晴翠館圖》，詞調寄《瑞鶴仙》。《孫宣日記》第214頁。

十一月十九日（12月27日），與漚社十四次社集，賦《洞仙歌》一詞。漚社社集第十四集，一九三一年十一月十九日。此集共得九闋，限調《洞仙歌》。參與者有：洪汝闓、林葆恒、趙尊嶽、龍榆生、郭則澐二首、姚景之、袁思亮、黃孝紓。見《漚社詞鈔》。按龍榆生《朱彊村先生永訣記》云：「（公曆）十二月二十七，為漚社集會之期。先生已臥病經月，閉門謝客，憊不可支矣。是夕，遣人以長至口占《鷓鴣天》詞示同社諸子傳觀，莫不為之愴然淚下，共訝此殆先生絕筆矣。詞云：忠孝何曾盡一分，年來薑被減奇溫。眼中犀角非耶是，身後牛衣怨亦恩。　泡露事，水雲身。任拋心力作詞人。可哀惟有人間世，不結他生未了因。」

十一月二十二日（12 月 30 日），朱祖謀去世。《味鐙漫筆》云彊村晚年詞多有黃孝紓代筆。黃曾源有詩，黃孝紓有《浪淘沙慢》詞悼之，並載《彊邨先生哀挽錄》。黃孝紓詞，又見《詞學季刊》創刊號，序云：「彊邨下世已浹月矣，感念舊遊歌以當哭。」。

冬，為梁鴻志《爰居閣詩稿》撰序，序末署「辛未冬黃孝紓識於滬上」。序載《青鶴》第 1 卷第 1 期。

十二月初四日（1932 年 1 月 11 日），回滬。劉承幹《求恕齋日記》。又見《嘉業堂藏書日記抄》第 635 頁。

十二月十七日（1932 年 1 月 24 日），與夏敬觀、陳敬第、徐楨立訪吳湖帆，觀宋湯叔雅畫梅軸、宋人梅花鍾馗。吳湖帆《醜簃日記》。

除夕，作《辛未除夕口占》《辛未除夕和眾異用東坡韻》等詩，並寄夏敬觀、周達等人。見《夏敬觀家藏尺牘》189～191 頁。周達和之以《步和公渚辛未除夕口占元韻詩，時十九軍方轉戰淞口甚烈》，見《今覺盦詩》卷三。

是年，與陳灝一相識於夏敬觀座上。陳灝一撰《墨謔高畫隱圖記》：「辛未南歸，始遇公渚於映庵座上，沖澹曠朗，若六朝人。」

是年為趙錄績（孝陸）題林紓繪《夜紡授經圖》。黃孝紓題曰：「幢幢鐙影，幽幌虛簾，暗飄霜葉。勸織螿啼，深閨夜冷悽素月。涼籟吹送書聲，和紡車伊軋。根觸前塵，此情心上難滅。　畫裏孤兒，已換了練衣如雪。舊京回首，淒迷春暉恨結。五化心驚桃子，奈海桑空闊。愁展生綃，鬖天神理無絕。調寄華胥引。孝陸先生吟掌屬題。朅厂黃孝紓。」黃孝平題曰：「小閣沈哀甚卷葹，畫中稚子已生髭。人生那得書常讀，鐙影猶疑母在茲。感到憂患從識字，虛存屑渳補亡詩。遠遊不盡縫衣淚，苦憶寒機夜紡時。辛未良月，孝陸先生方家屬題，鐵嶺黃孝平。」見保利廈門 2015 年秋季拍賣會。《中國書畫家》2020 年第 5 期。

是年，繪《江山雪霽圖》。末題：「辛未□日，朅庵黃孝紓作於海上寄寓之墨謔高。」見 1995 年朵雲軒第一屆藝術品拍賣交易會。

任國立中國公學教授。《國立山東大學教職員履歷表》（1947 年）資歷一欄云：「國立中國公學教授，民國二十年，薪額三百。」

是年《金鋼鑽報》發表題亞鳳（朱大可）所撰《近人詩評》，中云：「黃孝紓。近日，少年詩人與舊都諸老相唱和者有黃公渚，其賣文市招自號朅盦者是也。公渚能為駢體文、長短句，而其詩筆亦復研煉於散原、

海藏二家者不淺。如《和纕蘅海澨記遊詩》云：『棲遲江介動經春，風鶴殘驚接枕茵。千里傳書從疾置，九能濟勝屬閒人。海濤閱世群喧起，山閣看雲萬態新。政欲相從分一壑，醉攜鷗鷺作比鄰。』此詩春、茵兩韻，力避塵俗，頗似散原；而海濤、山閣一聯，高唱入雲，又似海藏。大抵散原好用重字，海藏喜作豪語；散原每見至情，海藏時露高致。至其憤世嫉俗之念，則又殊途同歸也。因論公渚詩，輒涉筆及之。」朱大可撰《近人詩評》，連載於《金鋼鑽報》1931 年 5 月 1 日至 9 月 15 日。

1932 年（民國二十一年壬申），三十三歲

正月初一（2 月 6 日），有《壬申元旦》一詩。詩云：「東南刦燹燭天楨，爆竹全瘖報歲聲。一廢桃符隨國步，初番花信展春程。小樓撥火添商陸，殘夜支寒待啟明。多難但贏心寂定，閒收詩句紀王正。」載《京報》1932 年 4 月 23 日，又見《國聞週報》1932 年第 9 卷第 14 期。「東南刦燹」當指「一・二八事變」日軍侵略上海。「一廢桃符隨國步」蓋指國民政府《推行國曆辦法》廢除新年前後沿用的各種禮儀娛樂點綴，如賀年、貼春聯等。

正月初八日（2 月 13 日），交給劉承幹恤朱祖謀「上諭」。劉承幹《求恕齋日記》：「公渚交閱恤朱古微上諭，敬錄如左：前弼德院顧問大臣禮部侍郎朱祖謀，學問淵通，持躬清粹。由進士高第，渥受德宗景皇帝恩知，瀕升卿貳，近地論思，備聞忠說。辭榮早退，望實翕然。朕嗣服之初，特徵不起。洎經播越，奔問北來。惓惓孤忱，世罕倫比。方冀耆年強固，長備諮詢，詎以世變多端，憂危致疾。遺章遝上，軫悼殊深。著加恩予諡文直，賞給陀羅經被，以示朕念藎臣之至意。欽此。」又見《嘉業堂藏書日記抄》第 636 頁。

一月，《采風錄》出版，「采風錄」作者題名有：「黃孝紓，字公渚，一字匑庵，福建閩縣。」《采風錄》由國風社主選，於《國聞週刊》分期登載，自民國十六年（1927）六月起，迄二十年（1931）六月止，合併彙印。民國二十一年（1932）排印本。

正月，以《天香・緗葉飄煙》詞題吳湖帆藏明馬守真、薛素素《蘭花合璧圖卷》。跋云：「緗葉飄煙，璚蕤鞞露，殘春自寫芳思。孔雀庵荒，班雕塵斷，中有南都鉛淚。蔫紅小印，還未褪、冰盦脂水。悵惘幽香空谷，依稀個人憔悴。 可能倩魂喚起，閱風霜、托根無地。澹墨未攽裝束，斷腸身世。珠字黃庭婉孌。更棖觸、聽鸝舊風致。漫惜餘芳，騷愁滿紙。調寄天香。壬申正月，醜簃道兄屬題。黃孝紓。」

《天香》詞又載《虭厂詞乙稿》，與此文字有異。《蘭花合璧圖卷》現藏上海博物館。見王叔重、陳含素《吳湖帆年譜》（1931 年）第 105 頁。

正月三十日（3 月 6 日），劉承幹晚宴王有宗等人，黃孝紓等作陪。劉承幹《求恕齋日記》。又見《嘉業堂藏書日記抄》第 638 頁。

二月十五日（3 月 21 日），代秦炳直擬定賀折。劉承幹《求恕齋日記》：「秦子質來，未晤。子質為昨日之折稿措辭嫌重，囑公渚另擬一稿，伊並附一片，說明年已八十，不能效驅馳，負疚殊深云云。」又見《嘉業堂藏書日記抄》第 640 頁。

三月初二日（4 月 7 日），在上海，夜與劉承幹談。第二日，黃孝紓回青島轉長春，劉承幹將賀折兩件托黃氏進呈溥儀。黃氏此次回青島，亦因三月初八日為其父黃曾源祝七十五歲之壽。劉承幹《求恕齋日記》。

春，黃孝紓覲見溥儀。劉承幹《求恕齋日記》。

春，為冒廣生（疚齋）六十大壽繪《岡陵松柏圖》。題曰：「岡陵松柏圖，為疚齋世先生六□壽。壬申春，世愚弟黃孝紓拜祝。」見富得拍賣行 2007 年藝術品拍賣會中國書畫專場。

暮春，携路朝鑾（瓠厂）、弟黃孝平（鹽庵）登嶗山明霞洞觀海，用白石韻填《一萼紅·石闌陰》詞紀其事。詞序云：「壬申暮春，偕瓠厂、鹽弟登明霞洞觀海。」詞載《東海勞歌》。

四月初八日（5 月 13 日），黃孝紓自青島致函劉承幹，云前上溥儀賀折兩件，已奉批回。劉承幹《求恕齋日記》載劉承幹、秦炳直賀折皆有溥儀批云「諭劉承幹所陳均頗切要，並據黃孝紓面奏，具見悃忱」、「諭秦炳直等，覽奏具見休戚與共之忱，並召見黃孝紓，詢知卿等均各安好，良慰朕懷」。

四月，與漚社第十五次社集，賦《浪淘沙慢·挽彊邨丈》一詞。漚社社集第十四集，一九三二年四月。此集共得十一闋，不限調，輓朱祖謀。參與者有：洪汝閩、劉肇隅、潘飛聲、林葆恒、楊玉銜、龍沐勛、夏敬觀、郭則澐、周慶雲、林鵾翔、黃孝紓。見《漚社詞鈔》。按林鵾翔有《透碧霄·彊師遽逝滬上，往哭之慟，歸後即病，沈迷四閱月，不復知有人世間事，茲甫清醒，賦此敬輓，時壬申四月》，知此次社集當在此月。

為龍榆生題《彊村授硯圖》。云：「片石猶餘淚點鮮，馬塍花發忽經年。死知化鶴猶無地，生憶批鱗語徹天。詞苑宗風誰嗣起，禮堂定本待君傳。搜圖貌取思悲閣，神理還應百刼綿。榆生仁兄世大人屬題，即希郢正。壬申，虭厂黃孝紓。」

按夏敬觀體詩後署「壬申五月」,黃題詩當在此前後。見張暉《龍榆生先生年譜(增訂本)》。

五月二十四日(6月27日),陳曾壽接黃孝紓函中附七律一首。《陳曾壽日記》。

六月初二日(7月5日),劉廷琛病逝於青島。冒廣生作《輓劉幼雲》詩,寄上海黃孝紓。冒懷蘇《冒鶴亭先生年譜》。劉希亮《劉公幼雲府君行狀》。劉詩譜《憶先祖劉廷琛之晚年》:「先祖到了晚年,同住在島上的遺老王墀、吳郁生已不常往來,所來往的老輩中僅有黃石老(名曾源,庚辰翰林)。晚輩常往來的就是黃石老之子黃公渚先生昆仲。先祖鬻上海部分書,多由公渚先生經手。公渚先生有詩句曰:『風義師友間,潛樓與邠廬(指陳詒重)。』他所著《輖庵文稿》,先祖也有跋辭。」黃孝紓有《挽劉潛樓丈》詩,載《青鶴》1932年第1卷第1期。蔣國榜請陳運彰鈔寫的《霜腴詩稿》中在《輓劉潛樓丈》詩上復補錄二首:「丁巳事可惜,公負天下謗。是非久自白,縱敗世終諒。當時豈無助,政可納夷將。援師出山東,勢壯孰敢抗。用權寧不可,貽患恐無量。持重翻敗謀,事後轉怊悵。此語吾飫聞,遠慮終未爽。及今禍益驗,誰與策至當。 客冬津變作,病榻言猶在。空談悮寧馨,救敗當有待。靖獻資老成,高蹈豈忠愛。斯言不幸中,大錯竟難改。今春覘國歸,執手泣相對。天語蘇扆驅,勉起東望拜。身奮懣在床,易名到棺盖。天心儻有屬,家祭當告慰。」按黃孝綽妻劉希哲為劉廷琛女。黃孝紓曾借劉廷琛點易堂所藏明鈔本《綠窗新話》校勘,成《綠窗詩話校釋》一書;又曾幫助劉氏整理所藏敦煌卷子,編成《劉幼雲敦煌卷子目》,並寄於董康於日本,請其代為出售。《陳曾壽日記》:「(六月初六日),公渚來函,寄七律二首,云劉幼老病危,同心老輩更無人矣。(六月初七日),公渚來函,幼老於初二日逝世。(六月十三日),作挽潛樓詩二首。」

六月初九日(7月12日),孫宣接到黃孝紓來信並《晴翠館圖》。《孫宣日記》第277頁:「早間接孟群書,附來黃公渚函。公渚為余畫《晴翠館圖》一幀,惜景物不甚符耳。然古澹蕭散,意在塵外,蓋得意之筆也。復書謝之。」黃孝紓函,見《瑞安孫家往來信札集》第412頁:「公達道兄著席,久疏音敬,馳系為勞。前於孟群先生處得悉清狀,志局事想仍蟬聯,經費不至短絀否。北氛甚,日下寄居能否甘寢。聞王書老遺集由我公編定,其駢文共若干卷。能早日出書,當先睹為快耳。《晴翠館圖》經三易稿始成,似當與情景符合,可裱為手卷徵題如何。專頌著祉。弟黃孝紓頓首。」

六月十六日(7月19日),陳曾壽致函來。《陳曾壽日記》。

　　夏，與夏敬觀同臨《麓臺畫冊》十六幀，並有跋。云：「壬申長夏，造
映厂先生康橋居，作畫課，映厂假得湖帆所藏麓臺司農畫冊十六幀，刻意橅仿，僅得
十二幀。余因為補傚荊關、雲林、大癡、黃鶴四幀，以足成之。人事牽率，筆墨荒蕪，
愧未能得其仿佛也。翱厂黃孝紓識。」鈐「頵士之鉢」朱文方印、「公渚長年」白文方
印。前有吳郁生題簽：「映庵、翱厂對臨麓臺畫冊十六幀合璧。壬申九月，吳郁生署檢，
時年七十有九。」夏敬觀跋云：「麓臺臨古十六幀，吾友吳湖帆得之泗州楊氏。余獲假
歸案頭，臨寫二十餘日，此緣不淺也。第一幀寫荊關遺意，曾見故宮所藏董香光臨范
寬，即是此本。范寬原本亦在故宮，余亦見之。麓臺去其圭角，納歸圓融，香光則墨
氣特澹，部位亦稍變動，二皆得其神味，而不於跡象求之，可見古名家善於臨寫，各
具本領。其筆墨間，各有本真在，是以能自成一家也。畫家正宗，平心通達，而意味
特深，乃真見功力。余臨此僅及十二幀，每幀畢，輒不自怡，遂爾中止，愈覺此境難
到，而歎麓臺為不可及也。壬申五月望日，新建夏敬觀識。」吳湖帆跋云：「麓臺畫冊
平生最少傳世，諸作不及直幅廿之一耳。余今春得此十六幀於泗州楊氏，映庵先生見
而賞之，假歸臨摹，壬申八月，出際臨本，敬佩神似。麓臺之畫，自文人書卷之中來，
不足以為匠工道之，故先生臨，不求而似之，其神韻亦寓書卷味耳。冊中仿大癡子方
作，子方，人名，官協律，見《墨緣匯考》，趙松雪子方帖稱子方協律仁友足下是也。
臨本脫『本』字。吳湖帆識於宋某鄭蘭之室。」見中貿聖佳 2022 年 12 月 31 日秋季
拍賣會・中國近現代書畫。

　　夏，繪扇面贈梅厂先生。末有題云：「梅厂先生雅屬。壬申夏，翱厂黃孝紓
作。」《大匠如斯──黃公渚誕辰一百二十週年紀念集》第 32 頁。

　　**六月，與漚社第十八次社集，賦《一萼紅・暮春偕鹽弟、瓠庵登勞
山明霞洞觀海》一詞。**漚社社集第十八集，一九三二年六月。此集共得九闋，限
調《一萼紅》。參與者有：林葆恒、洪汝闓、謝掄元、郭則澐、林鵾翔、黃孝紓、潘飛
聲、龍沐勛、袁榮法。見《漚社詞鈔》。按龍榆生此次社集有《一萼紅・壬申七月，自
上海還真茹，亂後荒涼，寓居蕪沒，惟餘秋花數朵，欹斜於斷垣叢棘間，若不勝其憔
悴，感懷家國，率拈白石此調寫之，即用其韻》，則此次社集當在公曆七月或其後。

　　**夏，與袁榮叟（道沖）、張子厚、弟黃孝平（鹽厂）、弟黃孝綽（畧
厂）至嶗山龍潭觀瀑，有《龍潭觀瀑記》一文。**文載《輔唐山房猥稿》。

　　致函夏敬觀，述及劉廷琛逝後遺稿諸問題。「映厂先生著席，執別不覺旬
日，奉賜書，藉悉履體清宴為慰。大源公司股票承費神代詢董卿，極感。前所聞大得
誤會，現已託蔚老代為設法出售矣。潛丈逝後，其遺稿業已理董就緒，現已託人繕寫。

其一生精力所萃，尤在經筵講義，皆有關於國家興亡之大故，不朽之作也。奏議亦有兩大厚冊，惟所彈劾者，現其人尚存或其子弟仍在者實繁有徒，恐遭時忌，似未便發刊。紓意擬慫恿其家先刻講義及文集。此次遺摺係託其親家朱艾卿年伯代遞，但至今尚未見榮典下頒，以故行狀編次告竣，尚不能印行發刊也。潛丈有自挽聯曰：『妄欲以一簣障江河，日謂不度德不量力，雖九死其敢有悔；但得維三綱於天壤，猶堪繼絕學開太平，願吾輩共任此艱。』仁先亦有挽詩曰：『違天復明辟，功罪兩何辭。執隘難酬志，當仁更屬誰。睽孤傷氣類，軒豁出肝脾。待合張劉傳，千秋史有詞。早著人倫望，神州誤寧馨。多言臣不幸，至死目難瞑。歲月奄牀蓐，精誠繞帝廷。橫流方未已，何以慰英靈。』意頗切合也。潛丈發訃，其江西同鄉，執事處如有地址可查，請開一單寄下尤盼，或彥通處能代詢，亦請。此間天氣頗涼，熱度不過八十左右，夜間須御袷衣。上海酷暑，近復何似，執事仍每日作畫否。眾異赴莫干山，子有似否同行。并念，復請大安。黃孝紓頓首。」《夏敬觀家藏尺牘》207～210 頁。

七月初三日（8 月 4 日），是日陳曾壽接黃孝紓函問劉廷琛遺折消息。《陳曾壽日記》：「七月初三日，幼老遞遺折。宣統二十四年七月初三日奉諭，前議政大臣劉廷琛，志慮忠純，學行堅卓，起家詞館，洊陟卿階，讜論屢陳，規切時政，尤能辨明正誼，洞燭幾先。辛亥以來，拳拳孤忱，志圖興復，不避艱阻，無問終始。方期克章修齡，長資倚界，茲聞溘逝，軫悼殊深，著賞給陀羅經被，加恩予諡文節，以示篤念藎臣之至意。欽此。青島適派人來，附公渚函，詢問消息，即以恩旨作函交去，亦甚異也。」

七月初十日（8 月 11 日），孫宣致信黃孝紓於青島。《孫宣日記》第283 頁。

七月二十四日（8 月 15 日），與袁榮叟（道沖）、呂美蓀、弟黃孝平（璧廠）同遊石老人，有《石老人遊記》。文載《輔唐山房猥稿》。

八月十四日（9 月 14 日），下午孫宣來訪，晚與陳瀨一、孫宣偕飲餐館，過曲巷小坐。《孫宣日記》第 290 頁。

八月十五日（9 月 15 日），下午，訪孫宣。《孫宣日記》第 290 頁。

八月十七日（9 月 17 日），晚陳瀨一招飲於夏敬觀處，同座十餘人。飲後與陳瀨一、孫宣遊舞場。《孫宣日記》第 290 頁。

八月二十日（9 月 20 日），下午與陳瀨一訪孫宣長談。晚一起飲於市樓，飲後過曲巷。復與孫宣遊天韻樓。《孫宣日記》第 291 頁。

　　八月二十五日（9 月 25 日），同劉承幹談及朱祖謀《彊村叢書》版以及批校本售於來青閣事。次日劉承幹即委託李紫東往詢。劉承幹《求恕齋日記》。又見《嘉業堂藏書日記抄》第 638 頁。

　　秋，與趙錄績（孝陸）、張棟銘（季驤）、胡陔雲、鄒允中（心一）遊嶗山華樓宮，有《遊華樓宮記》。文載《輔唐山房猥稿》。

　　八月，任上海暨南大學中文系教授，任文學史、漢魏六朝文、詩選等課。任職二年。《國立山東大學教職員履歷表》（1951 年）。《高等學校教師登記表》（1952 年 9 月 6 日）。《自傳（1955 年 9 月 28 日）》。《教師及職員登記表》（1951 年 1 月）：「1932 年 8 月至 1934 年 7 月，上海暨南大學，任教授。」《教職員登記表》（1949 年）：「1932 年至 1934 年，上海暨南大學教授，任文學史、韻文課，主管人鄭洪年、沈鵬飛。」《高等學校教師登記表》（1952 年 9 月 6 日）：「1932 年秋至 1937 年冬，上海暨南大學教授，擔任文學史、漢魏六朝文、詩選等課。介紹人朱孝臧。證明人徐杏貞，山東大學外文系講師。」《自傳》（1951 年 9 月 20 日）：「一九三二年又任暨南大學中文系教授，月薪二百八十元。所教的是純文學韻文方面。並為商務印書館編輯書籍，兼以賣畫賣文維持生活。任中國畫會會員。並與友人創辦康橋畫社。」《山東大學目前師資情況調查簡表》（1951 年 10 月 27 日）云：「（任職）暨南大學二年。」章石承《榆師在暨南大學及其後情況之零星回憶》：「榆師在暨南大學任中文系主任期間，由他推薦聘請來中文系任教或講學者皆為當時名流、學者、詞人，如陳衍（石遺）師之講座，易孺（大厂）師之歌詞創作法，黃公渚（孝紓）師之《楚辭》《杜詩》選講，盧冀野（前）師之曲選、曹聚仁師之國學概論、穆木天師之東歐小說選講，聽講者皆濟濟一堂。」

　　九月初四日（10 月 3 日），葉恭綽、梁鴻志宴請吳郁生，黃孝紓與劉承幹、夏敬觀、徐乃昌、李宣龔、何剛德、葉爾愷、吳用威、呂貞白等人同席。劉承幹《求恕齋日記》。又見《嘉業堂藏書日記抄》第 646 頁。

　　九月初五日（10 月 4 日），與劉承幹宴請吳郁生、林開謩，陪者王乃徵、何剛德、李宣龔、夏敬觀、梁鴻志、葉恭綽、吳用威諸人。劉承幹《求恕齋日記》。又見《嘉業堂藏書日記抄》第 646 頁。

　　九月初十日（10 月 9 日），與劉承幹至大東旅社賀徐乃昌之子完姻。劉承幹《求恕齋日記》。

　　秋晚，與漚社第十九次社集，賦《石州慢·題吷庵填詞圖》《石州慢·題遐庵詞趣圖》二詞。漚社社集第十九集，一九三二年秋晚。此集共得十六

閣，限調《石州慢》。參與者有：葉恭綽、洪汝閭、林鵾翔、郭則澐、夏敬觀、林葆恒、楊玉銜、姚景之、龍沐勛、冒廣生、黃孝紓二首、楊玉銜、陳祖壬、郭則澐二首。見《漚社詞鈔》。按此次社集龍榆生有《石州慢·壬申重九後一日過彊邨丈吳門寓居》，則此次社集當在九月初十日之後。

秋晚，信宿焦山歸來閣，有《千秋歲引·雁水初程》一詞紀其事。詞序云：「秋晚，信宿焦山歸來閣，憶丁卯年與蒼虹曾此小住，相隔又五年矣。感念前塵，不能無詞。」載《詞綜補遺》卷四十七。按《藝文》創刊號載此詞，序與此異，云：「秋晚，信宿焦山歸來閣，憶戊辰年與焦厂曾此小住，忽忽十年矣。感念前塵，不能無詞。」

十月，自上海至南潯，劉錦藻請作別墅記文並繪圖。《劉錦藻年譜》。按《匑厂文稿》卷四《堅匏別墅記》當為此而作。

十月，與葉恭綽、夏敬觀同詣吳湖帆梅影書屋，觀《梅屋詩餘》《石屏長短句》以及毛氏汲古閣影宋鈔《盤洲文集》，《盤洲文集》黃孝紓有跋云：「壬申寒孟，番禺葉恭綽、新建夏敬觀、閩縣黃孝紓同詣梅影書屋，獲觀《梅屋詩餘》、《石屏長短句》及此冊，蓋毛鈔之極精也，閱世如新，讚歎無既。孝紓題記。」按毛氏汲古閣影宋鈔《盤洲文集》卷七十八至八十，今存臺灣「國家圖書館」，見《標點善本題跋輯錄》。《梅屋詩餘》一卷，明虞山毛氏汲古閣影鈔宋臨安陳宅書籍鋪刊本，黃孝紓題云：「壬申仲冬，新建夏敬觀、閩黃孝紓同觀。」今存臺灣「國家圖書館」，見《標點善本題跋輯錄》。

十月，致信孫宣（公達）並附詞一首。《瑞安孫家往來信札集》：「公達吾兄左右：漚濱談讌，景遽情盤。前奉教帖，借悉安抵珂鄉，天倫樂敘，上侍康娛，殊堪欣慰。東行有定期否。甚願能來申作十日歡也。專頌，侍祺。弟紓頓首。暗香，秋夜有懷公達，兼訊其遠遊行期。檉花苎落，送蒨霞冉冉，秋痕高閣。怨入西風，愁損蓮娃秀眉萼。淒黯吳燈苦語，將別意、輕紈先覺。便萬種、幸酒情懷，醒眼都非昨。寂寞，掩虛箔，正不耐涼波，菱枝嬌弱。短歌捉搦，忍憶春明舊防陌。珍重緘情萬里，淒望斷，青鸞天角。願記取、三五夜，月籬素約。公達吾兄正拍，弟孝紓未定草。」按此信十月十四日收到。

十月十八日（11月15日），《青鶴》創刊於上海，創刊號首頁列有特約撰述，黃孝紓列名其中。《青鶴》雜誌創刊號，中載陳曾壽《寄公渚》及袁思亮《齊天樂·庚午初冬，暎庵、公渚續舉詞社，有懷散原師廬山，蒼虹津門》。《青

鶴雜誌半月刊出版》：「海上名流數人，近刊行《青鶴》雜誌，每半月一期，由文藝界巨子陳灨一先生任總編撰。新舊相參，頗思於吾國固有之□名文物，稍稍發揮，而於世界思想潮流，亦復融會貫通。凡政治、外交、社會、經濟、實業、地理、文詞、金石、書畫、目錄諸學無不兼收並蓄。有姚姬傳、孫詒讓、祁雋藻、文廷式、鄭叔問等之未刊稿，劉氏嘉業堂藏書提要，世之求之而不獲見者。此外尚有時賢福石遺、章行嚴、湯斐予、葉玉虎、冒鶴亭、袁伯夔、夏映庵、蔣維喬、吳稚暉、錢基博、費保彥、程十髮、楊雲史、梁眾異、黃公渚等百餘人之詩文詞筆記，逐期刊載，自有雜誌以來未有如此之豐富也。准本月十五日出版。總發行所設在四馬路望平街一六一號。可直接訂購云。」載《申報》1932 年 11 月 14 日第 4 張。

十月二十一日（11 月 18 日），孫宣復黃孝紓書。《孫宣日記》第 302 頁。

十月，繪《松澗鳴泉圖》。題曰：「壬申寒孟，匋厂黃孝紓作於□□□。」上有癸酉正月的吳郁生題記。載《藝文》1936 年第 1 卷第 1 期。

十一月，同冒廣生、姚瀛（虞琴）至周鴻孫（湘雲）家觀看其所藏書畫。冒懷蘇《冒鶴亭先生年譜》。

十一月十六日（12 月 13 日），陳曾壽接黃孝紓函並五十元書潤。《陳曾壽日記》。

十一月十九日（12 月 16 日），《青鶴》第一卷第三期刊出，內載黃公渚先生山水。

十二月初二日（12 月 28 日），晚訪孫宣長談。《孫宣日記》第 315 頁。

十二月初四日（12 月 30 日），午與葉玉麟招飲東興樓，至者袁思亮、夏敬觀、梁鴻志、孫宣等。《孫宣日記》第 315 頁。

十二月初五日（12 月 31 日），晚袁思亮招飲，與李國松、梁鴻志、陳灨一、袁榮法、孫宣等同席。飲後，與梁鴻志、陳灨一、袁榮法同過孫宣寓館。《孫宣日記》第 316 頁。

十二月初六日（1933 年元旦），午後，與梁鴻志、袁榮法訪吳湖帆。吳湖帆《醜簃日記》。

十二月十六日（1933 年 1 月 11 日），葉恭綽招宴於覺林，與宗舜年（子戴）、鄧邦述（孝先）、夏敬觀（劍丞）、梁鴻志（眾異）、姚瀛（虞琴）、吳湖帆同席。下午與宗舜年、鄧邦述、葉恭綽、梁鴻志同至吳湖帆處。吳湖帆《醜簃日記》。

十二月二十六日（1933 年 1 月 21 日），俞長霖來送行。劉承幹《求恕齋日記》。又見《嘉業堂藏書日記抄》第 649 頁。

十二月，題溥儒繪《遐庵選詞圖》。題曰：「投老滄江，危涕看天，殘世千劫。尚餘知己山靈，歸泛桂林吟艓。故家燕語，回首短夢京華，尊前暗換頭顱雪。根觸少年場，倦銷磨輪銕。　　栖屑。偷聲減字，影事曇天，頓乤禪悅。聖解桃花，證取心光如月。冷趣溫煁，一角高館秋痕，深鐙為照腸千結。待補荔灣吟，隔家山重疊。石州慢。遐庵先生正拍。壬申嘉平月，弨厂黃孝紓。」按此詞又載《廣篋中詞》，題云：「石州慢・題遐庵詞趣圖。」

十二月，王春渠輯《當代名人書林》出版，錄其行書《漢宮春詞》。小傳云：「黃孝紓，字弨厂，別署公渚。閩侯人。行書《漢宮春詞》。」按此書後天津古籍出版社改名作《近代名人書林》影印出版。

是年，重訂潤例。《詞學季刊》創刊號（1933 年 4 月 1 日）刊載《弨厂黃孝紓潤例壬申年重訂》。《弨厂黃孝紓潤例壬申年重訂》：「畫例：堂幅三尺四十元，每增一尺加十元，不足一尺以一尺論。屏條三尺三十元，每增一尺加十元，不足一尺以一尺論。冊葉每開見方十二元，過一尺作兩開算。手卷每尺二十元。扇面每頁十二元。集錦扇每格十元。以上山水潤例，畫松減半，工細加倍，點品加倍，青綠加倍，金箋加倍。文例：壽文二百元，千字以上每百字加二十元。碑銘傳志三百元。行述、誄、祭文二百元。記、序、跋，每百字三十元。詩詞每件三十元。書例：楹聯，四尺六元，五六尺八元。堂幅，四尺八元，五六尺十二元。屏幅，四尺每條四元，五尺六元，六尺八元。扇面冊頁，每頁五元。橫幅整幅同堂幅，半幅同屏條。壽屏碑版另議，箋紙加半。潤貨先惠墨費一成。收件通訊處：上海愛文義路八九九號劉宅；極司非而路三十四號康橋畫社；青島湖南路廿四號。」

是年，題《超山遺愛圖》。載《枕戈（上海）》（1932 年第 1 卷第 15 期）。黃濬《花隨人聖盦摭憶》：「陳吉士，名希賢。曾知仁和縣，有惠政。塘栖河流，陳所疏鑿。超山有今日，唯陳之賜，故祀於祠，朋輩為作《超山遺愛圖》。」

是年，為曹經沅繪《移居圖》。見陳亦書《疑庵詩題簽者曹經沅》。

約是年，題夏敬觀為陳夔龍（庸庵）繪《重遊泮宮圖》。見中貿聖佳2002 年春季拍賣會・中國書畫（古代書畫）。

約是年，黃孝紓開始續纂《歷代詞人考略》明清部分。黃孝紓《碧廬移詞話》：「往余客嘉業堂，與臨桂況蕙風合編《詞人考鑒》，朝夕共事。」1936 年赴青島

山東大學任教時仍未完成，1937年七七事變，恐戰火波及，將原稿寄回劉承幹。見彭玉平《〈歷代詞人考略〉及相關問題考論》。黃君坦致龍榆生函（1955年11月20日）云：「榆生吾兄左右：久未承教，又半年矣。比□興居曼悅，遙祝遙祝。近日有無著作，聞出版社亦時有書籍借重纂輯。書叢埋首，藉以自娛，亦頤光養性之善計也。昨接家兄來書，聞劉翰怡先生仍居滬，舊宅已遷移。兄時與往還，回憶況蕙風《詞人考略》一書，係代嘉業堂所編者。嗣後家兄携至島上，繼續編纂。七七事變將起，恐燹火波及，曾將原稿寄回翰怡先生保藏。不知此稿仍否存在，有佚散否？弟兩歲以來為人作嫁，整理詞集，搜集材料，迄無善本。若《詞人考略》——稿尚存，弟甚願為之補苴完成。得有機會，介紹出版社出版，較他書有興趣多矣。兄便中晤翰怡先生時乞與一談。倘得行世，足以增輝嘉業叢刊。想亦翰怡先生所心慰也。遯厂《清詞鈔》業與此間古籍刊行社訂約，明年即可出版。首創此議，兄與有力。遲至十餘年，幸免劫灰，公諸同好，庶幾不廢負編輯之勞耳。並告專上，敬頌撰祺。弟黃君坦頓首。十一、廿。」黃君坦函見《歷代詞人手札墨蹟》中冊532～533頁，張暉《龍榆生先生年譜（增訂本）》。

1933年（民國二十二年癸酉），三十四歲

元月，吳湖帆有日記評當日書畫鑒評諸家之言，於黃孝紓題云：「黃公渚，少經驗，且自信。」此為後日因書畫鑒評而致禍以隕身之伏筆也。《醜簃日記》（按日記此條，後又劃去）、《吳湖帆年譜》。

二月，繪《仿趙大年筆山水圖卷》。題曰：「澗水無聲繞竹流，竹西花草弄春柔。茅檐相對坐終日，一鳥不鳴山更幽。錄荊公韻。癸酉二月，匑厂黃孝紓仿趙大年筆。」鈐「頵士之鉢」朱文方印、「公渚長年」白文方印、「匑盦」白文方印、「碧廬宧」白文方印。見上海六合軒。

春，題王震繪《子襄先生七十歲畫像》。云：「過眼風花七十年，上心影事渺彎天。童顏自握長生印，遊戲楞嚴十種仙。子襄先生屬正，匑厂黃孝紓。」按此幅今藏江蘇省美術館。

暮春，李宣倜輯《握蘭簃裁曲圖詠》刊行。黃孝紓題有《燭影搖紅·繾綣孤芳》一詞。黃孝紓又有《握蘭簃裁曲圖詠序》，刊於《詞學季刊》及《匑厂文稿》卷三。

三月初四日（3月29日），晚訪孫宣久談。《孫宣日記》第333頁。

三月初六日（3月31日），晚孫宣來訪，一同詣袁思亮視疾。《孫宣日記》第333頁。

三月初七日（4 月 1 日），下午詣夏敬觀飲，同座者梁鴻志、陳灨一、吳用威、李宣龔、孫宣等人。《孫宣日記》第 333 頁。

三月初十日（4 月 4 日），晚訪孫宣，一同訪袁思亮談。《孫宣日記》第 333 頁。

三月十三日（4 月 7 日），午後與梁鴻志、章士釗、孫宣、陳灨一等談。《孫宣日記》第 334 頁。

三月十五日（4 月 9 日），撰寫《歐陽永叔文前言》成。下午，訪孫宣，久談，偕遊兆豐公園。見《歐陽永叔文》，民國二十三年（1934）商務印書館排印本。《孫宣日記》第 334 頁。

三月二十一日（4 月 15 日），孫宣與陳灨一來訪。《孫宣日記》第 335 頁。

三月二十二日（4 月 16 日），梁鴻志（眾異）招飲，同座者有夏敬觀（劍丞）、許承堯、曹靖陶、湯滌（定之）、袁思亮（伯夔）等。見《許承堯 1933 年日記整理》：「詣同德，眾異招飲，偕靖陶往，同坐有夏劍丞、黃公渚、吳董卿、周梅泉、汪彥通、湯定之、袁伯夔之侄帥南、方倫叔之孫某。」陳亦書撰《許承堯與黃曾源、黃公渚父子》。又見《孫宣日記》第 335 頁。

三月二十四日（4 月 18 日），許承堯作詩來寄。見《許承堯 1933 年日記整理》：「作一詩寄眾異、梅泉、劍丞、公渚。」陳亦書撰《許承堯與黃曾源、黃公渚父子》。

三月二十八日（4 月 22 日），與梁鴻志、夏敬觀訪許承堯。午後與夏敬觀訪陳方恪，見孫宣、陳灨一。見《許承堯 1933 年日記整理》：「劍丞、眾異、公渚來，與同出至鶴亭寓未值，至眾異家，薄晚回。」陳亦書撰《許承堯與黃曾源、黃公渚父子》。《孫宣日記》第 336 頁。

三月二十九日（4 月 23 日），至李宣龔宅，午餐同席者有梁鴻志、許承堯、夏敬觀、徐乃昌等。贈許承堯詩。下午以《竹里彈琴圖》贈孫宣。見《許承堯 1933 年日記整理》：「眾異邀同往拔可宅，午餐同席有林詒書、冒鶴亭、夏劍丞、董卿、葉玉甫、徐積餘等，公渚、子雲後至。公渚贈詩。」陳亦書撰《許承堯與黃曾源、黃公渚父子》。《孫宣日記》第 336 頁。

暮春，為陸侃如繪扇面。題曰：「蓬萊有仙山，縹緲雲海中。癸酉暮春，登勞山觀雲海歸來。侃如弟兩正，匑厂黃孝紓。」扇背為陸侃如書法，錄姜白石詞兩首，末題「癸酉荷月，衍廬作於青島」。見保利廈門 2023 年秋季拍賣會・欣遇——中國書畫。

　　春，曾晤姜忠奎。姜忠奎致孫宣札云：「公達吾兄有道：久疎音問，惟起居多福為祝。春間曾晤黃公渚，謂兄時有腿疾，但亦得之傳聞，未審究竟何似。屢擬函詢，輒為課繁所擾而止，遂遲延以至今日。弟夏間携家一遊故都，景況尚如曩昔。獨蓼園長逝，家業蕭條，令人感念無已。遺書凡六七種，將由北大印行，並出二千金與公子純卿為整理之資，預以二年為期也。弟近輯《緯史論微》已脫稿，謹先將自敘呈正。即頌著綏，不一。弟忠奎頓首，十二月三日。」

　　四月初三日（4月27日），晚陳瀾一招飲於梁鴻志所，同座者許承堯、冒廣生、夏敬觀、吳用威、吳湖帆、陳方恪、袁思亮、李國松、孫宣等。《孫宣日記》第337頁。

　　四月五日（4月29日），許承堯寫詩與贈。下午，孫宣與陳瀾一來訪，旋至景成寓，偕飲市樓。見《許承堯1933年日記整理》，陳亦書撰《許承堯與黃曾源、黃公渚父子》。《孫宣日記》第338頁。

　　四月初七日（5月1日），晚赴袁思亮、林葆恒之招，同座者許承堯、章士釗、陳瀾一、夏敬觀、李宣龔、梁鴻志、周達、吳用威、陳方恪、孫宣。《孫宣日記》第338頁。

　　四月八日（5月2日），許承堯為作《題公渚畫隱圖》五律，復改成五古寄與之。見《許承堯1933年日記整理》，陳亦書撰《許承堯與黃曾源、黃公渚父子》。按許承堯《疑庵詩》有《題墨讔高畫隱圖》：「君才危得仙，寧復論畫筆。窈極引詞心，縈回出逌逸。海濱百憂塞，飽茹風日瑟。登樓默無語，試手寫鬱勃。斜陽黯澹山，強以吟情熨。衰親穿藜床，耿耿意縅骨。有潮通去夢，日夕此飛越。潔白遠陳羞，香可奪薇蕨。世難豈足憂，芳草未雲歇。」黃孝紓有《許疑庵為我題墨讔高畫隱圖次韻奉詧兼送其歸里》一詩和之。

　　四月十日（5月4日），訪許承堯，未遇。見《許承堯1933年日記整理》，陳亦書撰《許承堯與黃曾源、黃公渚父子》。

　　四月十二日（5月6日），許承堯有詩和之。孫宣見袁思亮所作《畫隱圖記》。見《許承堯1933年日記整理》：「夜作詩和公渚。」陳亦書撰《許承堯與黃曾源、黃公渚父子》。《孫宣日記》第339頁。

　　四月十三日（5月7日），陳曾壽接黃孝紓函並徐葆三仿乾隆筆十支。《陳曾壽日記》。

　　四月十七日（5月11日），午後訪孫宣。《孫宣日記》第340頁。

　　四月二十三日（5月17日），梁鴻志（眾異）邀許承堯至李宣龔（拔可）宅午餐。黃孝紓與林開謩（貽書）、冒廣生（鶴亭）等同席，並贈許承堯以詩。飲後，偕夏敬觀訪陳灨一寓，遇孫宣。徐仁初《許疑庵三三年滬上之行》。按許承堯有《癸酉遊滬晤公渚談舊事，因作詩敬問槐瘦前輩起居》一詩，載《青鶴》1933年第1卷第13期。《孫宣日記》第342頁。

　　四月二十四日（5月18日），午，與劉承幹應何剛德之招，至功德林，同席者有吳郁生、葉恭綽、梁鴻志、夏敬觀、林顥深諸人。劉承幹《求恕齋日記》。又見《嘉業堂藏書日記抄》第654頁。

　　四月二十六日（5月20日），下午訪孫宣。旋詣新雅，同座者夏敬觀、梁鴻志、陳灨一等。《孫宣日記》第342頁。

　　四月二十八日（5月22日），晚訪陳方恪，陳灨一、孫宣在座，談暨南大學校中事。《孫宣日記》第343頁。

　　為翔魁先生題扇面。題曰：「石欄陰，有緗桃一樹，嬌小不勝簪。箭路沖雲，筍輿穿嶺，薄暮人意冥沈。碧山悄、松蘿無極，漸梵唄、催起繞枝禽。青豆房櫳，丹華洞府，且共登臨。　縹緲隱娥珠闕，怕蓬山鳥使，易損初心。海外雲來，中原地盡，還憐殘客相尋。罥思共、靈潮朝暮，送春歸、難買萬黃金。刻意參天尋碑，不恨山深。右調《一萼紅》，暮春偕君坦弟、路瓠厂等勞山絕頂，至明霞洞觀海，用白石韻，□此錄奉翔魁先生兩正。癸酉，翱厂黃孝紓。」鈐「穎士之鉢」朱文方印。正面為孫雪泥繪圖，題曰：「癸酉四月，雪泥寫於夕佳亭。」復有陳定山題字曰：「獨坐看松樹，水風吹石壁。何以寄我懷，悠然抱雙膝。蝶野為雪泥題。」見北京誠軒2017年秋季拍賣會·中國書畫（二）。按此《一萼紅》又見《東海勞歌》，略有異。

　　五月一日（5月24日），晚訪孫宣。《孫宣日記》第343頁。

　　五月三日（5月26日），夜與袁思亮訪許承堯久談。見《許承堯1933年日記整理》：「夜作詩和公渚。」陳亦書撰《許承堯與黃曾源、黃公渚父子》。

　　五月八日（5月31日），晚孫宣來訪，偕過中社。《孫宣日記》第345頁。

　　五月十日（6月2日），晚與陳灨一（甘簃）同訪吳湖帆。吳湖帆《醜簃日記》。

　　五月十三日（6月5日），午梁鴻志招飲，同座者林葆恒、夏敬觀、陳灨一、李宣龔、袁思亮、吳用威、湯滌、孫宣等。傍晚偕孫宣訪陳方恪，陳灨一繼至，夜飲市樓。《孫宣日記》第347頁。

　　五月十五日（6月7日），下午訪孫宣。《孫宣日記》第347頁。

　　五月十八日（6月10日），與陳灝一招飲。飲後與夏敬觀、陳灝一、孫宣偕過夜譚。《孫宣日記》第347頁。

　　五月十九日（6月11日），夜與陳灝一訪孫宣。《孫宣日記》第348頁。

　　五月二十三日（6月15日），午後訪孫宣。《孫宣日記》第348頁。

　　五月二十七日（6月19日），午後孫宣來訪。《孫宣日記》第349頁。

　　夏五月，繪《舟中遙望勞山寫生圖》。末題：「勞山表東澥，廖寐耿吾慮。蒼翠忽在眼，萬象況森著。山勢如游龍，蜿蜒不可馭。伸腳踏海水，萬古讓箕踞。林密疑藏村，泉明隱隔樹。□□萬松喧，極目一鳥去。夕陽無古今，影落陰崖邊。雲氣埋半山，諸峰盡失據。天風泠然來，振衣差可御。疑召倦中人，朝暮鳳鸞鷟。願言謝塵縲，誅茅欲深就。癸酉夏五，赴青島，於舟中遙望勞山得此景，泚筆追寫并繫以韻。翩厂黃孝紓識於墨謔盦。」《大匠如斯——黃公渚誕辰一百二十週年紀念集》第70頁。

　　閏五月初四日（6月26日），晚與夏敬觀訪孫宣久談。《孫宣日記》第351頁。

　　閏五月初七日（6月29日），晚與夏敬觀訪孫宣。《孫宣日記》第351頁。

　　閏五月十一日（7月3日），晚與陳灝一訪孫宣。《孫宣日記》第352頁。

　　閏五月十二日（7月4日），上午孫宣來訪。《孫宣日記》第352頁。

　　閏五月二十二日（7月14日），陳曾壽為繪《墨謔盦畫隱圖》。題曰：「墨謔盦畫隱圖。癸酉閏五月，陳曾壽。」畫載《青鶴》（1933年第1卷第18期）。《陳曾壽日記》：「（閏五月）廿二日，為公渚畫《墨謔齋畫隱圖》。」後黃孝紓持此圖請眾家題記，今輯作《墨謔盦畫隱圖題記輯錄》，附於後。

　　五月十二（6月4日），《時事新報（上海）》刊登夏敬觀、陳灝一、黃孝紓書繪扇面廣告。《夏、陳、黃合作扇面》：「新建夏映庵先生（敬觀）與新城陳甘簃先生（灝一）、閩侯黃公渚先生（孝紓）合作扇面百件。夏畫陳書者，每扇潤資二十元。陳書黃畫者，每扇潤資十五元。百扇為限，額滿停止。收件處：各紙店並國貨銀行二樓張季和君，七日或五日取件云。」載《時事新報（上海）》1933年6月4日。

　　五月，以《庸庵宮保世丈大人重宴鹿鳴賦詩屬和，即乞教定》一詩和陳夔龍《重宴鹿鳴詩》。按陳夔龍以光緒元年（1875）乙亥鄉試成舉人，至民國二十二年（1933）癸酉年，將滿六十年，循例重賦鹿鳴，以詩徵和，後將倡和詩詞等輯錄為《庸庵尚書重賦鹿鳴集錄》一書。見《中華歷史人物別傳集》影印民國二十

三年（1934）排印本。黃孝紓和詩云：「庸庵宮保世丈大人重宴鹿鳴賦詩屬和，即乞教定。六旬甲子日車忙，達德奇觚證妙房。閒為新詩裁鵠白，漫從叔世想鴻黃。彤闈失喜重揚幟，晝錦何妨更作堂。往事迴思蕉一夢，林泉高臥近絲簧。悵望東巡渺六飛，天恩遙錫近中闈。花黃依舊槐千本，樹老驚看柳十圍。都府中年思筦鑰，師門閱世憶傳衣。謝安自繫人倫望，佇待三晨煥紫暉。婚嫁都完傲向長，名山遊後話名場。聲聞久著嫦娥籍，壽考宜迎織女襄。繞膝孫曾如翠竹，忘懷塵劫換紅桑。何須更觸鶺原感，奕世清芬未易量。春申流寓送歸鴻，領袖騷壇大國風。竹究娛賓常耳熱，桃康度紀未頭童。同符甌北榮華皓，作伴香東愛晚紅。好與儒林添掌故，佳觴強和愧難工。癸酉五月愚姪黃孝紓拜稿。」

夏，為楊兆桐出示陳曾壽繪《墨譃高圖》並請其為文序之。見楊兆桐《墨譃高畫隱圖序》。

夏，為仲炎繪扇面。並有題云：「吾家大癡富春大觀圖，麓臺有臨本。橅奉仲炎先生法正。癸酉夏日，匑厂黃孝紓。」《大匠如斯——黃公渚誕辰一百二十週年紀念集》第34頁。

夏，逭暑青島，覿李瑞清（清道人）任婿陳彥清，得見清道人詩十餘什。後撰《清道人遺集佚稿序》。序末題「癸酉良月，匑厂黃孝紓序於墨譃高」。按民國二十八年（1939）臨川李氏校印《清道人遺集》二卷《佚稿》一卷《擷遺》一卷《附錄》一卷，即據此收錄《佚稿》，前有黃孝紓《清道人遺集佚稿序》。按黃孝紓、黃孝平兄弟書法，幼得李瑞清之傳。

夏，陳衍歸里過滬，寓李宣龔（拔可）處，有長句留別，兼示夏敬觀（劍丞）、袁思亮（伯夔）、吳用威（董卿）、劉道鏗（放園）、林葆恒（子有）、黃孝紓（公渚）、湯滌（定之）、陳灨一（甘簃）諸君。陳聲暨《侯官陳石遺先生年譜》卷八：「夏，歸里過滬，寓李拔可丈處（名宣龔，閩侯人，有《碩果亭詩集》）。有長句留別，兼示劍丞、伯夔（袁思亮，湖南人）、董卿（吳用威，仁和人，有《兼葭里館詩》）、放園（劉道鏗，閩侯人，能詩詞）、子有（林葆恒，號訒盦，閩侯人，工填詞，有《訒盦填詞圖卷》及《閩詞徵》）、公渚（黃孝紓，號匑庵，閩侯人，有《匑庵文稿》《碧慮庢詞》）、定之（湯滌，武進人，名畫家）、灨一（姓陳，自號睇嚮齋主人，江西人，《青鶴》雜誌主筆）諸君。」

致函夏敬觀。函云：「映厂先生左右，執別不覺旬日，聞滬上得雨，炎歊當稍殺矣。此間連日天氣僅七十二度左右，早晚尚須御袷衣也。新雅雅集，尚能與定之、董卿聚晤否。眾異赴廬，可謂忙矣。玉甫來此間避暑，熟人來者亦不少，島上頗不寂

寞。小詩錄奉教正。專頌臺安。黃孝紓頓首。」見《夏敬觀家藏尺牘》第 215 頁。按「眾異赴廬，可謂忙矣」，指梁鴻志赴廬山，檢《爰居閣詩》於癸酉年（1933）有《廬山絕句》，或指此，暫繫此年。

七月，臨文徵明《玉池新館清勝圖》。題曰：「城居六月天荒荒，艸木焦灼流塵黃。老夫老病困莫當，袒衣散髮投匡牀。西家新堂陰清樾，湘簾捲風無六月。小山當戶滴空翠，密竹圍簷落蒼雪。細簟含風正好眠，主人肩輿還觸熱。憑君莫憚觸熱勞，道上行人方病暍。癸酉七月，臨文徵仲《玉池新堂清勝圖》並錄原作古詩一首，匑厂黃孝紓識於青島寄寓墨謔高。」見《中國現代名畫彙刊》。按文徵明《玉池新堂清勝圖》應即清金瑗《十百齋書畫錄》著錄的文徵明《玉池新堂畫》、《木雁齋書畫鑒賞筆記》著錄的文徵明《樹石流泉圖軸》。

七月，繪《倣龔柴丈山水》一幅。題曰：「龔柴丈畫用筆，能於繁密渾厚中取韻，深得石田翁逸軌。癸酉七月，匑庵黃孝紓摹。」見上海崇源 2010 年春季大型藝術品拍賣會 · 海上舊夢（四）專場。

秋，繪《吳夢窗詞意圖》。題曰：「泠然九秋肺腑，應多夢，巖扃冷雲空翠。癸酉秋日，寫吳夢牕詞意於墨謔高。匑厂黃孝紓。」載《詞學季刊》1933 年第 1 卷第 3 號。此承青島籍金精舍主人安效忠先生賜告。

秋，為蔡瑩《連理枝雜劇》撰序。按《連理枝雜劇》凡四折，末有：「題目：趙二官私寄同心結。正名：孫三娘自掛連理枝。」蔡瑩《味逸遺稿》卷三。

秋，與夏敬觀、梁鴻志、彭醇士、林葆恒驅車至南翔，訪李檀園、古漪園舊址，賦《夢芙蓉 · 朱闌紆蘚路》詞紀其事。詞序云：「秋日偕同眾異、醇士、映厂、訒厂驅車至南翔，訪李檀園、古漪園舊址作。」載《詞學季刊》第 1 卷第 3 號。又刊《新東亞》1939 年第 1 卷第 13 期，序云：「癸酉秋日，偕同爰居閣主、映庵驅車至南翔，訪李檀園、古漪園舊址作。」

八月十七日（10 月 6 日），夜八時，與王乃徵、林廷琛訪劉承幹，談「行在」事良久。劉承幹《求恕齋日記》。又見《嘉業堂藏書日記抄》第 656 頁。

重九，掃葉樓登高，因事未赴。賦《癸酉重九，掃葉樓登高因事未赴，分均得冥字》一詩。詩載《國文週報》1933 年第 10 卷第 45 期。

九月，同林葆恒（子有）招集詞社，冒廣生拈得《一斛珠》《朝中措》。冒懷蘇《冒鶴亭先生年譜》。

　　九月二十六日至二十八日（11月13日至15日），康橋書畫社舉辦黃孝紓、夏敬觀、陳灝一作品展覽會，在上海貴州路北京路口湖社展出。《上海美術志‧美術活動紀年》。《申報》1933年11月14日第4張：「康橋書畫社黃公渚、夏呋庵、陳灝一作品展覽會。康橋書畫社，夏呋庵、黃公渚、陳灝一三先生近作書畫數百件，陳列貴州路湖社，作品優良，裱工精緻，定價低廉，同好君子如持參觀券向敝事務所定購，或隨時購取者，依酌定價目，九折計算。藉答雅意，此啟。會址：貴州路北京路口湖社。日期：陽曆十一月十三、四、五日，陰曆九月廿六、七、八日三天。時間：每日上午九時至下午六時風雨不更。康橋書畫展覽會事務所謹啟。」

　　王蘊章（西神）《康橋畫展追記》：「吾友夏呋庵、黃軥庵、陳甘簃結康橋書畫社於滬西。康橋者，呋庵之所居也。余常過其忍古樓，觀所作畫品。呋庵遊太華歸，作三丈餘長卷，自洛陽達華陰，凡途中所見，悉納卷中，三日而成。有類吳道子寫嘉陵江圖，不假粉本，並記於心，得機迅手辣之妙。太華崇高，昔人皆不作長卷，呋庵亦另有尺二冊子，分圖函谷以上至三峰景物。洛陽龍門為伊水入黃之道，石闕與香山對峙，北魏以來，雕刻佛像，達十萬餘。呋庵繪圖凡四易其稿，前三本皆已為愛者以金易去，樓中所存，乃第四本。近人能作北派山水者實罕，畫家非不北遊，寫之而似者，當以呋庵為最。軥庵寄家青島，每歲伏日，輒歸避暑。今歲自青島歸，嘗出《勞頂圖》見示。勞山自古罕見文人題詠，畫者尤少。軥庵寫濱海山狀，極得海天旭日之遺意。蓋二君畫筆，均類明以前高手，出於天性，其所作諸圖，實軼出四王吳惲範圍，不為一代風氣所縛，靈妙超古，別具創造之力，不從紙絹相承而來也。西畫東來，油畫水彩諸法，頗為畫家所採取。然西法重在寫真，尺寸繩墨，不容絲毫相背，所寫面積，祇如攝影鏡頭所得，而攝影名家所取光影，極重自然。今之學西畫者，殆不知自然之妙，在尺寸繩墨之中，而亦在尺寸繩墨之外，用死法求之，必不可得。故攝影藝術所達之點，西畫家實不能到。於是歐美名畫家頗欲研究東方畫術，以變革其法。吾國畫術以不死之氣，不俗之韻，運用筆墨，咫尺千里，雖不中繩墨，見者宛然如遊圖中，所謂畫外有畫，空處有畫，均為神妙之跡，則又超過攝影鏡頭所達自然之點也。惟近今畫家，專重寫意，離去形似太遠，則又失之過偏，故國畫又宜採取西法之長，兼重繩墨。竊謂二君畫法，深得此意。六朝畫人物，得西蕃畫佛之意而一變，然非俗手所能。今西畫東來，應如何採取其長，使寫實寫意二者，融合而一，開藝術界之新紀錄，吾竊有望於二君也。前者康橋書畫社在湖社展覽，余於百忙之中，抽暇一往參觀，惜呋庵所寫華山、龍門諸圖，均未與陳列，然呋庵所作華山蒼龍嶺、天目雲海、花塢白雲堆、粵東清遠峽、鄧尉虎山橋，軥庵所作勞山玉鱗口、柳樹臺、濟南大明湖，及兩

君各作一幅勞山華樓峰，均在壁上。次日為友人談之，將往參觀，不料先夕閉幕，皆以未及一覩，相與怏怏，詢之二君，知已大半為人購去。又徐君紹周，亦康橋畫友，近就湖南大學之聘，不在滬，其所作荊溪善卷洞圖，亦實地寫景。陳君甘簃為正風文學院舊教授，所作篆隸真行屏聯，神完氣王，其先代以善書名者，有玉方子鶴諸先生，淵源於家學者深，故其根底特厚，天才橫溢，匪恒人所易及也。」載《申報》1933年12月5日第4張。

十一月二十四日（1934年1月9日），弔王乃徵。劉承幹《求恕齋日記》。又見《嘉業堂藏書日記抄》第657頁。

十二月初六至初八（1934年1月20日至22日），與葉爾愷、夏敬觀等在蔚然書畫社畫展。《申報》1934年1月20日第3張：「名人書畫展覽。本社社友葉爾愷、夏敬觀、黃孝紓先生以及海內名流作品數百餘件，陳設三馬路新聞報館對面蔚然書畫社二樓，自一月廿日起至廿二日止，展覽三天，歡迎參觀。蔚然書畫社啟。電話九二三八三。」

十二月，選注《晉書》《黃山谷詩》《歐陽永叔文》由商務印書館列入《萬有文庫》出版，題黃公渚選注。《申報》（1934年8月30日）有廣告云：「《晉書》（《學生國學叢書》），一冊，八角五分。黃公渚選注。本編所選皆《晉書》中文筆優良及有關史學之著作，精心抉擇，舉其要略，以備讀者觸類舉偶，以作研討之資。注釋除參考各書廣為增益外，於當時制度名物及字義深奧者，尤加意考訂。」《申報》（1934年8月31日）：「《黃山谷詩》（《學生國學叢書》），一冊，八角。黃公渚選注。山谷詩與蘇軾齊名，為江西詩派中堅，練字妥貼，而不流於怪僻。茲編所選凡百五十餘首。依原刻分內、外二集，注則選用任淵、史容二家，而以現時適用之解釋及音義補充之，務求詳盡而不瑣碎。至於作詩歲月，凡可考者，悉皆為之按年詮次，以明其演變之跡。」按黃孝紓選注《晉書》前有緒言，述《晉書》源流甚詳。此書為《晉書》的節選注釋本，收《高祖宣帝紀》《世祖武帝紀》《中宗元帝紀》《王祥傳》《羊祜傳》《王衍傳》《謝安傳》《左思傳》《劉元海載記》等二十篇。所選諸篇略有刪節，並加以注釋，簡明扼要，頗便初學。同時撰著如《周禮》《周秦金石文選評注》《兩漢金石文選評注》《玉臺新詠》《司馬光文》《黃山谷詩》《歐陽永叔文》《錢謙益文》皆選注本，入商務印書館《學生國學叢書》之內，流傳世上，沾溉無窮。

冬，為陳灃一（甘簃）繪《睇嚮齋授經圖》。陳灃一《睇嚮齋授經圖記》：「乃乞湯定之、夏劍丞、黃公渚三君子，各為一圖，以記哀思。」見《青鶴》1934年第2卷第9期。孫宣《睇嚮齋授經圖跋》：「歲癸酉冬，甘簃寓上海，乃乞夏劍丞

敬觀、湯定之滌、黃公渚孝紓三君者會圖以寄其思，而自為之記。」見《孫宣日記》第 442 頁。

除夕，改號霜腴。黃孝紓有《癸酉除夕》詩，梁鴻志（眾異）和以《癸酉除夕，匔庵以匔之近窮也，改號霜腴，有詩奉和》一詩，載《青鶴》1934 年第 2 卷第 8 期。按黃孝紓《癸酉除夕》詩，又載《國文週報》1934 年第 11 卷第 1 期。

是年，仍任國立暨南大學教授，為文學組導師。《國立山東大學教職員履歷表》（1947 年）資歷一欄云：「國立暨南大學教授，民國廿二年，薪三百四。」

是年，仍任上海商務印書館特約編輯。《國立山東大學教職員履歷表》（1947 年）資歷一欄云：「上海商務印書館特約編輯，民廿二至現在。」

是年，重訂潤例。《詞學季刊》第二卷第一號載《匔厂黃孝紓潤例癸酉年重訂》。《匔厂黃孝紓潤例癸酉年重訂》：「画例：堂幅三尺四十元，四尺五十元，五尺六十元，六尺八十元，不足一尺以一尺論。橫幅加半，屏條八折，立軸九折，以上均照堂幅為次。冊頁每開見方十五元，過一尺作兩開論。手卷每尺二十元，扇面每頁十四元，集錦扇每格十二元。以上山水潤格，画松竹減半，長題加四分之一，點品加倍，青綠加倍，金箋加倍。文例：壽文貳百元，千字以上每百字加二十元。碑銘傳誌叁百元。行述、誄、祭文貳百元。記、序、跋，每百字三十元。詩詞每件叁十元。書例：楹聯，四尺六元，五六尺八元。堂幅，四尺八元，五六尺十二元。屏幅，四尺每條四元，五尺六元，六尺八元。扇面冊頁，每頁五元。橫幅整幅同堂幅，半幅同屏條。壽屏碑版另議，箋紙加半。潤貨先惠墨費一成。收件通訊處：上海愛文義路八九九號劉宅；極司非而路三十四號康家橋畫社；青島湖南路廿四號。」

是年，有畫作三件赴歐參加柏林中國美術展覽會。見《申報》（11 月 6 日）所載《柏林中國美術展覽會籌備經過》：「昨日記者走訪教育部某負責人，詢問柏林中國美術展管會籌備經過情形，據其答覆如下：近年來，日本人常挾其未成熟之東洋畫，常赴歐洲各大國宣傳，儼然以代表東亞藝術自居。二十年（1931）一月，日本政府以八萬馬克之贊助，以帝國美術院名義，在柏林普魯士美術院開一大規模之現代畫展覽會，並將畫品運往德國各重要市鎮展覽，竟使全德人士嘖嘖稱羨，以為日本美術可以代表東方。幸德人中研究東方藝術者亦不乏人，對於中國美術亦能賞鑒，曾自動開中國美術展覽會一次，將中國古畫、古銅器、古雕刻、玉器、瓷器、刺繡等，陳列月餘，頗能轟動一時。惜徵集倉卒，內容不甚充足，德人引為憾事，屢向中國駐德使館詢問，以為若得中國政府及教育界、藝術界提倡贊助，德國深願再開一次中國展

覽會，以新德國藝術界耳目。於是德國佛朗（克）府中國學院遂於二十年（1931）三月，發起開一中國美術展覽會，參觀人數極多，連日絡繹不絕。唯佛朗（克）府雖為大城市之一，然究不如首都之重要，未足以盡宣揚中國藝術之能事。我國駐德使館乃與德國藝術界及政學各界領袖，協定於二十三年（1933）二月舉行一次大規模之中國近代畫展覽會於柏林之普魯士美術院，並決定由中德兩國人士共同組織籌備委員會籌備一切。德方由德國東亞美術協會主持，華方由中央研究院主持。此舉行柏林中國美術展覽會之發動情形也。籌備委員會中，德方之委員為德國東亞美術協會會長沙爾武博士 Dr. Wilhelm Solf、德國東亞美術協會副會長克倫配博士 Dr. Jng Herbert Von Klemperer、德國東亞美術館館長克爾滿博士 Dr. Etto Kummel、德國東亞美術協會會社主任銀思伯博士 Dr. Herbert Ginsberg、副主任海歐德博士 Dr. Eduard Freilhere Von der Heydt、國立美術博物館館長克拉愁博士 Dr. Curt Glaser 及德國外交部代表等，中國方面之委員，經二十一年（1932）六月行政院第四十二次會議決定，頃教育部部長、中央研究院院長、北平研究院院長、駐德公使及陳樹人、葉恭綽、劉海粟、高奇峯、徐悲鴻等，至十一月經行政院七十四次會議，又加聘王一亭、張道藩、齊白石、林風眠、林文錚、狄平子、張繼等七人為籌備委員。是年八月六日，我方籌備委員會在上海開第一次會議，當經決議，於是日成立籌備處。籌備處即附設在上海亞爾培路三三一號中央研究院出版品國際交換處內。並推蔡元培、葉恭綽、陳樹人、徐悲鴻、劉海粟為常務委員，以蔡元培為主席，開始籌備一切。此組織籌備委員會之經過情形也。嗣後因經費問題，至本年一月二十三日始開第二次大會，決議仿照十八年（1929）教育部主辦全國美術展覽會之辦法，採用通信徵求作品，其作品範圍，依中德兩方協議，專限於現代，並附近代畫。計通信徵求者凡一百六十餘人，皆係各籌備委員之介紹，經數月之徵集與選擇，計得現代精品四百餘件，近代名作二百幀，此外如清乾隆時代迄今時之各種顏料、墨、紙、絹、綾等書畫具，亦皆搜羅甚富，預備裝置攜會，附帶陳列，俾供德人參考。又另編《中國繪畫史》及《出品目錄》，並譯為德文，預備開會時分贈德國學者。先後計開大會三次，常務委員會六次，現因明年二月初會期已近，諸事須預先在柏林接洽，又會場、目錄、畫冊暨德文《中國繪畫史》及附圖，亦須在德製版印刷，故於日前常會推劉海粟常委隨帶第一批出品，搭十一月十三日之意大利船趕程赴歐。本年八月間，德方委員邀中國駐德大使及參事梁龍、秘書賡德祥等集議會商開會事宜，並推舉我國主席、行政院長、教育部長、外交部長，及蔡元培、李石曾、朱家驊為中國方面會長，德國大總統、總理、外交總長、教育總長為德國方面會長，駐德公使及葉恭綽、劉海粟為中國方面執行委員，沙爾夫、寇美爾等十人為德方

執行委員。又歐洲諸國學術界風聞中國美術展覽會徵品甚精，籌備完善，彼邦人士嚮往情殷，沿萊茵河各省及瑞典、奧地利、荷蘭、比利時、意大利德等國，均到駐德大使館請求在柏林展覽會後，移轉至各國各省展覽，使館方面已允為照辦。如經費允許，此種大規模之宣傳中國美術，不特足以發揚民族精神，表現國家光榮，即國際上亦可獲得相當之情感。此進行之情形也。談至此，記者復詢日前報載王祺等畫家請求教育部令劉海粟延期赴德，並請重新改定公開徵集審定辦法，經過情形如何，當承詳答如下：日前王祺、李毅士、高希舜、章毅然、曹宴園、楊天化、湯文聰、徐德華、厲道誠、孫青羊、李瓛、梁鼎銘、許士騏諸君聯名呈部，請劉君海粟延期赴德，並重定公開徵求審查辦法，列其理由有三點，一謂此次作品未經公開徵集展覽，祇能視為個人行動，不能代表全國；二謂嘗聞人言，此次所搜集各種古物，雜有贗品，恐有損國家榮譽；三謂此次展管由教部主辦，係整個國家對外之文化宣傳，於古當就故宮博物院，於今當就全國藝人及國內收藏家廣為徵選云。本部當以王祺等均為近代國內知名之畫家，其意見不能完全漠視，當將王君等原意轉商該會籌備委員主席蔡子民先生，請其與葉玉甫先生考慮，嗣接蔡、葉兩先生，詳述經過，並鄭重聲明，謂籌備事宜，一切辦法，均經籌備會議議決，並無任何人專決之事，展覽會不收西畫、東洋畫，而專收國畫，國畫之中，又僅限於現代近代作品，並不兼收古畫，贗品之說，可無深慮。至於此次徵求之品，不能敢謂一無遺珠，為期免遺珠起見，於出品徵集，定期截止之後，仍可特別通融，繼續收集，如有某作家，可請其出品者倘承特別介紹於本會常務會議，一經通過，即可特予補徵，陸續寄往柏林，唯會期甚迫，須有二個條件，一確係國畫，二至遲須於本年十一月底交到，至於重新公開徵集審查，為時所限，已苦不可能耳。本部接信後，已將此意轉達王君等知。記者從另一方探得，此次我國第一批出品為：齊白石二件，王師子三件，王顯詔一件，許徵白二件，梁凱世二件，符鐵年三件，王東培一件，秦仲文一件，吳芾之三件，成成一件，徐宗浩三件，潘天授二件，黃素盦三件，諸聞韻三件，湯定之三件，汪靄士二件，狄平子二件，蕭謙中三件，徐錚一件，鄭午昌二件，謝公展三件，黃少梅二件，黃般若二件，鄧爾雅一件，黎工佽二件，齊良琨一件，吳文質三件，況又韓二件，秦清曾三件，陸一飛三件，張愷驤二件，謝月眉一件，謝玉岑三件，夏敬觀三件，徐楨立一件，黃孝紓三件，康百芾一件，張書旂三件，溥儒三件，方若一件，賀天健三件，丁雲軒二件。趙子雲二件，胡汀鷺二件，諸健秋二件，諸樂三一件，繆谷瑛一件，張澤三件，張大千三件，張旭明三件，姚墨村三件，陳思萱一件，閻甘園一件，吳琴木二件，張紅薇三件，鄭曼青三件，晏濟原（元）一件，楊溥二件，管一得二件，向鏞二件，高劍父三件，汪聲遠三件，沈子丞

二件，王良生一件，盧子樞一件，李鳳廷一件，張谷雛一件，祁井西一件，余紹宋三件，汪仲山二件，馮超然一件，朱立我一件，周冷吾二件，姚虞琴二件，陳樹人三件，李祖韓二件，李秋君二件，陳曾壽一件，商笙伯一件，余雪楊一件，楊雪玖一件，黃賓虹六件，孫孟祿二件，汪慎生三件，陳子清一件，王啟之二件，張天奇三件，鄧（滕）白也三件，陳少鹿三件，張聿光二件，趙安之二件，王一亭二件，湯建猷三件，黎雄才二件，蘇臥龍一件，方人定二件，鄧春澍二件，趙叔孺一件，容大塊一件，劉關江一件，黎葛民一件，孫祿卿二件，顧樹森二件，高奇峯三件，張坤儀三件，周一峯三件，何漆園三件，葉少秉三件，趙少昂三件，黃少強□件，容漱石一件，王陶民二件，唐吉生二件，經頤淵、費龍丁一件，余靜芝一件，尚有來件，未及編入者多件。」

是年，青島海濱新拓長橋成，有詩紀其事。題云《青島海濱新拓長橋，出海面可里許，夜靜步月，景極清綺，貽書丈有詩紀遊，因次其韻》。載《青鶴》1933年第 1 卷第 23 期。按青島長橋竣工於是年五月。

是年，蔣智由《蔣觀雲先生遺詩》刊行，前有黃孝紓題辭。見王晉光《1919～1949 舊體詩文集敘錄》。

是年，以《彊村校詞圖序》題吳昌碩繪《彊村校詞圖》。文又見《青鶴》1933 年第 1 卷第 9 期。

除夕，有《癸酉除夕》一詩。載《國聞週報》1934 年第 11 卷第 10 期。

約是年，過吳學廉的鑑園，欲悼以詩，未成。《選冠子》一詞序云：「客歲過鑑園，有懷鑑泉丈，欲悼以詩，未成。秋岳寄示近詞，根觸舊遊，輒復繼聲，緣情造哀，亦楚些遺意也。」載《國聞週報》1934 年第 11 卷 25 期。

1934 年（民國二十三年甲戌），三十五歲

正月十三日（2 月 26 日），陳曾壽接黃孝紓來函並附詩二首、駢文二篇，又贈山水一幅。《陳曾壽日記》云：「公渚故是雅才，流言未足信也。」

正月十六日（3 月 1 日），溥儀在長春即位，為偽滿洲帝國皇帝，改元康德。陳夔龍為溥儀上賀表，列名有「前山東濟南府知府臣黃曾源，前筆帖式臣黃孝紓」。溥儀開始作滿洲帝國皇帝，滿洲和日本各界人士都有賀表。陳夔龍等久為上海寓公，亦有賀表，奏太子少保北洋大臣直隸總督臣陳夔龍等跪賀皇上天喜，康德元年（1934）三月一日。下署十二人名字，其中列有前山東濟南府知府臣黃曾源，前筆帖式臣黃孝紓。秦翰才《滿宮殘照記·零縑斷簡中的秘密》記此賀表云：「奏太子少保前北洋大臣直隸總督臣陳夔龍賀皇上天喜。康德元年三月一日，太子

少保前北洋大臣直隸總督臣陳夔龍、太子少保前廣東陸路提督臣秦炳直、前雲南提學使臣葉爾愷、前署安徽提學使臣張其淦、前署直隸提學使臣林葆恆、前翰林院編修臣喻長霖、前翰林院編修臣高振霄、前翰林院編修臣張啟俊、前山東濟南府知府臣黃曾源、前禮部主事臣蘇慶孟、前筆帖式臣黃孝紓、前二品蔭生辰陳昌豫。」

二月二十一日（4月4日），**與夏敬觀同遊梵渡公園**。夏敬觀《映庵詞》卷四有詞，序云：「二月二十一日，與黃公渚同步梵渡公園。」黃孝紓有和云：「清波引·與映厂同步梵渡公園，連日沈陰，落英滿地，徘徊久之，映厂有詞，余亦繼聲，並簡切厂。柳眉青嫵。為春到，仙仙起舞。冷莎如霧，眼明舊遊路。但願花無恙，巨耐層樓風雨。儘憑分付金鈴，怕難繫，好春住。　明霞半塢。映桃靨，襯到姹女。蹔時歡緒。讓鶯燕為主。東闌幾花信，數盡斜陽紅處。向晚卻為行芳，不教歸去。映厂詞壇正律。孝紓定稿。」見《夏敬觀家藏尺牘》第225頁。

三月七日（4月20日），**與夏敬觀（映庵）、梁鴻志（眾異）、陳運彰（蒙庵）、盧前（冀野）訪龍榆生，重遊張氏園，有《浣溪沙慢》一詞**。序云：「甲戌三月與眾異、榆生、冀野重遊張氏園作。」《翦厂詞乙稿》載此詞，序云：「甲戌春日，招同眾異、映厂、榆生、冀野真茹張氏園看花，劫後重來，非復當年裙屐之盛矣。映厂約填此解並邀諸子同作。」按夏敬觀亦有《浣溪沙慢·春日訪龍榆生真茹，因重遊張氏園，榆生設酒寓齋，盡歡而別，賦謝主人兼柬盧冀野》，詞載《詞學季刊》1934年第2卷第1期，又見陳詒《夏敬觀年譜》。又龍榆生撰《浣溪沙慢·甲戌暮春，映庵、眾異、公渚、蒙庵、冀野枉過村居重遊張氏園，傷時傷舊，相約譜清真此曲，漫成一律》，載《詞學季刊》第2卷第2號，又載《青鶴》1934年第2卷第16期、又載《忍寒詞甲稿》。

三月二十二日（5月5日），**去年參加柏林中國畫展覽之畫作，由劉海粟負責，今年繼續參加荷蘭亞摩斯德丹美術館展覽**。《荷蘭中國畫展覽盛況，發揚東方美術光明》，見《民報》1934年6月14日。

四月十日（5月22日），**夏敬觀（劍丞）、湯滌（定之）招飲齋中，同坐者有陳詩（子言）、冒廣生（鶴亭）、梁鴻志（眾異）、李宣龔（拔可）、錢萼孫等**。錢萼孫有詩《四月十日夏丈劍丞、湯丈定之招飲齋中，同坐有陳子言、冒鶴亭、梁眾異、李拔可、黃公渚諸先生》，載《學藝》月刊13卷第5期。

五月二十日（7月1日），**與劉承幹談及承恩（紹村）已於前日病故之事**。劉承幹《求恕齋日記》。又見《嘉業堂藏書日記抄》第659頁。

　　五月，所選注《玉臺新詠》一書，由商務印書館列入《學生國學叢書》出版，題黃公渚選注。《申報》（1934 年 7 月 17 日）「《玉臺新詠》（《學生國學叢書》），八角五分，黃公渚選註。《玉臺新詠》所採諸詩，皆富有情感，極纏綿悱惻之思。本編首列緒言，對於入選諸作，皆有簡明之介紹及論評。各作家生平大要，亦於註釋中加以說明。故讀後對於古代豔體詩詞，可有一系統之概念。」

　　五月，與冒廣生合寫《橅柯敬仲筆意》扇面送與湯滌（定之），並題自作詩。詩曰：「坐看鴉外日平沈，換世鐘聲直到今。一任荒寒情不滅，山重木落見初心。甲戌五月，橅柯敬仲筆意，定之先生法家教正。霜腴黃孝紓作。」冒廣生錄自作詞曰：「觸暑山城來見女，乍驚耶髮已全斑。當時遠嫁真非計，卻顧諸孫又破顏。弱質強教摻井臼，有夫常是夢刀環。九京王母偏憐憐，卒恓衰翁不涕潸。蕭縣視珂女。定之道兄兩正。弟冒廣生。」見孔夫子舊書網。

　　五月，為曹經沅（纕蘅）繪《勞山一角》扇面。題曰：「甲戌夏五，用王洽潑墨法寫勞山一角，奉詒纕蘅先生詩家一粲。霜腴黃孝紓作於墨譙高。」扇背為陳三立書法，末題「甲戌夏五。錄滬居除夕舊作，纕蘅世仁兄詩家正，三立」。按此扇現藏重慶三峽博物館。

　　五月，與冒廣生（鶴亭）、林葆恒（子有）、梁鴻志（眾異）赴常熟，由楊無恙、瞿旭初任導遊，遊白鴿峰、拂水山莊。後赴湖甸觀龍舟競渡。晤張璚隱，觀看所藏《風懷手稿》。宿虞山旅館。次晨出北門，遊趙氏北墅、破山寺。宋人手植之梅已枯死。再遊大小石洞、中峰、三峰、報國維摩寺。林葆恒返滬後，作《憶江南·四月二日偕鶴亭、眾異、霜腴遊常熟、虞山，承楊君旭初導遊，歸填此解八闋》。楊無恙作《冒鶴亭、林子有、梁眾異、黃公渚來遊虞山，別後寄諸君子》。冒懷蘇《冒鶴亭先生年譜》。徐一達有《遊虞山遇黃公渚兄喜賦》詩，小注云「同遊者有梁眾異、林子久、冒鶴亭諸先生」。當作於此時。見《新無錫》1935 年 1 月 14 日。

　　五月，又因冒廣生三子冒孝魯（景璠）妻即將赴莫斯科，冒廣生命其作畫贈友，計有：湯滌（定之）《召西、村舍》兩圖、夏敬觀（劍丞）《康橋居圖》、黃孝紓（公渚）《墨譙顧圖》又《延榛閣琴趣圖》、林葆恒（子有）《訒庵填詞圖》、李宣龔（拔可）《墨巢圖》。冒懷蘇《冒鶴亭先生年譜》。

　　六月，潘飛聲逝世後。鑒於詩人身後蕭條，與友人代為經紀其葬貲。王叔重、陳含素《吳湖帆年譜》載：「《為籌潘飛聲葬貲善後費，代銷其藏品發行紀念券啟》：□□先生大鑒：敬啟者，番禺潘蘭史先生，耆年碩德，名滿藝林，遽於前月溘

逝。唯東坡仙去，尚有朝雲，廉士家風，蕭寥堪念。茲由同人等擬將其剪淞閣所藏古今名人書畫數百件，編為目錄，印發紀念券數百張，每券十元，售作喪葬及善後等費。素仰臺端熱心道義，用特送呈該券□張，乞為代銷，以便集成充用。所有券款，請於國曆六月廿五前送交三馬路中國通藝館金頌清君氏收，隨時掣取收條，以碻信實。仰承厚德，同深感謝，此頌大安。溫欽甫、李大超、哈少甫、吳湖帆、譚敬、狄平子、楊梅南、潘晴波、金頌清、馮文鳳、鄭洪年、勞敬修、夏劍丞、姚虞琴、張蔥玉、文鴻恩、簡玉階、張籟雲、金才子、胡寄塵、吳鐵城、郭樂、孫仲英、褚禮堂、王西神、葉恭綽、郭順、喻長霖、黃賓虹、黃公渚、甘翰臣、潘明訓、施德之、黃太玄、陸丹林、王一亭、鄧瑞人、趙灼臣、衛桐禪、容海襟、李拔可、陳炳謙、林子有、凌展常、湯安同啟。如蒙賻，希概以現金送交三馬路中國通藝館金頌清君代收。」

　　夏，回青避暑。《青島時報》（8月1日）刊《上海書畫名家黃匐厂來青避暑》一文云：「黃匐厂先生為上海書畫名家，曾與海上名流組織康橋畫社，作品曾陳列於柏林畫展，久已蜚聲中外。山水宗法宋元，雄奇而有士氣。茲來青避暑，寓湖南路二十四號，小住一月。世之慕黃君書畫者，幸勿失之交臂也。」

　　夏，與趙錄績（孝陸）、張棟銘（季襄）、鄒允中（心一）、沈治丞、路朝鑾（金坡）、弟黃孝平（璽厂）同遊嶗山明霞洞，有《明霞洞遊記》一文。載《輔唐山民猥稿》。

　　此年夏又與袁榮叟（道沖）、張子厚、沈治丞、弟黃孝平（璽厂）同遊嶗山華嚴寺，有《華嚴寺遊記》一文。載《輔唐山民猥稿》。

　　同年夏與呂美蓀、路朝鑾（瓠厂）遊嶗山外九水，有《外九水遊記》。載《輔唐山民猥稿》。

　　八月二十一（9月29日），暨南大學中國語文學系召開第一次系務會議。出席者胡耐安、杜鋼百、江逢僧、李冰若、劉大傑、黃孝紓、龍沐勛、盧前。列席者：陳大法、張寒冰、任睦宇。主席：龍沐勛。確定本學年語言文字組導師為張世祿。學術組導師為杜鋼百、姜百澄，胡耐安。文學組導師為龍沐勛、盧前、黃孝紓、李冰若。決議出版《文學季刊》，由龍沐勛、劉大傑、盧前、杜鋼百、黃孝紓擔任編輯，負責辦理。《暨南校刊》108期。張暉《龍榆生先生年譜（增訂本）》。

　　九月，選注《司馬光文》成。緒言末署：「中華民國二十三年九月，閩侯黃公渚敘於青島之碧慮簃。」

　　約九月，龍楡生影印《朱彊村先生手書詞稿》一書行世，藉以存老輩手澤。黃孝紓因有《木蘭花慢・敬題彊村丈手書詞稿後》一詞紀其事。《䩆厂詞乙稿》。張暉《龍楡生先生年譜（增訂本）》。

　　十月，冒廣生赴滬，擬轉去廣州，晤夏敬觀（劍丞）、陳灨一（甘簃）、黃孝紓（公渚）、盧前（冀野）。冒懷蘇《冒廣生先生年譜》。

　　十月，為姚宣素繪《天醉廔填詞圖》。題曰：「天醉廔填詞圖。甲戌寒孟，為宣素詞掌作，即奉□之，霜腴黃孝紓。」見西泠印社 2017 年秋季拍賣會・中國近現代名家作品。

　　十月十四日（11 月 20），林思進（山腴）由蘇州經上海返蜀。張善孖、張大千設家宴招待，與宴者黃賓虹、謝玉岑、湯定之、吳湖帆、黃孝紓等人。後黃孝紓為繪《出峽避兵圖》。林思進《兩髯行題張善孖、大千昆弟華山行卷即以留別》云：「霜腴玉岑兩年少，兼以詞翰相追飛（霜腴者，公渚別署也）。」見王中秀《黃賓虹年譜》第 336 頁。按林思進《清寂堂集》有《晤黃公渚（孝紓）》一首云：「舊識七閩彥，相從問故家（予家本自長汀入蜀。曩在舊京，叔伊、畏盧並以鄉人目之也）。過江幾名士，之子又春華。秘笈麻沙版，新吟玉蕊花。眼明今夕會，真是會稽霞。」當作於此時。林思進復有《公渚寫〈出峽避兵圖〉見寄，定之、賓虹外，此為第三圖，賦詩報謝》一詩：「巫峽猿啼今古哀，赤眉過處里閭灰。薄遊雖是成倉猝，卻許新詩賺畫來。神清貌弱憶霜腴，尺幅驚傳隔歲書。下峽扁舟吾倦矣，人間今有第三圖。」見《晶報》1936 年 2 月 7 日。

　　十月二十日（12 月 7 日），周慶雲逝於上海旅第。黃孝紓有聯輓之，後一年復有輓詩。聯云：「儒雅似嚴芳椒，鄉獻振流風，詩事頻年張白社；踪跡似馬秋玉，人倫欽宿望，笛聲隔世感黃壚。黃孝紓頓首拜輓。」見《吳興周夢坡先生哀思錄》。

　　十一月二十日（12 月 26 日），選注《錢謙益文》一書成。緒言云：「本編各文，皆從《初學》《有學》兩集選出，復據劉氏嘉業藏書樓所藏精校本《有學集》，正其字句之脫譌，並選入《漢武帝論》一篇。其目次則仿姚鼐《古文辭類纂》。中華民國二十三年十一月二十日，閩侯黃公渚識於上海。」

　　是年，所書詩歌刻石立於雲南賓川縣。見《賓川叢書・金石篇》。《雲南石刻文獻目錄集存（初輯）》。

　　是年，盧前《今詞引論》刊出，中有引錄黃孝紓論詞語。曰：「友人

黃君公渚為言：『彊邨晚年頗有意效東坡小令。』公渚亦自欲以陶、白入詞，未竟其業。」盧前《今詞引論》，載《詞學季刊》1934 年第 2 卷第 1 期。

約是年，為黃葆戊撰《鄰谷草廬圖序》並題《贈藹農即題其鄰谷草廬圖》一詩。序見《匑厂文稿》卷二，詩載《國聞週報》1934 年第 11 卷第 26 期。

約是年，倩夏敬觀為繪《碧廬商歌圖》。黃公渚有《六么令·以素楮乞映厂為作碧廬商歌圖，並媵一詞》：「十年江介，卜肆無人識。」載《匑厂詞乙稿》。按《國聞周報》1934 年第 11 卷第 12 期載黃孝紓《六么令·自題碧廬移填詞圖》與此詞略同，首句云：「十年江介，落拓人誰識。」梁鴻志有《題黃公渚碧廬商歌圖卷》。秦炳直（子質）有《公渚屬題碧廬商歌圖》。

1935 年（民國二十四年乙亥），三十六歲

正月初八（2 月 11 日），代表上海遺臣來長春觀見溥儀祝壽。《陳曾壽日記》：「黃公渚代表上海遺臣來祝嘏，已六年不見矣。」

是年初，撰寫《周秦金石文選評注》一書成。序云：「此書創稿於甲戌初秋，閱時半年。其間析疑問難，敦復商訂，得諸錢塘王尊賦先生之力為多。書成，余將歸青島，王君亦將返西泠。歲月忽忽，離合不常，而此一段文字因緣，不可不附識於此。黃公渚識於南潯劉氏嘉業堂。」按李軍《〈周秦金石文選評注〉、〈兩漢金石文選評注〉撰者發覆》謂《周秦金石文選評注》及《兩漢金石文選評注》乃王有宗代撰，書此俟考。黃孝紓《決心拔掉我的白旗》（1958 年 6 月 24 日）：「我對金文曾下過一番考據工夫，寫過幾本小冊子，因為那時在上海和吳昌碩、周壽祺、周夢坡、褚德彝來往，搞古董，一方面為了炫示我博雅，另一方面為了幫助書法篆刻，表面是重考據，實質是追求名利，孤証偏義不必說，並且有濃厚封建思想的毒素。近年武漢師範學院開設『中國歷史要籍介紹』一課，張舜徽所編的講稿，將我《金石文評注》二書，列入必要參考書。商務出版社曾經函商要我補充修正，我感到問題很多，修正困難，沒有答應。」

二月初一日（3 月 5 日），陳寶琛卒於北京寓邸。是年黃孝紓撰《碧廬移詞話》，論及其詞。黃孝紓《碧廬移詞話》：「吾鄉螺州陳弢丈太傅，耆望宿望，為海內靈光。今春正月以微疾不起，老成云亡，曷勝虎賁客坐之思。近於林忉庵處得詞數闋，深入顯出。太傅雖不以詞名，而佳處乃為詞人所不能及。憂天閔人之思，厭亂思治之意，蓋所蘊蓄者深，固自與眾不同，此范希文、歐陽永叔輩詞之所以獨有千古也。」

　　三月上巳，與李宣龔、吳用威、龍榆生、梁鴻志等自上海來北京烏龍潭參與修禊盛會，以李太白《春日陪楊江寧宴湖北》分韻賦詩，會後攝影紀念。《諸名士集烏龍潭修禊》：「本月五日為上巳佳辰，名流雅士，集烏龍潭修禊，極一時之盛。茲就聞見所及，分誌如左。風雅主人：作東道者為陳樹人、冒鶴亭、曾仲鳴、陳藹士、柳翼謀、黃秋岳、李釋戡、曹纕蘅八人。陳藹士因事未到，殊為掃興。到會人數：是集到者甚形踴躍，計到陳石遺、廖恩濤、黃石昌、張維瀚、梁寒操、李次貢、鄭洪年、劉成禺、謝無量等七十餘人。遠來雅士：自上海來者有梁鴻志、李拔可、黃公渚、吳董卿、龍沐勛諸人。自杭州來者，有曹靖陶一人，惟老詩人陳石遺先生年已八十，竟自蘇趕至，殊難得也。缺席吟客：期而未至者，有葉譽虎、曹浩森、許靜仁、趙丕廉、夏劍丞等數十人，汪院長原擬參預，臨時因事中止，由曾仲鳴代表致意。仲鳴眼疾未痊，居然趕到，亦可謂雅人深致也。分韻賦詩：是日以李太白《春日陪楊江寧宴湖北作》分韻賦詩。某君拈得邈字，大呼不好辦，其實屬不好辦，愈有好句，不過要費些氣力耳。攝影紀念：差點畢，由光華照相館攝影紀念。盧前於攝第二影時，始趕來加入，或謂盧山成玉後矣。又有某君年事甚輕，竟與石遺老人並肩而坐，一時輿論譁然，其實亦無甚關係也。」《京報（上海）》1935 年 4 月 9 日。曹經沅（纕蘅）有《乙亥上巳招客烏龍潭禊集分均得棲字》詩有注云：「石遺翁自蘇州至，董卿、拔可、眾異、公渚、榆生自上海至，遂同訪靈谷寺。」載《國聞週報》1935 年第 12 卷第 14 期。

　　是年，祝姬佛陀四十八歲壽辰，有《壽姬佛陀先生》詩。詩云：「九峰秀色喜充閭，蒼籙流芬受姓初。雄辯蘭闍宜市隱，皈心檀越愛禪裾。奇文早識龍威笈，麗篆能摹蝌扁書。玄髮桃康長駐景，頤光鼎社集簪裾。」載《時事新報·本埠附刊》1935 年 5 月 6 日。

　　四月初八日（5 月 10 日），陳衍（石遺）八十初度，黃孝紓為繪《倣文徵明大椿圖》賀壽。《侯官陳石遺先生年譜》卷八。

　　四月，袁思亮邀冒廣生及黃孝紓聽鼓兒詞。冒懷蘇《冒鶴亭先生年譜》。

　　五月十八日（6 月 18 日），與夏敬觀、龍榆生、葉恭綽等在上海康家橋夏敬觀宅中成立同人詞社，名曰聲社。《詞學季刊》二卷四號《詞壇消息》：「（聲社）以本年六月十八日成立於滬西康家橋夏映庵宅。主其事者為夏敬觀映庵、高毓澎潛子、葉恭綽遐庵、楊玉銜鐵夫、林葆恒訒庵、黃濬秋岳、吳湖帆醜簃、陳方恪彥通、趙尊嶽叔雍、黃孝紓公渚、龍沐勛榆生、盧前冀野，亦以十二人為限。」《京滬詞壇近訊》：「其在上海者曰聲社，以本年六月十八日成立於滬西康家橋夏映庵

宅。主其事者為夏敬觀映庵、高毓浵潜子、葉恭綽遐庵、楊玉銜鐵夫、林葆恒訒庵、黃濬秋岳、吳湖帆醜簃、陳方恪彦通、趙尊嶽叔雍、黃孝紓公渚、龍沐勳榆生、盧前冀野，亦以十二人為限云。」又見張暉《龍榆生先生年譜（增訂本）》。

五月，蔣國榜母去世，為撰《蔣節母馬太夫人誄》。文載《青鶴》第四卷第一期。

六月二十一日（7月21日），黃賓虹約陳柱（柱尊）、何炳松（柏丞）、黃孝紓（公渚）、龍沐勳（榆生）、盧前（季野）至寓中小敘。黃賓虹與陳柱書：「柱尊先生大鑒：昨荷召飲，兼聆教言，至以寫幸。茲已約何柏丞、黃公渚、龍榆生、盧季野諸君，於月之廿一日即星期五下午六時，祗候小敘，千祈勿卻。順頌著安。黃賓虹謹啟。六月十九日。」王中秀《黃賓虹年譜》。

六月，張志潛（仲炤）贈《澗于集》。《澗于集》詩四卷奏議六卷，清豐潤張佩綸撰，民國七年（1918）豐潤張氏刻本，一函八冊。牌記左側黃孝紓墨筆題曰「乙亥六月，張仲炤持贈，匑記」，下鈐「黃碩士」白文方印。詩集部分有黃孝紓圈點。現藏山東大學圖書館。按張志潛，字仲炤，張佩綸次子。

夏，撰《兩漢金石文選評注》成。序云：「余前此有《周秦文選》之輯，既削稿。竊以為導河昆侖，使不窮源竟委，無以極浩淼之觀，兩漢金石文字，周秦之支流，而六朝之先導也。爰以暇日，賡續草此稿，發凡起例，擇其文字尤雅馴者，鈎稽考證，務明大義，閱半年而始成。其間商榷疑難，則友人王蓴甫、王彦行之助為多，識之以著文字因緣焉。乙亥夏日，閩縣黃公渚草於上海真茹暨南大學講舍。」

夏，養痾九水，得以其隙，窮極幽隱，成《勞山百詠》。《勞山集自序》。

致函夏敬觀。「劍丞先生著席，奉惠書，敬悉一是，暨南情形前已得榆生報告。榆生南行代課，自不能成問題。但紓為被擯人員，強顏作馮婦，亦甚難處耳。但為榆生地位計，紓如何在上海為閒人，自當勉為其難也。董卿、瀞一賦閒，極念，二公皆非一日能脫事者，現又作何打算。水雲在此，日日遊山，似無病象。其辭職，聞其內幕人云本係原有計劃，以退為進，然否不可知也。梁畫奉轉。舍弟及舍弟婦，今夏皆不在青島逭暑，已函其繪就逕寄滬。餘續佈不一，專復，祗請箸安。孝紓頓首。十五。」見《夏敬觀家藏尺牘》216～219頁。

六月十八日（7月18日），與葉恭綽、梁鴻志、夏敬觀、龍沐勳、盧前、沈九成登《申報》介紹婦產、兒科專家熊德華、熊慕良女醫師。載《申報》1935年7月18日本埠增刊。

秋，遊嶗山佛耳崖訪周志俊，有詩紀其事。詩載《勞山紀遊集》。又刊《藝文》1936年第1卷第3期，題云：「志俊於嶗山佛耳崖置別業，藝蔬種樹，有終焉之志。乙亥秋，招同伯明諸人往遊。」按周志俊，名明焯，字志俊，號艮軒，後以字行，周學熙子，時任青島華新紗廠總經理。

又與袁榮叟（道沖）、趙錄績（孝陸）、胡陸雲、弟黃孝平（墮厂）、黃孝綽（翌厂）同遊嶗山魚鱗峽，有《魚鱗峽記》及《魚鱗口潮音瀑記》。文載《輔唐山民猥稿》。

秋，為蔡元培繪《勞山魚鱗口》扇面。題詩五首曰：「萬松羅列儼銜參，突兀山門為駐驂。隔嶺蒲牢飄斷雨，借廚香積飯僧龕。廊腰流水通泉罅，殿角飛甍插斗南。到此頹然忘物我，移文還欲謝林慚（華巖庵）。嵯峨傑閣俯迴瀾，積痎憑消月一丸。潮退夜防蛟窟露，秋高天入雁程寬。渴塵漲海寧能待，亂石支橋恐未安。領取片時清淨理，萬家燈火試回看（月夜登迴瀾閣）。高台日暮弔秋蟬，柳髮蕭疏漸化煙。松本積如龍欲蛻，筍將迅與鳥爭先。天荒孤睨斜陽外，石老冥思太古前。極目海山看雁去，欲從老衲辦行纏（柳樹台）。盈盈明鏡徹中邊，九水分流滙一川。積雨得晴原意外，荒山覓路輒身先。天開詩境歸縕囊，風送松聲裸管絃。照影清流驚面皺，他時一鏗價能專（北九水）。一雨平添心上秋，茶香來憑夕陽樓。垂楊已共蟬聲盡，寫出鍾山一段愁（豁蒙樓晚坐）。子民年伯大人兩正。黃孝紓。　從北九水至玉鱗口，峭壁摩天，林霏罨藹，景絕奇異，歸寫此圖。奉子民年伯大人印可。乙亥秋，軻盫黃孝紓。」載《中國書畫家》2020年05期。《蔡元培日記》云：「（8月27日）得黃公渚年侄函，並附贈扇面，一面畫北九水至魚鱗口之山景，兼及瀑布。一面寫其華巖庵、月夜登回瀾閣、柳樹台、北九水四律，及豁蒙樓夜坐一絕。我等今日方遊此，而黃君之扇面亦以是時至，可謂巧合。報以七絕三首。」

秋，《滬瀆同聲續集》刊行，選黃孝紓詩四首。見《滬瀆同聲續集》：「碧慮簃詩鈔。黃孝紓，字公渚，號軻盫，福建閩縣人。」選其《高密道中晚晴》《何肖雅丈所著〈春明夢錄〉，數共商榷，茲為校勘一通，賦此呈正》《臨城道中》《滬瀆南園為簡氏故居，今捨為寺，秋暮與潛樓丈同遊》四首。按黃孝紓有《鳴社宴集贈主人郁葆菁》一詩（載《國文週報》第13卷第12期），似曾參加鳴社。鄭逸梅《記鳴社》：「海上詩文社之具有悠久歷史者，當推鳴社為巨擘，日前觴詠於滬南郁家之所謂篆煙茶榻小吟窩者，予亦與焉。席間多舊侶，如朱大可、鄭質庵、賈粟香、顧景炎、戴克寬、鄒湛如諸子，紛紛繳卷，蓋詩課為米貴謠也。並識嚴載如、毛子堅、鄭雪耘三君，固神交有素者，一旦握手，快也何如。予詢社史於質庵，始知社創於丙辰九月，初為十

人，曰楊吟廬、方駿平、胡淡如、蔡養平、武橋瓔、孫玉聲、郁葆青、陳秋水、胡寄凡及質庵，今則八人皆下世，楊、方二子，不通音問，惟質庵為魯殿靈光。首次集於楊吟廬之風月吟廬，推孫玉聲主社事，玉聲辭，而武橋瓔遂為祭酒，定名求聲，月必一會，值社者拈題分詠。既而入社者多，品類漸雜，薰蕕同器，貽白圭之玷，致深己者羞與儕伍。庚申九月，玉聲與武橋瓔、賈粟香、劉山農、金南園，重行集會，改為鳴社，訂立社章。辛酉武卒，玉聲繼為社長，月刊《鳴社》雜誌，由黃夢畹主筆政，選刊社友諸作；首列一序，綺靡豐褥，饒陳梁餘韻，則夢畹手筆也。既而又刊《滬瀆同聲正續集》，風雨雞鳴，□標衛什，旗亭驪唱，艷說唐賢，一時來歸者，如夏劍丞、李拔可、陳鶴柴、冒鶴亭、錢名山、顧佛影、姚勁秋、周夢坡、黃公渚、鄧春澍、湯定之、葉中冷、謝玉岑輩，凡百餘人，蔚然稱盛。及事變起，玉聲憂傷家國死，郁葆青繼之亦卒，風流消歇者若干年。勝利後，甫整社務，葆青哲嗣元英執牛耳，每歲春禊，輒於昧園公祭亡友詩廳，以循舊例。諸社課一一錄存，分數十冊，予乃檢誦之，如十聲，西湖櫂歌，觀潮，茶蘆，古錢，半淞園，暖鍋，塌地菘，社友所作，或風骨嶒峻，或安詳流麗，各有特色。極有趣者，則為《嘲櫻花》，由朱古微評選，為扶桑人肆暴而發，詼諧出之，殊耐人玩索也。」載《申報》1948 年 6 月 28 日。

　　季秋，為李勘《飲水詞箋》題簽。題曰：「歠水詞箋。乙亥季秋，匑厂黃孝紓書於上海墨謔盦。」見李勘《飲水詞箋》民國二十六年（1937）二月正中書局初版排印本。

　　八月，選注《司馬光文》一書，由商務印書館列入《學生國學叢書》出版，題黃公渚選注。《申報》（1935 年 11 月 27 日）廣告云：「《司馬光文》，定價四角，黃公渚選註。司馬光所為文，如行雲流水，極自然之妙，而論事透澈，說理精深，尤為獨絕。本編選其表、書、序、記、傳、題跋、墓誌、哀辭凡二十篇皆純粹以精之作；而其平生偉製，尤推《通鑑》之史論，故採取六篇，冠之於首，以見一斑。卷首附有緒言，略述其生平事蹟及其在文學上史學上之地位。」

　　九月十五日（10 月 12 日），孫德謙病逝於上海，黃孝紓有《孫益庵先生誄文》以悼之。見《匑庵文稿》卷五。孫德謙，字受之，一字益庵，晚號隘堪居士，江蘇元和人。清同治十二年（1873）生。

　　九月，龍楡生辭暨南大學教席之廣州中山大學，黃孝紓有詩送之南行。黃孝紓《送龍楡生之廣州》云：「符天生事付秋燈，失笑真成退院僧。別酒三巡歌慷慨，扁舟一往意崚嶒。此身共嘆為形役，是主寧能免盜憎。過嶺詩篇須贈我，荔枝計日迓行縢。」又有《次韻寄楡生廣州》：「不道楊朱是本師，沉冥風雨寸心持。

夢長判與書迢遞，志潔何妨佩陸離。東去江河悲日下，南來山水喜方滋。迷陽卻曲吾安往，淒絕臨分贈處詞。」見《青鶴》1936 年第 4 卷第 5 期。張暉《龍榆生先生年譜（增訂本）》。

龍榆生自赴中山大學教席之後，鄭振鐸欲約黃孝紓至暨南大學擔任功課，始終堅卻。李宣龔函告龍榆生此事。函曰：「榆生吾兄有道：前得惠函，謹悉一切。因患頭暈，久稽作答，罪甚罪甚。頃復誦手示，藉諗近來辦事漸覺順手，無任忻慰。公行後，振鐸連來數次，欲約公渚到校擔任功課。弟等亦頗勸其暫就，惟公渚有失群之感，始終堅卻，至為可佩。倘嘉業堂編輯書目之事無甚把握，則北歸之期當不遠矣。令姪校勘之事聞甚稱職，如無高就，此間自當照常借重。《叢刊》三編預約至新曆年底始屆期滿，照例熟人只打九折。如執事決定要購，可設法附入敝處彙購下，照八五折計算。但不必為外人道也。鶴亭同年興致如何？乞為道念。瞉音函已轉交。《東坡樂府箋》係在北平製版，大約下月內始能出版。《授硯圖卷》釋戡已交卷，覓便寄奉。《詞學季刊》如能將先君畫蘭插入兩幀，不勝願望之至。石老牛首有詩，其健可想。耑此肅復，敬候詩祺。弟李宣龔謹啟，十月廿九日。」

九月，商務印書館出版《周秦金石文選評注》《錢謙益文》，題黃公渚選注。《申報》（1935 年 11 月 27 日）廣告云：「《錢謙益文》，定價四角五分，黃公渚選註。錢謙益，字牧齋，明末清初人。其文以東林經世之學，兼釋典窅邈之思；取法史裁，博覽乎古籍；益以身世之悲，家國之感，融合搏捖，遂成雄偉興奮之文字。本書由《初學》《有學》兩集選文二十七篇，詳加註釋。復據劉氏嘉業藏書樓所藏精校本《有學集》，正其字句之譌脫。卷有導言，並略述錢氏生平暨諸家對於其文之評騭。」

十一月，商務印書館出版《兩漢金石文選評注》，題黃公渚選注。

十二月八日（1936 年 1 月 2 日），黃孝綽（公孟）有詩，題云：「乙亥臘日寄懷朒厂仲兄。」刊《青鶴》1937 年第 5 卷第 17 期。

十二月十日（1936 年 1 月 4 日），何剛德（肖雅）逝世。黃孝紓有《輓何肖雅丈》一詩。載《國聞週報》1936 年第 13 卷第 9 期。

冬，所著《朒庵文稿》六卷，由江寧蔣國榜湖上草堂叢刊活字印行。《高等學校教師登記表》（1952 年 9 月 6 日）。《朒庵文稿》六卷，半頁十行，行二十字，白口，四周雙邊，上單魚尾。卷端題「閩縣黃孝紓頵士」。前有歲在乙亥冬武進董康序、歲在乙亥新建映厂夏敬觀序於康橋窈窕釋伽室序、歲在乙亥拔可李宣龔序於墨巢序、歲在端蒙大淵獻嘉平月桐城浦孫葉玉麟序、乙亥冬十一月湘潭蘉厂袁思亮序、

乙亥冬日吳興翰怡劉承幹序於吳門寄廬序、乙亥嘉平閩侯曾克耑序、乙亥辜月蔣國榜序。卷一為賦，《哀時命賦》《籲黔嬴賦》《航空賦》《悼孤鶴賦》《危言賦》《苦寒賦》《閔電賦》《塞草賦》《來鵲賦》《寒望賦》《真珠梅賦》《銀蒜賦》《寒坏賦》十三篇；卷二為序，《漢短簫鐃歌注序》《廣海潮音集序》《潛樓圖序》《近知詞序》《吳游片羽序》《冒鶴亭京卿和杜工部夔州五律詩序》《彊村校詞圖序》《鄰谷草廬圖序》《純飛館填詞圖序》《陳庸庵尚書花近樓續篇續》《爰居閣詩稿序》十一篇；卷三為序、跋、贈序，《重刊蒼梧詞序》《握蘭簃裁曲圖詠序》《空房弔影圖序》《飲虹簃所刻曲序》《慈勞室圖跋》《西湖十二景圖跋》《沈文肅手書社詠冊跋》《送慶臣叔父之江西序》《贈梁佽侯左丞序》《贈柳菰齋先生序》《劉澂如學士七十壽序》十一篇；卷四為記，《青州僑寓記》《益都臙脂井記》《清明日遊范公祠記》《怡園遊記》《重遊青州四松園記》《堅匏別墅記》《乙丑二月花朝集周氏學圃記》《簣香勘碑圖卷記》《丁卯九日集華安高樓記》《南湖介壽圖記》十篇；卷五為碑、傳、墓誌銘、誄文，十《重修法慶寺碑》《兩先生傳》《謝貞女碑》《鮑蛻廬先生墓誌銘》《夏母程太夫人墓誌銘》《薗冢銘》《張奉新誄文》《余勃知參議誄文》《袁蘐庵夫人徐氏誄文》《袁母唐太夫人祭文》《旌表節孝蔣母馬太夫人誄文》《孫益庵先生誄文》二篇；卷六為書、頌、雜文、揭、啟、引，《與馮夢華中丞書》《寄劉潛樓侍郎書》《致孫慕韓丈書》《協和婚頌》《告移居文》《弔雷峰塔文》《梅妃傳傳奇引》《成心巢先生舉祀鄉賢祠揭》《喬松茂蔭慈竹春暉圖徵詩文公啟》《募修半山亭小引》十篇。

　　冬，寓南潯劉氏嘉業樓匝月，每日暮棹小舟容與浦汉間，迹張志和、姜白石、周草窗舊遊處。有《一叢花·白鷳兜外鷗鴣溪》詞紀其事。詞序云：「南潯為苕雪之水會，居人夾河成聚，物產豐昌，為浙東重鎮。余往來潯溪十餘次。乙亥冬，寓劉氏嘉業樓匝月，每日暮棹小舟容與浦汉間，跡張志和、姜白石、周草窗舊遊處，翛然會心，因成此解。惜無小紅輩低唱也。」載《匑厂詞乙稿》。

　　任國立廣東中山大學教授。《國立山東大學教職員履歷表》（1947年）資歷一欄云：「國立廣東中山大學教授，民廿四，薪三百四。」按黃孝紓應聘中山大學事，應為龍榆生所薦。醇庵有《蕙蘭芳引》詞，序云：「公渚有嶺海之行，賦此志別，兼呈映庵。」似當時有南下之計劃，至於廣州之行成否，未可知。1936年夏，中山大學校長鄒欲約黃孝紓南來，時其已應山東大學之聘。見龍榆生撰《苜蓿生涯過廿年》。

　　黃氏潛志堂印行《漢魏六朝文學史》。《高等學校教師登記表》（1952年9月6日）云：「《漢魏六朝文學史》，1935年潛志堂印行。」

黃孝紓寄贈龍榆生《八六子》詞。《匑厂詞乙稿》載《八六子·寄榆生廣州》：「照江城，海有明月。盈盈還帶潮生。念芳草淒迷夢路，垂楊遮斷春程，歲華暗驚。　茗柯一醉愁醒，身世枭盧拋擲，仙緣雞犬飛升。驀夢覺、層樓無端風雨，羲和鞭日，天吳移海，久拼如鐵剛腸繞指，隨波畸跡飄萍。憶雲局，鷗鶸又啼數聲。」

是年，蔣少卿募資在南潯建成博成橋，黃孝紓為題額。今博成橋仍存，橋額題曰：「民國二十四年重建，博成橋，黃孝紓。」

是年，陳衍《石遺室詩話續編》由無錫國學專修學校刊行，中有論黃孝紓詩者。云：「黃公渚孝紓，工畫工文，流寓上海，賣文賣畫自給，與夏劍丞諸人結康橋畫社，與朱古微諸人結詞社。有失題絕句云：『罡風飛捲海西流，橫絕崩騰夜撼樓。便恐門前大楊樹，破窗舞向枕函頭。』又云：『倚屋真無可恃林，危巢栖息共驚禽。』皆有鄭子產『棟折榱崩』語意。句如《和君任康橋晚步韻》云：『結鄰狗監長年住，並影牛宮戴月歸。閑裏流光詩境遣，唾餘生事硯田微。』寫租界上雜居流寓情景如繪。《春盡日》云：『暫住忽驚春是客，放顛聊以酒為媒。』《遊甘氏園》云：『柳絲似與風留戀，花氣能和春淺深。』《聞漢口亂事》云：『垂絕子遺娛戰伐，直疑好惡異人天。』《送仁先北上》云：『夜貪茗語寒無寐，天假詩鳴世可知。』七律如《鶴亭招同次貢出玄武門挐舟後湖》云：『風暖湖橋出斷冰，面山樓檻盡堪憑。繫船臥樹痕如鍥，照水垂花美可繩。倦眼尋芳成獨往，羈懷與景不相能。過江政抱荒儉恨，未覺春韶有廢興。』以上寫景時帶悽黯，言情亦復沈痛。」見陳衍《石遺室詩話續編》卷一。

是年，周慶雲去世已一年，撰《木蘭花慢·蒭淞吟事就》一詞懷之。序云：「夢坡先生社長下世行復一年，憶自甲子歲奉手淞社，自後息園畫課、漚社詞集，文字之飲，靡役不從。慨歲月之如流，惜交期之漸盡，傷離感逝，聲為此詞，聊申雞酒之情，用寄虎賁之慨耳。」載《吳興周夢坡先生哀思錄》，又見《匑厂詞乙稿》、《青鶴》1935 年第 3 卷第 16 期、《國聞週報》1936 年第 13 卷第 16 期，文字略有異。

是年，王洪猷編《南樓隨筆》由新文化書社刊行，中有「閩人詩」一節，論及黃孝紓。論曰「閩中詩人，先後迭起。老輩如陳弢庵、鄭孝胥、陳石遺，均白髮如霜，巍然健在。時賢如黃秋岳、梁眾異、李拔可、劉放園、林子有、李釋戡、何棋生、黃公渚、黃嘿園、鄭稚辛，均風起波興，各張旗幟。曩昔曾文正謂：『天下文章，其在桐城乎？』余亦曰：『天下詩人，其在閩中乎？』除陳、鄭、陳三老，余已分撰專章，詳見本書外，茲再將諸時賢，簡明列出，以供後之學者，有所探討。……黃孝紓，字公渚（福建閩縣）。詩才縱逸，器宇開張。吾謂閩詩人，乙等

第一名，當屬釋戡，第二名則為公渚。謂吾不信，證之以詩。《寄友都下》云：『短暑窮檐去日深，傷離念遠意難任。翻因積懶成高蹈，不忍疏狂耐苦吟。千里雲程孤雁去，滿林秋氣萬鴉沈。起看北斗微茫際，誰識滄江一夜心。』《海行舟中》云：『荒荒落日倚天根，徹耳濤聲一枕喧。睡起舵樓開暮鼓，海風吹霧助黃昏。』《湖遊》云：『亂後湖山種種非，垂楊漸長舊時園。穿泥苦筍參差出，咒客春禽歷亂飛。墜水鐘聲長不散，出林燈火淡無依。煮茶暫得安心法，寂寞何妨與世違。』『窗外枇杷作雨聲，滿堦蟲語不平鳴。上方月到諸天靜，隔岸燈繁萬瓦明。身世倚欄同縹緲，江山啼淚雜晴陰。逃身藕孔尋殘劫，漫共高僧話短檠。』《吳淞私感》云：『危樓暮倚四天垂，懷遠傷高酒力衰。點點去帆鷗沒處，蕭蕭落葉雁來時。獨居深處終何補，欲語無人是可悲。便擬乘桴東入海，竄身魚鳥莫相疑。』千里、墜水、上方、點點各聯，俱興會淋漓，一洗小家俗態。」

是年，陳柱撰《四十年來吾國之文學略談》刊於《交通大學四十週年紀念刊》。於論駢文一節論及王闓運、李詳、孫德謙、鄧方、黃公渚；於論詩一節在沈曾植、文廷式、康有為、錢振鍠、黃節、張爾田、張其淦、馮振、王蘧常、錢萼孫外附論夏敬觀、邵祖平、黃公渚、吳芳吉、金天翮、林翰、陳柱；於論詞一節在文廷式、沈曾植、張爾田、陳洵、葉恭綽、楊玉銜外附論唐圭璋、夏承燾、汪兆鏞、黃公渚、龍沐勛、易大厂、趙尊嶽、陳柱。按陳柱《四十年來吾國之文學略談》專述清光緒二十三年（1897）至民國二十五年（1936）之間古文、駢文、詩詞以及書法，按作家論述，述及者凡六十餘人。

是年，中國畫會出版《中國現代名畫彙刊》收錄黃孝紓臨文徵明《玉池新館清勝圖》一幅。《中國現代名畫彙刊》。

約是年，撰《趙鄔漱隱夫人傳》。末題「黃孝紓譔，褚德彝書」。

約是年，撰《錢新之五十壽序》。載《青鶴》第三卷第九期。

約是年，為黃曾樾（蔭亭）題《瀛槎重泛圖》。見《青鶴》1935 年第 3 卷第 9 期。

約是年，為陸佑申跋《鶴夢鷗思圖》。黃孝紓《鶴夢鷗思圖跋》，《藝文》1936 年第 1 卷第 5 期。

除夕，夏敬觀和黃孝紓《祭詩韻》。夏敬觀《除夕和公渚祭詩韻》一詩，見《忍古樓詩》卷十五。

1936 年（民國二十五年丙子），三十七歲

二月，寄《躬庵文稿》與冒廣生，求其審定。冒懷蘇《冒鶴亭先生年譜》。

春，繪《勞山山水》一幅。題曰：「十年塵土面，愾影向溪濱。秋色添紅裝，樓陰壓白蘋。水隨人閱世，山以我為賓。暮角妨詩思，沉吟一字貧。丙子春日，寫勞山一角，參用吾家一峯老人意。躬厂黃孝紓識於淞□之墨譆高。」按此圖後載《藝文》雜誌第 1 卷第 4 期。

春，繪山水立軸。題曰：「數峰清苦，商略黃昏雨，寫白石詞意。肖坡我兄世大人教。丙子春，躬厂黃孝紓。」青島博物館藏，編號 2372。

三月初十日（4 月 1 日），與夏敬觀、盧前為上海雜誌公司編刊《藝文》雜誌創刊。民國二十六年四月十日終刊，共出六期。創刊號封面「藝文」二字，為黃孝紓集張遷碑字書。第一卷第一期登錄《躬厂黃孝紓潤例》《躬厂文摧》及黃孝紓《秋潤鳴泉》《松風海濤圖》等。《躬厂文摧》第一章為《漢魏六朝沈博絕麗之文合於文之古訓》，第二章《文言妙合自然為文學進化之極端》，即《六朝文摧》。《申報》（1936 年 2 月 25 日）：「又該公司現聘夏劍丞、黃公渚、盧冀野三君編刊《藝文雜誌》一種，為專門研究詩文、調曲、書畫、金石之刊物，四月一日創刊，現正徵稿，各地藝文作家，如有以書畫文稿賜刊登者，限三月十日前寄到上海牯嶺路人安里十七號藝文社，以便編入該刊。附輯《藝壇時報》，由張靜廬編輯，專刊各地藝壇消息。為各通訊聯絡之需，每期定價三角，預定全年一元五角。」《申報》（1936 年 4 月 3 日）：「《藝文》雜誌創刊號出版。當代書畫詩文專家夏敬觀氏及其友人黃公渚、盧冀野合組藝文社於上海，創刊《藝文》雜誌，專門研究詩文、詞曲、書畫、金石，特約專家撰著外，並搜集近代遺著未刊稿本，用全部仿宋字排印，古色古香，精雅宏富，得未曾有。創刊特大號，今日出版，零售五角，預定全年連郵二元二角。四馬路上海雜誌公司總發行。」按：《六朝文摧》手稿，現在黃氏後人處。見黃瑛等撰《黃公渚家人收藏圖錄小記》，載《大匠如斯——黃公渚誕辰一百二十週年紀念集》第 3 頁。

閏三月三十日（5 月 19 日），參與中國畫會成員聚餐會，籌立中國畫人祠。《中國畫會籌立歷代畫人祠》（《申報》1936 年 5 月 20 日）：「中國畫會為聯絡會員感情，以推進會務起見，於昨晚六時在四馬路會賓樓舉行本埠會員聚餐會，計到張聿光、陸丹林、汪亞塵、孫雪泥、丁念先、黃公渚、王師子、黃華、繆谷瑛、閻甘園、諸健秋、羅君惕、金健吾、馬企周、朱心佩、田寄葦、江小鶼、沈一齋、吳嘉

行、應野萍、胡藻斌、吳青霞、戴雲起、余雪楊、胡省廬、施則敬、唐鐵、馬公愚、李芳園、楊渭泉、沈劍知、商笙伯、陶壽伯、侯曄華、吳公虎、熊松泉、姚墨邨、謝公展及新會員馮初光、沈湘石等四十餘人，一時觥籌交錯，開歷屆未有之盛況。席間並議決要案多件。一、坎拿大華僑中國文化藝術展覽會通知各會員踴躍參加（作品請直接寄至本市北京路一五六號二樓該會駐滬辦事處）。二、定本年十月間舉辦會員作品展覽會，不取任何手續費。三、待會員作品展覽會閉幕後，籌備國際中國畫展覽會。四、編印本屆會員錄。各會員地址如有變更，請即通知打浦橋新華藝展內該會辦事處。五、擬設立歷代畫人祠，俾古今畫人得永久傳之後世，不致湮沒。最後由各會員暢談關於藝術上之各種問題。直至十時餘，始盡歡而散。」又張慧劍《辰子說林》云：「數年前，夏劍丞先生在滬結一『飯社』，社友八人，每週聚餐一次，循次作東，各以巧鋪精食爭勝。此風舊日北平亦有之，《畏廬筆乘》所謂『合會為食』者也。此八人，邪正清濁各半，清正者四人，夏劍丞、李拔可、黃孝紓、盧冀野；邪濁者四人，梁鴻志、李國杰（已死）、李宣倜、黃濬（已死）。劍丞、拔可兩先生今猶蟄居滬瀆，貞苦自持，孝紓不知棲遲何所，冀野西來供職中樞，此數君嚴守民族立場，不朽士節，視梁、李等四逆誠有天壤之別。顧八人之會，反了一半，飯社之名亦不吉矣。」鄭逸梅《吃飯掌故》云：「又抗戰前，夏劍丞在滬上結一飯社，社支八人，劍丞外，則為李拔可、盧冀野、黃孝紓、李釋戡、黃秋岳、梁眾異、李國杰。每週聚餐一次，八人迴圈為東道主，以佳餚精饌競勝。一自淞滬淪陷，社友如秋岳、眾異、國傑、釋戡，失節偽方，社事遂輟止。或曰：『飯社之飯字殊不祥，其半為反，毋怪八人中反其半數也』。」

　　春，跋葛昌楣所輯《蘼蕪紀聞》。跋云：「柳蘼蕪佚聞遺事，散見各書，從無有彙輯成書者。蔭梧老兄積二年之勤，輯成此書，搜羅博贍，可為蘼蕪異代知己。蔭梧並輯有黃皆令佚稿，與此堪稱雙璧。丙子春，孝紓讀竟附識。」見《藝文》雜誌第1卷第1期所刊葛昌楣《蘼蕪紀聞》卷末。按1941年《吳中文獻小叢書》本《蘼蕪紀聞》末無黃氏此跋。

　　四月，為陳乃乾《清名家詞》撰序。末署「歲在丙子四月，䴊厂黃孝紓識於上海寄廬之墨譃高」。見《申報》1936年6月16日。

　　四月初四日（5月24日），劉承幹致函黃孝紓。劉承幹《求恕齋日記》。又見《嘉業堂藏書日記抄》第659頁。

　　四月二十七日（6月16日），與梁寒操函。「寒操先生道席，茲誦手書並匋片收到，多擾清神，曾勞令兄襄勸廉值得之，感謝。□常匯款，昨托人查問，知已付出，如照來件即可備存。所惜匋質鬆粗，有一片破裂為二，堅者擲地為碎，然非贗

者比也。南人多見金文即淮河流域出土，視甘肅、綏遠古器乾燥簡陋，以為後人翻砂，翻砂好者，亦取之。如宋元贗者從古迹摹出，能不失形，均合研究外邦國與社會，扶助學者。近來身體欠佳，茲附錄拙詩四首，敬希雅教是幸，專此即頌時綏。黃孝紓頓首，四月廿七日。」是札青島大愚美術館王作亮先生藏。

是年，借吳興劉氏嘉業堂藏鈔本《綠窗新話》，刊於《藝文》雜誌上。1957 年周夷據《藝文》雜誌本加以整理校補，由上海古典文學出版社出版，1991 年上海古籍出版社又有周楞伽（即周夷）箋注本。黃孝紓嘗撰《綠窗新話校釋》一書，《引言》載《文史哲》2016 年第 1 期，齊心苑整理。

閏三月十八日（5 月 8 日），龍榆生訪黃際遇，談及黃孝紓駢文事。黃際遇《因樹山館日記》（1936 年 5 月 8 日）：「早方櫛沐，訟者及門，急趨公室理課，傍午修我髮而歸。龍榆生過談，盛言今之駢文作者當數黃孝紓云。又《越縵堂駢體文》久尋不得，托函杭人大索之。」

四月初六日（5 月 26 日），黃際遇得讀《匔庵文稿》，有評。黃際遇《因樹山館日記》（1936 年 5 月 26 日）：「《匔庵文稿》六卷，今人閩縣黃孝紓頵士之作，假自姚氏學苑，未得上冊，此冊為記銘碑誌之屬。祖禰魏齊，息胎酈郭。綴詞敷采，回出恒流，榆生之言不妄，歎也。所《與馮夢華中丞》中一段，具見指歸，可雒誦也。」

四月初十日（5 月 30 日），黃際遇復讀黃孝紓所撰諸賦，多有摘錄評論，認為最稱於時為《哀時命賦》，用漢嚴忌篇名，趁蘭成《哀江南賦》原韻，事有傷心時也，麗句瑋詞所得多矣。黃際遇《因樹山館日記》（1936 年 5 月 30 日）。

夏，與張子厚、路朝鑾（金坡）、沈治丞、弟黃孝平（墊厂）、黃孝綽（翌厂）同遊嶗山上清、下清宮，有《二宮遊記》一文。文載《輔唐山民猥稿》。

夏，王揖唐（什公）遊青島，有詩留別。詩題云：「留別呂美蓀、路瓠庵、黃公渚諸昆仲。」載《國聞週報》1937 年第 14 卷第 15 期。

是年夏，郭則澐在北京倡立蟄園律社，集唱於蟄園之松喬堂，亦稱松喬堂社集。《龍顧山人年譜》：「是夏，踵榕蔭堂律集之例，復舉蟄園律社。曾與前集者，惟陳征宇、周熙師、黃嘿丈尚在，自餘同鄉鄭稚辛、薛淑周、方策六、陳尊衷、黃公渚、君坦伯仲外，樂此者甚鮮。」《蟄園律集後編同人姓氏》中有「黃孝紓公渚」。

《松喬堂律集》中「明武宗豹房」、「文選樓」、「竹簾」、「新柳」、「馮益都萬柳堂」、「耶律文正墓」題下各有黃孝紓詩一首。《蟄園律社春燈詩卷》中「慈仁寺顧祠」下有黃孝紓詩二首，「燈影梅花」下有黃孝紓詩二首。《春遊瑣談・近五十年北京詞人社集之梗概》：「及盧溝橋事變後，郭嘯麓由津移居北京，又結蟄園律社及瓶花簃詞社。每課皆由主人命題備饌。夏枝巢仁虎、傅治薌嶽棻、陳莘衷宗藩、張叢碧伯駒、黃公渚孝紓、黃君坦孝平、關穎人、黃嘿園，皆為社中中堅。」

致函夏敬觀，談及汪曾武（仲虎）記婁東書畫事之書以及呂美蓀記遊覽日本的《日記》。「劍丞先生左右，小別不覺二旬，比維起居曼莆為慰。《藝文》雜誌此間已購得一本，惟誤字尚不少，奈何。此事須面譚想一法也。北京有汪仲虎有（讀）記婁東書畫事書，已函其抄寫。呂美蓀去年赴日本，有《日記》專記遊覽事，尚有趣，未知閣下需要否。紓來此，重傷風十餘日，現已痊復。擬本星期五南歸。一俟索得免票即成行也。餘面罄，不一。專泐。即頌台安。孝紓頓首。季野歸否。眾異、定之統此問候。葉麗老近狀如何，大東常有聚會否。」見《夏敬觀家藏尺牘》第178～181頁。函中提及呂美蓀去年赴日本有日記，按呂氏於1935年赴日，此函當作於1936年夏。按汪曾武（仲虎）記婁東書畫事之書，當指汪氏撰《婁東書畫見聞錄》四卷，今中國國家圖書館藏有1960年朱絲欄鈔本。

致函陳中凡並贈《翛庵文稿》二冊。云：「斠玄先生閣下：疏逖先儀，忽忽數載，名山講席，引領為勞。月前過都，晤馬維華兄，藉悉清狀，本擬造訪，竟以雨阻。旋以當晚來滬，至為悵惘。小文二冊，專呈哂鑒。雕蟲小技，昔賢所嗤，惟是積習所在，不忍恝棄，因掇錄數十篇，付友人印行，亦所謂無益遭有涯歟。尚希勿吝賜教為盼。榆生在粵，其近狀想在洞鑒中。近得來訊，重申舊儀，堅約作嶺表之遊。嶺嶠山水，夙所神馳，第時局倥擾，遠行為苦，行止固未定也。知注並聞。枕葄多暇，尚希時錫教條，以匡不逮。專泐，敬請台安。弟黃孝紓頓首。通訊處上海廈門路尊德里四十號。」按「小文二冊」當指《翛庵文稿》。「月前過都，晤馬維華兄，藉悉清狀，本擬造訪，竟以雨阻。旋以當晚來滬，至為悵惘」，在北平「因雨之阻」，則時節為夏天，當為自北平返上海後所作，暫繫於此。

秋，與劉希亮（依隱）、閔孝同（舜伯）、黃景（匯川）同登泰山。有《烏夜啼・飛仙謖與遨遊》《八聲甘州・破鴻蒙》二詞紀其事。《烏夜啼》詞序云：「丙子秋，登泰山絕頂對月，邀依隱、會川、舜伯同賦。」《八聲甘州》詞序云：「暮宿南天門，夜五鼓挾兩黃冠導遊日觀峰，萬籟淒寂，天風冷然，遙望極天一線隱然作紺碧色，日輪湧出，與海汽相盪摩，若顯若晦，俄而上昇，金光燦爛，不

可注視，洵奇觀也。是日同遊者，德化劉依隱、九江閔舜伯、韶州黃匯川。」詞載《翦厂詞乙稿》。

秋，繪贈梁寒操《勞山靛缸灣一角圖》。題曰：「危崖聳立排兩衙，蒼雪委路松交加。老茗黑入太古世，壁畫斑駁蟠龍虵。吾屝愧無濟勝具，肩輿入山村稚譁。夾溪目窮石萬態，立如犀象伏則蟲。為錡為釜為栲栳，賴者緇者紛碨砸。泉出其間極拗怒，一瀉百里將泥沙。喬柯因風起天籟，至樂解穢非箏琶。崖崩峰側一逕闢，天半人影凌飛鴉。陂陀逕赴玉鱗口，十里楓葉紅勝花。秋深積潦飽山腹，驚瀑噴薄如出哇。白龍飲澗不見尾，大日照地轟雷車。遁厂書崖有妙諦，潮音洗耳思無邪。石亭對語值殘世，能專勝境寧非奢。清寒冷冷入肺腑，坐看日馭遠西斜。靛缸自窅一泓碧，吾心不染毋揄揶。寒操先生詩人兩正。丙子秋，翦厂黃孝紓寫勞山靛缸灣一角。」鈐「黃孝紓字公渚別號翦庵」朱文方印、「頵士之鈢」朱文方印、「庚子生」朱文橢圓印、「尊知火馳」白文方印。見中國嘉德 2014 年第三十九期拍賣會‧遺珠拾珀——中國近現代書畫。又見山東恒昌 2015 秋季藝術品拍賣會。

秋，周子美輯《南林叢刊》初集五種，由南林印刷公司印成。內封書名為黃孝紓隸書題字。見《南林叢刊》初集。

八月，經葉恭綽介紹，接受山東大學林濟青校長之聘，任山東大學中文系教授，任目錄學、漢魏六朝文、詞選、先秦古籍等課。任職一年半。《國立山東大學教職員履歷表》（1947 年）資歷一欄云：「國立山東大學教授，民廿五，薪三百四。」《國立山東大學教職員履歷表》（1951 年）。《高等學校教師登記表》（1952 年 9 月 6 日）。《自傳（1955 年 9 月 28 日）》：「到了一‧二八以後，上海經濟市場，受帝國主義嚴重的摧殘和破壞，普遍表現不景氣，即筆墨生活，也都受到了影響，居停主人破產，全家遷住蘇州，我也鬧腫腳病，須易地療養，青島是我全家根據地，遂在一九三六年回島，接受山東大學林濟青校長的聘書，任中文教授，月薪三百二十元。」《教師登記表》（1953 年）云：一九四六年來校。《教師及職員登記表》（1951 年 1 月）：「1936 年 8 月至 1937 年 12 月，在青島山東大學，任教授。」《教職員登記表》（1949 年）：「1936 年至 1938 年，青島山東大學教授，詩詞、先秦古籍，主管人林濟青。」《高等學校教師登記表》（1952 年 9 月 6 日）：「1936 年秋至 1937 年冬，青島山東大學教授，擔任目錄學、漢魏六朝文、詞選等課。介紹人葉恭綽。證明人童第周，山東大學副校長。」《自傳》（1951 年 9 月 20 日）：「上海賣稿賣畫生涯在一‧二八以前，收入尚不惡。到了一‧二八以後，上海經濟市場受到帝國主義更重之壓迫，普遍的表現不景氣，即筆墨生涯，都受了影響，居停主人破產，遷住蘇州，我也鬧腫腳病，

須易地療養，又因這時我家久已遷居青島，遂在一九三六年回島，接受山東大學中文系聘書（月薪三百二十元）。」《詞學季刊》第三卷第二號《本刊作者之行止》：「本刊作者，散居各地，就中如夏瞿禪（承燾）、黃公渚（孝紓）兩先生，原定偕龍榆生先生同往嶺表，嗣以時局影響，不欲遠行。夏先生仍留之江，黃先生改就山東大學之聘，將長住青島，於寒暑假再行來滬。又聞蜀中老詞人周癸叔先生（岸登）已應四川大學聘，由重慶往成都云。」《山東大學目前師資情況調查簡表》（1951 年 10 月 27 日）（在 1927 年至 1945 年之間，曾任職）「山東大學大學一年半」。

九月，錢基博《現代中國文學史》（增訂本）由世界書局出版，於駢文孫德謙之後增附黃孝紓。錢基博論之云：「孝紓以盛年富才藻，而奉親孤往，與山林枯槁之士同其微尚，識者悲之。刊有《匔厂文稿》六卷，大抵融情於景，而抒以警煉之詞，效鮑照以參酈道元；夾議於敘，而發以縱橫之氣，由庾信以窺范蔚宗。辭來切今，氣往轢古；以視李詳之好雕藻而乏韻致，孫德謙又尚氣韻而或緩懦；其於孝紓，當有後賢之畏焉。孝紓亦善畫、工詩、善倚聲，有『三絕』之譽。以民國十三年來鬻畫上海，遂有人介以主吳興劉承幹之嘉業堂者十年，遍讀所藏書；四方請業者踵係，隱然為東南大師矣！至其治偶文，則又力主因聲求氣，毗陰毗陽之說，默契桐城諸老緒論。紀述山水，數稱柳子厚；而為散文特雅潔遒粹，則又不為桐城之故為閑情眇韻云。」

九月，選注《周禮》一書由商務印書館《學生國學叢書》出版，題黃公渚選注。

九月，《中國畫會會員錄》出版，於《通訊錄》載：「黃孝紓，公渚，福建閩侯，男，三七，上海廈門路尊德里四十號。」《中國畫會會員錄》，民國二十五年（1936）排印本。

九月十一日（10 月 25 日），董康在日本接到黃孝紓信，內附《劉幼雲敦煌卷子目》，欲售劉廷琛舊藏敦煌遺書。《書舶庸譚》云：「是日，古屋主人轉青島黃公渚函來，內附《劉幼雲敦煌卷子目》，摘佳品存於後。」董康《書舶庸譚》。按劉廷琛舊藏敦煌經卷，後輾轉歸藏北京圖書館（今國家圖書館），國家圖書館藏敦煌遺書編號中新 0622～新 0701 號共 80 號為劉氏舊藏。林世田、薩仁高娃《國家圖書館劉廷琛舊藏敦煌遺書敘錄與研究》認為劉廷琛舊藏敦煌卷子曾由黃孝紓編目整理：「劉、黃兩家二十世紀初均遷居青島，而且有姻親關係，黃公渚的四弟黃孝綽即為劉廷琛女婿，黃公渚應該與劉家非常熟悉。1932 年劉廷琛去世，家道敗落，劉氏後人急於將所藏敦煌寫卷出手，而出賣之前肯定要整理編目。1934 年，黃公渚經過在嘉業堂十年的積累，在版本目錄學達到很高造詣，這時返回青島，劉家請其為之整理編目，

應該在情理之中。黃公渚又與董康在嘉業堂有十年同事之誼，董康喜藏書，曾七次到日本，訪書不輟，與日本收藏機構非常熟悉。黃公渚在編目之後，把其中80餘卷整理成目，名為《劉幼雲敦煌卷子目》，附在信中，寄給正在日本渡假的董康，求其在日本尋找買主。根據我們的調查，劉廷琛舊藏中的宣紙題簽上的書法與黃公渚流傳下來的書法作品較為相似，也可作為一個佐證。」

是年，夏敬觀為黃孝紓題葉氏天籟軒朋交投贈詩詞冊。夏敬觀《為黃公渚題葉氏天籟軒朋交投贈詩詞冊》一詩，見《忍古樓詩》卷十五。

公曆十一月，《中國博物館協會會報》介紹《周秦金石文選評注》《兩漢金石文選評注》二書。云：「《周秦金石文選評注》《兩漢金石文選評注》。黃公渚選注。民國二十四年九月商務出版。《周秦金石文選》定價四角五分，《兩漢》五角。黃公渚氏據鄒安《周金文存》郭沫若《殷周青銅器銘文研究》等書，集錄周秦古器銘文並錄楊慎《升菴集》所載之石鼓文，章樵《古文苑》所載之咀楚文，王昶《金石萃編》之嶧山刻石，《史記》中之琅邪、之罘、碣石、會稽刻石等六十餘篇為《周秦金石文選》。復據金石書籍，集漢代盤銘、鏡銘以及碑刻等四十餘篇為《兩漢金石文選》。俱以今文訓釋之，並評騭其文章，攷釋其疑義。碑刻中文字之漫漶者，間以意填補之（俱行註明），此均為讀文之便利計也。按二書俱為《學生國學叢書》之一，乃為學生作選本用，借以窺金石文字之梗概者，與用以考證史事研究文字者異其趣也。」見《中國博物館協會會報》1936年第2卷第2期《新書介紹》欄目。

十月二十四日（12月7日），父黃曾源逝世。十二月六日（1937年1月18日），黃孝先等奉厝於青島京山之陽萬國公墓。黃曾源卒後，朱益藩請於溥儀，得賜「潛志效忠」匾額。吳郁生《黃曾源行狀》、張學華《黃曾源墓志銘》。夏敬觀有《黃石孫丈挽辭》，見《忍古樓詩》卷十五。

是年，錢仲聯發表《十五年來之詩學》一文，有論及黃孝紓者。云：「今日閩中詩人，如石遺《近代詩鈔》《石遺室詩話》正續編所採，亦至夥矣，而皆可以無述。僕獨推閩縣黃公渚孝紓為名家。公渚多才，藝有三絕之譽。又工駢文，擅倚聲。流寓海上，主劉翰怡家，賣文鬻畫自給。與夏映庵諸老結康橋畫社，與朱古微祖謀諸詞老結漚社。所著《匑庵詩》載於《青鶴》雜誌者，精深華妙，極洗練之功，與近日閩派詩人，步趨略異。蓋公渚平生與遊者，映庵外，濡染於陳仁先曾壽者頗深。」按錢仲聯《十五年來之詩學》一文載《私立無錫國學專修學校十五週年紀念冊》（1936年）、《學術世界》（1937年第2卷第3期）。

約是年，為陳柱繪《守玄閣注篆圖》。《陳柱尊叢書第一集出版》：「現名畫

家黃公渚已為繪《守玄閣注篆圖》，詩家馮振心、錢仲聯、楊鐵夫等均為之題詠云。」載《時事新報（上海）》1936年4月11日。

約是年或稍後，致函吳湖帆，為推薦印書者大華印刷所湯宗孟。「湖帆吾兄左右，闊展奉又數日矣，比維起居曼莗為頌。小文二冊奉政。前在逴厂處，執事談及擬將令祖詩集付印，茲特介紹大華印刷所湯宗孟君奉詣。弟文及劉禺生《禺生四唱》皆渠承印，字體古雅，交貨迅速，請賜面洽。另，曾履川先生詩奉贈，亦湯君承印也。專頌台安。弟孝紓頓首。」見《吳湖帆友朋書札》，此據梁穎先生釋文。按小文二冊，當指《觩庵文稿》，刊於民國二十二年（1933）。劉禺生《禺生四唱》刊於民國二十三年（1934）。曾履川先生詩，當指曾克耑《涵負樓詩》，刊於民國二十五年（1936）。故此函當作於民國二十五年或稍後。

1937年（民國二十六年丁丑），三十八歲

春，招飲俞平伯於天風海濤樓。俞平伯《浣溪沙·黃君坦兄屬題天風海濤樓圖》注云：「丁丑春，令兄公渚曾於斯招飲。」見《古槐書屋詞》卷二。按天風海濤樓，為黃孝平堂號。黃孝平《紅跚蹋盦詞稿》有《木蘭花慢·題逴厂罔極庵圖》後有小注云：「丙子冬，先大父見背。次歲丁丑膠澳被兵，松愡王孫為繪《天風海濤樓圖》紀事，時奉母海濱，悽皇燹火，忽忽十餘年事矣。」

六月，在山東大學指導中國文學系第四屆畢業生畢業論文。有朱紹安，男，山東博平人，《元曲考略》；趙新坡，男，山東臨沂人，《王漁洋詩研究》；袁緒曾，男，河南中牟人，《杜詩研究》；嚴曙明，男，安徽壽縣人，《謝康樂詩研究》；張裕光，山東菏澤人，《韓文研究》。《國立山東大學中國文學系第四屆畢業生畢業論文一覽》（1937年6月）。

盧溝橋事變起，北京先期淪陷，青島戰爭空氣緊張，便同梁漱溟之兄梁凱銘，擬往鄒平避難。到了周村，得悉梁漱溟已先離開鄒平，不得已攜同老弱二十餘口，狼狽折回益都，住了兩個月。後悉青島日僑撤退，沈鴻烈高唱保衛大青島，林濟青校長籌議山大恢復開學，又回到青島。《自傳》（1951年9月20日）。

五月二十日（7月8日），陳衍（石遺）歿於福州，年八十二。唐文治《陳衍墓志銘》。

八月十日（9月14日），陳三立卒於北京寓廬。李開軍《陳三立年譜長編》。

　　冬，以元至正刊《陸宣公奏議》及閩中詞人冊，從友人易歸《張夢晉看耕圖立軸》，旋為胡伯平所見，割愛歸之。見《延嬉室書畫經眼錄》，載《故都旬刊》。

　　是年，郭則澐（嘯麓）主持成立瓶花簃詞社於北京。成員有夏仁虎、傅嶽棻、陳宗藩、瞿宣穎、壽鉨、黃孝紓、黃孝平、楊秀先、黃畬等二十餘人，社外參加者還有張伯駒等人。前後社集六次。民國三十六年（1937）初，郭則澐（嘯麓）去世，瓶花簃詞社遂告解散。昝聖騫撰《郭則澐生平與創作活動年表》。

　　是年，林葆恒《訒盦填詞圖》出版，收錄黃孝紓《過秦樓·散聖安禪》、黃孝平《虞美人·榕陰依約開池館》二詞題詠。《訒盦填詞圖》。

　　約是年，為陳向元題《泰寧去思圖》。載《天文台》半週評論 1937 年 3 月 20 日第二張，題曰《為向元題泰寧去思圖》。

1938 年（民國二十七年戊寅），三十九歲

　　是年，黃孝紓、黃孝平居京師，覓宅不得，郭則澐藉以蟄園之東之小鄂跗堂、結霞閣居之。初擬於此結社論畫，既而不果。《龍顧山人年譜》。郭久祺《關於〈知寒軒談薈〉》：「約當抗日戰爭開始之時，兩位黃先生（黃孝紓、黃孝平）從青島全家遷到北京，一時找不到合適的住處，當時我們全家住在景山後街，另有一座宅園在東四二條胡同，大部分空着，內有假山池沼，花木繁多，頗有園林風味，名為『蟄園』。嘯麓公將此園東部借與黃家，君坦公全家住北廳等處，公渚公全家住南廳，西路的中廳松喬堂作為嘯麓公與老友們聚會組織詩社、詞社之地。兩位黃老先生當然參加。」

　　二月二十七日（3 月 28 日），鄭孝胥病逝長春。後黃孝紓有題《海藏樓詩》詩以弔之。按黃孝紓與鄭孝胥交遊應始於民國十三年（1924）年，其後筵席、倡和往來蔉矣。山東大學圖書館藏民國三年（1914）武昌刻本《海藏樓詩》一部，為黃孝紓圈點、批注、題跋之本，末有七言排律長跋，作於鄭孝胥逝後，蓋以此為悼念。云：「堆山宿業老臨邊，羈絏從亡事可憐。一暝魂銷多難日，無言意盡中興年。驅狐地下兒先去，望雁天涯弟未旋。身後高名成定論，勤襄兩字慰重泉。經始樓居計入關，海藏花木昈生還。光明自引星辰上（曾南豐《祭大蘇文》『其光輝明白，若引星辰而上也』），精爽長懸魏闕間。天語無雙真國士，詩名重九尚人寰。探囊餘智收京策，誰復孤行試百艱。潛志。」下鈐「頤水室主」白文方印。《海藏樓詩》上多有批注，如

卷一《春歸》上批：「海藏論律詩要能作高調，故所作往往越世高談，睥睨一切，而又一種惘惘不甘之概流露於言外。由於胸襟高、學養深醞釀而出，看似容易卻艱辛，同時聽水、散原莫與抗顏行也。」《感舊示李君芝楣》上批：「海藏七言古詩出入柳州、半山、山谷之間，精悍拗怒曲折，以目達所見，由於善於行氣，熟於開闔、控縱之法，故能深入淺出，無堅不摧。如此篇及《九月大阪登高》《過侯府懷亡友陳幼蓮》《遊漢陽古琴臺》《答沈子培見訪湖舍不遇》《金口聞告成賀廣雅尚書》《題新闢梅窗一首》《答人疑邊帥之貴》《懷歸篇》《沈友卿招遊惠山》《［述］哀五十韻》《二月廿二日集陶然亭》《題吳鑑泉鑑園圖》諸篇，皆集中之尤佳者，讀之可藥庸俗。」卷三《從廣雅尚書登采石磯彭楊祠》上批：「海藏自東瀛歸，入文襄江寧幕府，以詩受知，備蒙禮遇，言得體要，蓋所謂有物有序者歟。」卷三《漢口得嚴又陵書卻寄》上批：「海藏中年遊鄂，再入文襄幕府，參伍勝流，兼得江山之助，故所得頗恢奇。如《遊漢陽古琴臺》《感懷》《述哀》諸詩及與廣雅、又陵、星海、子培酬唱之作，皆出入半山、後山之間。」卷五《余去年與人書有曰以詩人而為邊帥俗子或疑邊帥之貴余乃解之》上批：「海藏龍州以後詩，欹嵚拗怒中時有惘惘不甘之致，殆以國事日死，事多掣肘，故頗萌去志，范希文窮塞主之吟，千古如一轍也。」卷六《傷女惠》上批：「海藏性情人也，親故之感，死喪之戚，言之尤為沉痛。尼采所謂一切文學當以血書者庶幾近之。如此詩及《哀東七》《述哀》《哀小七》及《悼亡》諸詩皆驚心動魄，一字千金。」

　　按鄭孝胥卒日，《陳曾壽日記》載為「二月二十六日」（按應為二十七日，見《鄭孝胥哀啟》），云：「蘇堪逝世，同強志往弔。其弟稚辛言病狀係肝氣牽動疝氣，洩瀉有墨汁，日醫謂為腸壞，氣息漸弱，至今晨遂不起矣。蘇堪近兩年與余甚密，予杜門謝客，從不詣人，而蘇堪間數日必來，談數小時始去，惟不及國事耳。建國時與予持論與之不合，爭持甚厲，卻無私怨也。」

　　春，任北京偽司法委員會秘書，編纂清代法典，兼管文牘。《高等學校教師登記表》（1952 年 9 月 6 日）：「1938 年春至 1940 年春，北京偽司法委員會秘書，編纂清代法典、兼管文牘。介紹人董康。證明人劉志揚，北京大學法學院教授。」《教師登記表》（1953 年）背後有文字云：「一九三八年秋至一九四〇年在北京司法委員會任秘書。」《自傳》（1951 年 9 月 20 日）：「一九三八年一月十日，青島淪陷。沈鴻烈先期溜走，日軍登陸，治安不佳，尤其對於無職業知識份子，特別注意。人心惴惴不安，是時青京交通恢復，董康悉我家仍住青島，來信言及湯爾和要恢復北京大學，希望舊山大教員到北京去。我時全家失業，人口眾多，又因中央銀行事先撤退，通貨枯竭。在此不得已情形下，遂到了北京。那知北大文學院沙灘校舍因日軍占住，一時

不能恢復，家居旅館，進退維谷。董康堅邀到其司法委員會任秘書。當此時期，不了解抗日戰爭局勢，國共合作後，中共持久戰策略起了骨幹作用，只看見國民黨軍隊節節敗退，又從後方傳來速戰速決之妥協消息，遂認為國民黨是無希望，終不免有戰敗構和之一日，又因司法委員會獨無日本顧問，同事中多舊日文學界熟人，因此遂就秘書職務。因不懂法律，只好寫寫應酬文字，校刻古籍，在法典編纂委員會搜輯《清實錄》各書中有關清代修訂法律史料。因事清簡，不須按時上班，同時友人瞿兌之讓半個教書位置，遂在師範學院中文系任講師，此為在師範任教開始。次年轉女子師範學院任教。其後兩院合併，改為師範大學，遂在師範中文系任教授，月薪四百五十元。一直到一九四五年春，始離該校，有本校李良慶教授可證。」

四月十八日（5 月 17 日），在北京，訪陳曾壽。《陳曾壽日記》。按前一日，陳曾壽由津趁車赴京。

四月十九日（5 月 18 日），訪陳曾壽，並約在郭則澐家晚飯。《陳曾壽日記》。

六月二十三日（7 月 20 日），與郭則澐、壽鉌、弟黃孝平等集飲於什剎海酒樓，預祝荷花生日。壽鉌有《戊寅六月二十三日，什剎海酒樓集飲，預祝荷花生日，踵石帚韻，蟄雲、公渚、君坦同作》，載《玨庵詞二集·柳邊詞》。

秋，經瞿兌之介紹，任北京師範學院教授，擔任目錄學、詞選、漢魏六朝文等課。《高等學校教師登記表》（1952 年 9 月 6 日）：「1938 年秋至 1942 年秋，北京偽師範學院講師、教授，擔任目錄學、詞選、漢魏六朝文等課。介紹人瞿兌之。證明人莫東寅，山東大學教授。」

十二月，所撰《島上流人篇》一卷刊載《司法公報特刊》上，題黃穎士撰。又載《雅言》辛巳卷四（1941 年第 4 期）。序云：「辛亥世變，海宇騷然，青島一隅，遂為流人翕集之地，假息壤於仙源，擬華胥之酣夢。冠蓋輻輳，稱極勝焉。乃不數年，兵氛薦及，風流雲散，人世滄桑。余亦奉親辟地青州，追理疇曩，爰述斯篇，竊附虞山吾炙之意，用申永嘉板蕩之思云爾。」共有張安圃制軍、陸元和相國、呂鏡宇尚書、周玉山制軍、勞玉初尚書、于晦若侍郎、李惺園大令、王爵生侍郎、陳貽重侍郎、胡星舫中丞、童次山觀察、徐友梅觀察、商藻亭太史、趙次珊制軍、鄒紫東尚書、吳蔚若樞相、劉潛樓侍郎、章一山左丞、葉鶴巢宗丞、蕭紹庭觀察、薛淑周夫子、李健侯表叔、丁容之觀察、易蔗農大令、葉文伯大令，二十五人，二十二首詩。龍顧山人郭則澐《十朝詩乘》卷二十四：「辛亥國變，遺臣逸老翕集於青島一隅，抗志

避居，綢繆故國。假息壤於甌脫，擬孤蹈於首陽。其志節堅定，百折不回者，首推勞玉初京卿（乃宣）、劉幼雲侍郎（廷琛）。玉初力倡復辟，著為論說。袁項城當國，名捕之，鬱鬱以卒。幼雲與奉新張忠武同里，屢走徐州，說忠武，責以大義。丁巳復辟之舉，亦以幼雲促迫成之。事敗，名捕諸當事，幼雲與焉。避歸青島，坐臥一樓，屏絕人事。又十餘年，乃卒。同時耆舊若張宣圃制軍、于晦若侍郎、陳貽重京卿、呂鏡宇尚書，皆嘗居青島，後乃徙去。黃公渚（孝紓）奉親居此，感慨前事，為《島上流人篇》，凡二十餘首。」劉成禺《洪憲紀事詩本事薄注》內《于晦若》條亦引黃公渚《島上流人篇》中詩。

經關賡麟（穎人）介紹，參加稊園詩社。《高等學校教師登記表》（1952年9月6日）：「一九三八年參加稊園詩社，會員關穎人介紹。」

所撰《詞範》一書印行。《高等學校教師登記表》（1952年9月6日）。《山東大學目前師資情況調查簡表》（1951年10月27日）。

是年，題黃賓虹繪《劍門紅葉圖》。云：「畫山難為奇，妙手偶一遇。沖襟合天倪，遂爾得真趣。墨瀋潑不乾，滿紙生煙霧。石從太古青，雲共長空素。村墟隱林巒，寶剎炳丹雘。徑幽百禽絕，川急萬馬赴。愛晚坐楓林，童顏疑可駐。歲在戊寅，與賓虹先生同客舊京，暇出所作屬題，因賦短吟，以志墨緣。黃孝紓識於頤水室。」見青島中藝2017年秋季藝術品拍賣會。

是年，梁鴻志《爰居閣詩》交文楷齋雕板，屬黃孝紓就近料理。既刻成，郵遞白下，經陳道量等覆校後寄去，己卯春蕆事。版式以閔葆之《雲海樓詩存》為定式，取其朗潤悅目。見汪辟疆《光宣以來詩壇旁記》。

是年，為董康撰《誦芬室主人傳》。載《司法公報特刊》1938年12月。

是年，北京古學院成立。被公推與梁廣照、林公博、謝素聲擔任文學研究會《駢文源流考》撰寫工作。《北京古學院研究工作》：「北京古學院除修纂《北京志》外，關於研究方面，亦極積極。將研究工作劃分為五種，工作人員大致均經推定，茲特將五種研究會之範圍、擬編各書並研究方法，分別探誌如次：

研究範圍及方法：

△經史研究會・經史範圍：一經學、二史學、三諸子百家、四地理。研究方法：一整理舊學、二搜訪遺書，三自由論文，四講演文化。

△哲理研究會・哲理範圍：一佛教，二道教（儒教可歸經史研究會）。研究方法：一研究佛道二教宗旨，以救世精神，發揚二教真理。二先整理佛道二藏。三佛教研究，

分文學、歷史、行、持研究四門。四道教，分歷史、行、持研究三門。五佛道二教現行制度之調查、考察。

　　△文學研究會・文學範圍：一小學、二駢散文、三選學、四詩詞（曲附）、五目錄（板本校勘附）。研究方法：一札記，二講習，三期刊。

　　△金石研究會・金石範圍：一金、二石（凡瓦磚等及一切石刻附之）。研究方法：一搜集拓片，二實地調查，三鑑定古物，四分類編纂。

　　△藝術研究會・藝術範圍：一書畫、二琴棋、三音律、四織繡、五雕刻、六建築、七圖案、八陶瓷。研究方法：一審定、二試驗。

　　擬編各書及人選：

　　△經史研究會：經議定擬編各書，並公推一二人擔任，編計凡例稿目。一、《經學源流考》，公推甘鵬雲擔任。二、《史學源流考》，公推唐玉書擔任。三、《體制考》，公推董元亮、陳瀚年擔任。四、《地理學源流考》，公推吳廷燮擔任。五、《歷代士風考》，公推唐瑞銅擔任。

　　△哲理研究會：哲理研究會人數最少，經議定擬編各書，並公推一人，擔任編訂凡例稿目，俟決定後，再行著手編纂。一、《藏經彙目》，公推于寶軒擔任。二、《寺觀制度考》，公推高觀如擔任。

　　△文學研究會：文學研究會範圍較廣，人數亦多，經議定擬編各書，並公推四五人擔任編訂凡例、稿目，俟決定後，再行著手編纂。一、《字學音韻源流考》，公推高毓彤、胡玉澤、張鶴、王傳恭、唐桂馨擔任。二、《駢文源流考》，公推黃公渚、梁廣照、林公博、謝素聲擔任。三、《散文源流考》，公推惲寶惠、林公博、汪龍吟、陳宗蕃、張鶴、彭世卿擔任。四、《詩歌源流考》，公推陳公博、黃君坦擔任。五、《詞曲源流考》，公推張伯翔、黃毓楷、李作賓、郭則澐擔任（目錄學暫從缺）。

　　△金石研究會：金石研究會人數最少，經議擬編各書，並公推一人擔任編訂凡例稿目，俟決定後，再行著手編纂。一、《金文考釋萃編》，公推強運開擔任。二、《金石四證》，公推趙椿年擔任。三、《泉幣源流考》，公推朱彭壽擔任。

　　△藝術研究會：藝術研究會範圍較廣，人數亦多，經擬定擬編各書，並公推一二人擔任編訂凡例稿目，俟決定後，再行著手編纂。一、《藝術書目長編》，公推黃賓虹擔任。二、《陶瓷源流考》，公推葉麟趾擔任。三、《修正畫史彙傳》，公推周肇祥擔任。四、《顏料製造法》，公推于非厂、張大千擔任。五、《寫真畫法》，公推王美沅擔任。六、《崑曲源流考》，公推徐審議擔任。七、《琴書提要》，公推汪孟舒擔任。八、《石濤

畫說》，公推于非厂、張大千擔任。此外，關於棋譜及音律、建築、織繡、圖案、雕刻、尚無相當人員。」見《盛京時報》1938 年 6 月 18～19 日。

1939 年（民國二十八年己卯），四十歲

正月，與蟄園律社燈集。《蟄園律社春燈詩卷》中「慈仁寺顧祠」下有黃孝紓詩二首，「燈影梅花」下有黃孝紓詩二首。

三月三日（4 月 22 日），上巳，與北海鏡清齋禊集，賦《探芳信·討春路》一詞。序云：「己卯上巳，北海鏡清齋禊集，用度字韻得詞一解。」載《中國公論》第 4 期。

三月十五日（5 月 4 日），在北平，訪陳曾壽。《陳曾壽日記》。按陳曾壽於三月初二日（4 月 21 日）自天津趁車至北平。

三月二十一日（5 月 10 日），陳邦榮代黃孝紓自天津送《宣和牡丹圖》於陳曾壽處。《陳曾壽日記》：「榮兒自津來，送《宣和牡丹圖》，公渚介紹，云張某欲購也。」

三月二十二日（5 月 11 日），訪陳曾壽。《陳曾壽日記》。

三月二十三日（5 月 12 日），訪陳曾壽。《陳曾壽日記》。

三月二十四日（5 月 13 日），約陳曾壽晚飯。《陳曾壽日記》：「公渚約晚飯，售《宣和》事未成。」

春，趙錄績在青島去世。莊仲舒《丁丑秋詞校後語》：「己卯春，先生竟下世，年六十四。」按 1963 年清明節前二日，黃孝紓曾謁趙錄績墓，歸後作《鷓鴣天》《臨江仙》二詞。趙錄績模罍閣藏書，於歿後，先為安丘曹幹（愚盦）所得，鈐有「渠丘曹愚盦氏藏書」印者皆是，後轉歸山東大學圖書館、山東省圖書館、青島博物館、青島圖書館等處。

夏，為夏孫桐（閏庵）繪《蘇廛晚眺》並題。曰：「閏庵世丈宣統初元守浙之杭郡，府廨在吳山下，舊有小樓曰仰蘇，稍加修葺，四面拓窗，每當夕陽西下，登樓延眺，山色嵐光，撲人襟袖。滄桑以後，追憶舊蹤，恍如隔世。屬寫此圖，以留鴻爪，俾續武林舊事者增一故實焉。己卯夏日，匑厂黃孝紓識於碧慮簃」。鈐「碧慮宧」白文方印、「匑盦」白文方印、「頑士之鉢」朱文方印等。《大匠如斯——黃公渚誕辰一百二十週年紀念集》第 24～25 頁。

八月，任北京中國大學教授。任職一年。《教師及職員登記表》（1951 年1 月）：「1939 年 8 月至 1940 年 7 月，任北京中國大學教授。」《教職員登記表》（1949

年）:「1939年至1940年，北京中國大學教授，目錄校勘，主管人何克之。」《山東大學目前師資情況調查簡表》（1951年10月27日）云:「（任職）中國大學一年。」

仲秋，日本人土屋竹雨訪問中國，橋川時雄與夏孫桐、傅增湘、郭則澐、夏仁虎、黃孝紓等在什剎海會賢堂設宴。土屋竹雨即席賦《己卯仲秋，余遊燕京，橋川子雍為余招飲壇坫諸老於什剎海會賢堂，席上率賦索和》一詩，諸人皆有詩倡和，載《燕京唱和集》中。《東華》第一百三十八集《燕京唱和集》。黃孝紓次韻詩二首:「詩壇白戰未籠東，晁監風流復見公。尊酒近聯三島彥，天懷真有六朝風。眼明鏡涤心俱澈，口占悉囊句自工。留得他年談掌故，滄溟極目送歸鴻。」「蘆鄉畫意憶雲東，感物秋光亦太公。近水喜臨楊柳岸，倚欄惜欠藕花風。酒能遺世渾宜醉，詩為攄懷不計工。今日德星欣一聚，好留泥爪雪中鴻。」

秋，夏仁虎請黃孝紓跋《讀清真詞偶記稿》。見《春游瑣談》卷四孫正剛撰《夏枝巢讀清真詞偶稿記摹本冊》。

秋，為惠堂繪《擬胡可復松壑圖一角》扇面。題曰:「擬胡可復松壑圖一角，惠堂仁兄雅屬。己卯秋，匑厂黃孝紓。」鈐「頵士之鉢」朱文方印。扇背為汪蓉書法，末題「惠堂仁兄正，壬午秋月，汪溶」。見北京琴島榮德2015年春季藝術品拍賣會中國書畫專場。

重九後一日，王揖唐於北海宴集日人安藤栗山、岡田愚山。黃孝紓與傅增湘、趙椿年、瞿兌之、夏仁虎、李元暉、溥儒等同赴宴集。諸人之詩，集為《紅葉集》。白堅《紅葉集序》:「己卯秋重陽之明日，合肥王什公宴安藤栗山將軍、岡田愚山詩伯於瓊島之北渚。江安傅藏園、毘陵趙坡鄰、長沙瞿兌之、鄆城夏蓮居、閩侯黃公渚、合肥李彌庵、長白溥叔明皆來會也。是日也，宿雨新晴，湖水不波，黃菊揚華，木葉始脫，相與泛舟於白塔之下，覽宮室之美，尋廢興之迹，感時撫事，發而為詩，主有倡，賓有和。閩侯郭嘯麓以疾不至，而詩來，凡若干首。夫治世之音和且平，亂世之音哀以思。今人喪其極，萬方喋血，凡天災人禍，極人世之慘痛，茶毒者畢集於前，水之益深，火之益熱，未足以喻也。乃得有此一境焉，天清而地寧，主吉而賓嘉，旨酒既陳，詠歎斯作，若出金石聲滿天地，往復讀之，其思深其旨微，慨然有澄清天下之志，將撥亂世而反之正，相與立極建邦也，豈彼流連景物感歎哀思之作哉。於時鏡涵齋薛荔初丹，叔明採而簪之，主賓咸效，因名斯會曰紅葉會，斯集曰紅葉集。堅獲與陪其末，爰記之，以為斯集之序。是月既望，西充白堅。」李元暉（彌庵）有《重九後一日，什公尚書招陪安藤栗山將軍、岡田愚山詩人宴集北渚，會者藏園、坡鄰、蓮居、兌之、公渚、易廬、山甫諸公，即席賦呈並柬諸公》，

瞿宣穎（兌之）有《己卯展重九和愚山詩老》，夏仁虎有《重九後一日什公詩老招宴北海》詩。皆載《教育學報（北京）》1939 年第 4 期。

十月，瞿宣穎將主編《中和》月刊，徵知黃孝紓昆仲。瞿宣穎致黃賓虹書云：「賓老社長道右：不親雅度，早積俗塵，近想几研安閒，悠然自得，無任仰頌。近有某處出版公司擬出雜誌一種，專談學藝，不涉政治，弟代任徵求之役。大著中論文字、論畫理以及闡揚畫人之作，無論巨著零縑（長篇尤佳），均乞多多見惠。它至罕見之金石拓片、前人書畫箋札，及我公近作書畫，亦擬製版供登，酬資當不菲薄，想不見拒也。剛主、燕齡與聞，茲□公渚昆仲亦徵知之。此外擬不宣布，先此奉懇，餘竢面罄，專頌譔安。宣穎頓首。十月十二日。」見王中秀《黃賓虹年譜》。

致函夏敬觀，述及劉承幹嘉業堂售書與滿鐵圖書館事。「映盦先生左右，劉思生來，借悉興居安善。復奉手教，寵贈新詞。姬人粗解音律，無當大雅，謬蒙品題，當附大集以傳，何幸如之，敬謝。翰怡遷居，與德鄰密邇，想常晤面。聞其藏書已售與滿鐵圖書館，但其來書仍諱莫如深，未知我公有所聞否。滬上百物奇昂，物資缺乏，此聞諸思生。思生又云尊寓大廈甚壯麗，租價當甚昂，清狀至以為念，康橋居轉售當甚易得價也。紓不日有東瀛之行，連日治裝，公私交迫。先此奉復，餘續佈，不一，祗頌箸安。孝紓頓首。十八日。」載《夏敬觀家藏尺牘》卷二，第 170～172 頁。

秋冬，東至日本，徧遊日光、箱根、富士、高野、奈良、比叡、葉山諸勝。尤愛別府之耶馬溪，圖其八景而返。在日本晤狩野直喜。《司法公報特刊》（1939 年 12 月）載《舠厂詩十八首》中有《日本名勝之區，皆歸國家經營。日光亦為國立公園之一。華嚴、白雲二瀧，皆在萬壑底。遊者乘電梯自山而降，遂造其勝。一瀑懸空萬仞，噴波濺霧，極崢嶸之觀。一瀑蟄伏其右，如舖雲絮，下飲深潤，標奇角異，真壯觀也》《龍頭瀧》《東照宮》《由神橋至二荒神社遂至東照宮》《星岡茶寮席上》《杉井館》《別府鶴見岳公園聞歌》《琵琶湖紅葉館宴集，賦示小林棣生時清諸子》《環翠樓聽雨》《環翠樓夜泊》《由湖尻驅車至強羅，飯於酒肆，雲氣忽來，羣山頓失，斯景絕奇》《中禪寺湖畔》《由中禪寺湖更上至湯本液投南間別墅止宿》《奈良春日社山茶花盛開》《二荒山神社丹楓》《雨後由紅葉橋至耶馬溪車中得此景》等詩，皆繪寫日本景色而作。《星岡茶寮席上》云：「一逕經行楓葉路，良辰正及菊花時。」又據《奈良春日社山茶花盛開》《二荒山神社丹楓》等詩可知，黃孝紓東遊日本當在秋冬時節。按此組遊日紀聞之詩分別又發表在《同聲月刊》創刊號（1940 年 12 月），題為《舠厂詩七首》，《同聲月刊》第 1 卷第 2 號，題為《舠厂詩十一首》。董康《舠厂畫隱傳》：

「聞人言海外三神山之狀，輒心焉嚮往，舶趍萬里，遍遊日光、箱根、富士、高野、奈良、比叡、葉山諸勝。尤愛別府之耶馬溪，圖其八景而返，畫境又一變矣。」日本狩野直喜《君山文》卷九《答黃穎士》云：「去歲文旄東渡，幸接芝範。」

　　冬，贈劍樵《誠齋詩意圖》。題曰：「澄潭湧晴暈，不風自成花。回流如倦客，公門復還家。江晴已數日，新漲沒舊沙。知是前溪雨，濕雲尚橫斜。山轉江亦轉，江行山亦行。風鬟照玉鏡，素練縈青屏。我本山水客，澹無軒冕情。塵中悔一來，事外裹孤征。忽乘滄浪舟，仰高俯深清。餐翠腹可飽，飲淥身頓輕。鷗鴣不相識，還作故園聲。危峰瑩無土，平地岌孤石。如何半巖間，亦有小樹碧。走空根苦辛，倚險軼寒瘠。芳蘭間叢生，紫蕤濯幽色。近香許世聞，遠秀絕人摘。而我雲外身，方茲喟行役。劍樵吾兄過小鄂跗堂，見此幅，謬承愛賞，遂舉以贈。即希雅教。己卯冬日，匊庵黃孝紓寫誠齋詩意。」見北京保利 2011 年第 15 期精品拍賣會中國書畫一（古代書畫）專場。按劍樵或為許造時。

　　冬，為陳宗蕃繪《金陵歸夢圖》。題曰：「金陵歸癀。己卯冬，為莼衷詞長作即教。匊厂黃孝紓。」見北京翰海 2000 秋季拍賣會中國書畫（近現代二）專場。按黃孝平有《金陵歸夢圖敘》，載《同聲月刊》1941 年第 1 卷第 12 期。

　　十二月十日（1940 年 1 月 18 日），袁思亮（伯夔）去世。《陳曾壽日記》：「上海袁帥南來電，伯夔於昨日巳時逝世。失此良友，不可再得矣，從前雖相過從，猶為泛泛。自□□歲，予奉召赴天津行在所，伯夔忽深致情懇，交情始密。其後散原老人住京，每年約一聚晤，遂成莫逆之交。散原逝後，未得相見，不料緣分遽止於是，傷心短氣，莫此為甚也。伯夔天性極厚，待兄弟親戚，人無間言，而於兄弟之間尤為懇至，其至誠之意發於自然，使人久久不能忘也。即覆電唁問。」

　　任北平大學教授。《國立山東大學教職員履歷表》（1951 年）。

　　任中國畫會理事兼導師。《國立山東大學教職員履歷表》（1951 年）。《教職員登記表》（1949 年）：「1939 年至 1944 年北京中國畫會理事兼導師，主管人周兆祥。」

　　是年，以嘉業堂出售藏書事致函劉承幹。函云：「翰怡先生左右：久疏音敬，馳系為勞。比維起居曼福，枕口多娛，為頌為慰。弟自前年北來，劫礦偷生，憂讒畏譏，滬壖舊雨遂闕寄聲。故自去歲春夏之交曾兩寄書後，以租界空氣與內地迥異，不便以尋常無謂之函劃滋是非，故爾闕候起居，然端居無日不神馳左右也。中間舍弟公孟因赴寧之便道出上海，曾囑其趨譚，面陳一切。拳拳寸心，諒蒙鑒及，知不罪也。弟自去秋趨衙之暇，兼兩學校功課，粉筆黑板，仍從事舊日傭書生活，優然故我，

差堪告慰。近中得眾異書，知嘉業藏書依然歸存，而松崎氏受其國人之委託，欲購尊藏，託眾異主持，眾異以不便直接與執事通函，託弟函商。原函抄奉。倘如有意，即希賜覆，因眾異不日北來開會，可細談也。至價目同題，亦希切實見告，因眾異亦忙人，去題太速，恐難諧價。但聞授丈云，原目中有《明實錄》《永樂大典》等皆出脫，此數種為嘉業堂藏書之眼，挖去甚為可惜，未知然否。弟意尊書在戰區中終屬危險，既有人收購，而眾異又肯幫忙，確是一好機會，但不知尊意如何。書到，請撥冗草示數行為幸。祇請台安。　　　弟黃孝紓頓首。」見梁穎整理《嘉業堂售書事友朋書札》，刊《歷史文獻》第9輯。

是年，《匔厂詞乙稿》出版。《匔庵詞乙稿》又名《碧慮孥詞乙稿》《碧慮商歌》。《同聲月刊·詞林近訊》（1940年12月20日）載：「《匔厂詞乙稿》出版。閩縣黃霜腴先生（孝紓），以詞章之學，早負盛名，工詩詞，善書畫，尤長駢體文，為陳散原、朱彊邨諸老輩所推許，所往還皆一時名彥。往歲教授暨南、山東各大學，著有《匔厂文稿》，前已刊行。近客舊京，復將歷年所填詞，題曰《匔厂詞乙稿》，亦曰《碧慮商歌》，排印行世。想愛慕先生者，必以一讀為快也。」

按是書初版時前無眾人題跋，後再印者，始將諸人題識附上。

前有夏孫桐題云：「唱遍瀟瀟暮雨詞，吳宮花草不堪思。懷湘屈賈同千古，入洛機雲又一時。　　工感慨，耐禁持，看看風水皺春池。千桑萬海人間世，同向天涯話鬢絲。鷓鴣天，奉題匔厂詞乙槀，八十二叟夏孫桐初草。」下鈐「悔生」方印。

楊鍾羲（寒坡舊民）題云：「奉題匔厂世兄碧慮商歌，調寄過秦樓，錄乞正拍，寒坡舊民初稿。思仲軒空，還初客散，老我詞人身世。商歌一卷，到眼分明，不是承平風味。空自東望，望春花草□情，看人憔悴。況兵塵不斷，茶煙輕颺，鬢絲如此。　　猶記得、聯袂東華，兄肥弟瘦，曾共黃壚買醉。一別春明，十年江海，斷送西山積翠。公子重逢，不教大呂黃鐘，廟廊鼓吹。算留將殘肆，周遭銅仙濺淚。」鈐「挈左廬」方印。

張蘭思題云：「古城暮色。有吟魂飛去，樓頭橫笛。舊恨凋零，又苦新愁倩誰摘。一卷南華讀破，還翻作、靈均騷筆。渾不管、玉樹花殘。且付與歌席。　　鄉國。夢影寂。悵杜宇不歸，綠艸如積。館娃露泣，粉碎瓊寒費尋憶。休問昆池劫火，收拾了、爭春紅碧。算只是、腸斷句，苦芟未得。暗香和白石均，匔厂詞宗屬同賦紅梅，率爾效顰即題新刊碧慮商歌，並希正律。南陔張蘭思。」下鈐「蘭思私印」方印。

汪曾武題：「戞玉敲愁，含毫抒怨，機軸沙造天然。夢窗真諦，薪火得人傳。心緒憑誰細訴，無憀恨、悶損樊川。彈指處，花間按譜，渾不讓金荃。　　堪憐。塵海裏，知音有幾，幸遇成連。笑清況如余，哀樂中年。莫怪商聲換徵，悲歡事、都付吟箋。

還相望，詞壇拔幟，三變柳屯田。滿庭芳，奉題錫厂吾兄詞稿，即希正拍。趣園汪曾武倚聲。」鈐「趣園」、「曾武長壽」等印。

張爾田：「蹋莎行，錫厂先生碧廬商歌。依弁陽翁題中仙詞卷調敬賦。敗柳官橋，亂花歧路。十年紅萼誰為主。白頭拚臥薊門煙，愁心怕見江南樹。　半篋秋詞，一襟幽素。美人鏡裏傷遲暮。不堪飛落更相思，尊前腸斷方回句。」鈐「孟劬」方印。

夏仁虎題云：「碧海紅桑色色新。北來庾信枉傷神。且抛心力化詞人。　銀雁彈愁誰與聽，金蟲偎夢不成春。洛花風裏定愁君。浣溪沙，題碧廬商音，奉錫厂先生教。枝巢夏仁虎。」鈐「獻龕制詞」方印。

張伯駒題云：「人物一時重雁行，君家聲譽舊無雙。憶從南國愁江浦，不許東家覷宋墻。　驚草陣，擅詞場，座中年少數潘郎。西風玉骨秋如許，莫更投詩賦弔湘。鷓鴣天，奉題公渚吾兄碧廬商歌即正。伯駒。」鈐「伯駒」方印。

郭則澐題云：「鐙寒黍夢，箏亂絮痕，華年半侵哀樂。倚徧舊欄斜日，聲聲惱清角。東風孏，鶯訊錯。暗淚染、背花絃索，鳳枝斷，粉涴香黏，自分飄泊。　愁髩送殘山，陣雁來時荒翠更非昨。問訊故國山色，何人主紅萼。蘼蕪恨，拚剗卻。又怨寫、燕泥簾幙。瘦吟苦，對訴新寒，除是歸鶴。集中有弔劉潛樓墓之作。調寄應天長，奉題公渚道兄碧廬館詞，即希正拍，則澐。」鈐「郭則澐印」方印。

杜澤遜先生《蓬萊慕湘藏書樓觀書續記》云：「《錫厂詞乙稿》一卷一冊，黃孝紓撰，民國間排印線裝本。卷端題『霜腴黃孝紓』，版心下印『袛海樓叢刻』五字。封面夏孫桐題簽。扉頁又題『碧廬商歌』，陳曾壽題簽。有夏孫桐、張蘭思、汪曾武、張爾田、夏仁虎、張伯駒、郭則澐等人題詞，均筆跡影印。孫桐題詞署八十二叟，以夏氏生於清咸豐七年推之，題詞在民國二十七年，是集排印亦當在是年或稍後。」按《錫厂詞乙稿》，北京師範大學圖書館、復旦大學圖書館、華東師範大學圖書館、吉林大學圖書館、內蒙古自治區圖書館等有藏。《民國名家詞集選刊》影印（在第十五冊，題曰碧廬商歌一卷，黃孝紓撰，民國間鉛印本）。是書又有一九六九年王則潞據黃氏手稿影印本。據黃孝紓民國二十九年（1940）致龍榆生札云「小詞一冊，去歲付印」，可知是書於是年排印而成。

按山東大學圖書館藏數本，所見其一題「心如先生教，孝紓」，卷中多有黃孝紓墨筆校字。

是年劉慕雲為董康繪《畫欄雙影圖卷》，黃孝紓題《翠樓吟》一詞。云：「青豆房櫳，碧梧庭館，宣南卅載萍寄。平分簷蔔蔭，寸心遠鷲林初地。雲堂隨喜。羨偕隱清娛，閉門成世。人姝麗，墜歡重拾，畫蘭干底。　因記，每到春來，舞金

裙雕珮，尊開娑尾。朝天迷夢影（朝天子牡丹別名），算惟有名花知己。老來情味，仗翠袖添香，溫燖韻事。丹青意，幾生倩到，梵天清慧。翠樓吟。誦芬主人正律，霜腴黃孝紓。」見北京泰和嘉成 2008 年秋季藝術品拍賣會・古籍文獻專場。按此詞又見《雅言（北京）》1942 年第 4 期，文字略有異。

是年，繪《蒼雪圖》扇面贈吳豐培。題曰：「蒼雪圖。橅大滌子法，庾年先生屬。己卯，翁厂黃孝紓。」鈐「碩士之鉢」朱文方印。見《固圉齋珍藏名人墨迹》第 240～241 頁。

曾任藝文社「社賓」。藝文社編纂《東華》第百三十八集，藝文社中方顧問為楊雪橋、王逸唐、梁眾異、袁潔珊、竇沈庵、傅沅叔；社賓尚有吳北江、齊白石、陳伯治、陳菽衷、曹靖濤、高冠吾、羅雪堂、羅同璧、羅逸雲、黃默園、黃孝紓、黃賓虹、楊歠谷、張次溪、張善孖、張大川、湯爾和、汪精衛、程白葭、任援道、沈瑞麟、李拔可、李釋戡、呂美蓀、溥心畬、溥叔明、魏弱叟、夏閏枝、夏蔚如、鄭稚辛、陸彤生、郭筱麓、狄楚青、葉遐庵等人。見田吉《瞿宣穎年譜》第 112 頁。

約是年，題張伯駒、潘素合繪《素心蘭》圖卷。題曰：「鉛華洗盡塵緣，九畹秋心誰與占。旖旎都房，省識人間第一香。　小園何似疑空谷，並影捲簾人是玉。打疊騷魂，寫入生綃休露根。叢碧詞兄招賞素心蘭。調寄《偷聲木蘭花》，即希正拍。霜腴黃孝紓。」是卷由潘素繪素心蘭，張伯駒繪竹石苔草，前有己卯嘉平溥侗題「純是君子」引首。後有己卯秋張伯駒、己卯仲秋郭則澐、夏仁虎、黃孝紓、黃孝平、楊秀先等人題跋。見誠軒 2017 春季拍賣會・中國書畫（一）專場。

1940 年（民國二十九年庚辰），四十一歲

一月，王揖唐、梁鴻志、傅增湘、瞿兌之等人組織北平餘園詩社，發刊《雅言》，傅增湘任社長，王嘉亨任編輯主任。黃孝紓作品多與此刊發表。

立春，繪玉蘭花扇面。題曰：「庚辰立春，公渚孝紓畫。」見山東圖騰 2019 迎春藝術品拍賣會金風古韻——中國書畫專場。

春，在董康誦芬室獲觀《漁父山居卷》，對臨一幅。題曰：「不勞濁酒廥頭過，一艇吹來柳下庵。為告主賓俱老景，可憐患難有貧交。鏡中臺峭蠨蟧窟，枕畔垂條翡翠巢。但願休閒百徧訪，甖杯痛飲又陶匏。庚辰春，集誦芬室獲覷灉源漁父山居卷，對臨一通。翁厂黃孝紓記。」按詩為王鐸自作者，見《延嬉室書畫經眼錄》（《故都旬刊》本）。圖見《大匠如斯——黃公渚誕辰一百二十週年紀念集》第 18 頁。

　　三月三日（4月10日），上巳，與傅增湘（沅叔）、楊壽枏（味雲）、夏仁虎（蔚如）、趙椿年（劍秋）、郭則澐（蟄雲）等於鏡清齋修禊，有《蘭陵王》詞紀其事。詞載《同聲月刊》（1941年2月20日）：「庚辰上已，沅叔、味雲、蔚如、劍秋、蟄雲招集鏡清齋修禊，分韻得祓字。鏡波闊，北渚煙光乍活。鶯花路、重拾墜歡，輕暖輕寒好時節。流觴興未歇，行篋閒繙禊帖。春明侶，商略歲華，第一宜人是三月。　　霏嵐散林闕，嘆劖盡瓊華，鈴語殘剎。霞車過處蘼蕪沒。更照水羅綺，紫雲天遠，興亡何事訴怨鴂。御溝逝波咽。　　團雪，醉歌闋。便幸酒當花，愁思難祓，東風不展丁香結。奈落紫飄夢，望春淒絕。明年何處，待付與，舊燕說。」此次禊集，有合影存世，右題：庚辰上巳禊集於北海鏡清齋攝影，參與者有：田桂舫、張伯翔、楊味雲、楊韻伯、張勺圃、高淞荃、陳紫綸、劉伯明、瞿兌之、張蘭思、楊君武、吳寄荃、張庾樓、鄭稚辛、達摯甫、黃君坦、邢勉之、壽石工、周養庵、郭蟄雲、譚瑑青、蕭龍友、邵伯絅、吳仲言、黃翹厂、張孟嘉、陶心如、孫公達、袁文藪、傅沅叔、彥明允、夏蔚如、趙劍秋、陳菀衷、甘藥樵、邢冕之、陳甘簃。合影載《大匠如斯——黃公渚誕辰一百二十週年紀念集》。按此次禊集詩彙集刊出，《庚辰上巳禊集詩》，見《國藝》1940年5月25日第1卷第4期。《庚辰上巳禊集詩續輯》，見《國藝》1940年6月25日第1卷第5、6期合刊。

　　三月二十六日（5月3日），夏仁虎、郭則澐約午飯，同坐者陳曾壽、傅增湘、傅嶽棻、黃孝平等。《陳曾壽日記》。

　　與夏敬觀書，述及納妾室陸嬿事。夏敬觀有《琵琶仙·公渚納姬工奏琵琶賦此調之》一詞紀此事。「劍丞先生左右，客臘兩奉手教，以《海藏樓詩》函索，尚未寄來，又兼歲事忽忙，遲未裁荅，抱歉無似。復奉陽曆三月一日書，藉悉獻歲發春，起居增勝為慰。紓憂患餘生，忽萌綺念，中年哀樂，正須絲竹陶寫，知我者謂我心憂，不知我者謂我何求，傷心人別有懷抱，斯亦今吾第一遭為人駭怪之異動也。此次置箈，出於友好慫恿者半，出於彼姝情願者半，紓則頹然廢物，任人推排。所幸彼姝貌尚韶秀，產自姑蘇，粗能操縵，箏琶之屬，皆所素習，人亦淵靜，尚無北里積習。猥蒙寵以新詞，至感厚誼。紓前此曾賦《琵琶儸》一闋，錄呈一粲。陸畫及《海藏樓詩集》另郵寄上。定之、瓶齋、榆生、蘇盦、拔可諸君，晤乞代為致意。鶴亭與伯葵聞有詞案糾葛，未識已和好如初否。匆復。即請箸安，并頌春釐。不一。黃孝紓頓首。」載《夏敬觀家藏尺牘》卷二，第174～176頁。夏敬觀《琵琶仙·公渚納姬工奏琵琶賦此調之》詞，見《映庵詞》（稿本）。

　　約四、五月間，致函龍榆生。按龍榆生是年離滬赴寧任汪精衛偽國民政府立法院立法委員、南京中央大學教授。函云：「榆生吾兄世大人左右，頃奉教言，不殊面覿。前得舍弟函，知文從萑白下。方欲馳函，乃蒙枉翰，喜抃何似。北方改制，授老為人排擠，竟爾投閑置散。本會撤消所有人員，歸併政委會，現正在待命中。一俟發表，再定去留行止。北居倘不可能，即須圖南或當與兄相晤也。比來京中生活程度日高。弟趨衙外兼課每週至十小時，終日碌碌，吟詠都廢。小詞一冊，去歲付印，即事變前寄兄之稿，故未寄。既承惠索，可郵寄上數冊，水望處可否代贈一冊，祈酌。去歲本擬發行刊物，嗣以經費無著，工料等等奇昂，故未實現。近中瞿兌之出版《中和》雜誌，予雖有投稿，亦非愜心之作。容購奉塵清覽。蒼虬久不得其書札。此公為煙所困，性復疏懶。去秋忽忽一晤，遂疏音訊。閏枝丈近患腹瀉，醫云年老氣衰所致，已久不出門酬應。尊函已派人送去，不久當有函逕寄寧也。姜叔明已應女師大教授之聘。最近期間當渡海來燕。此公家居石島，飽受炮火之驚，或將全眷移京久住也。知注併聞，餘續佈不一，專泐，祗請箸安。弟孝紓頓首。」載《近代詞人手札墨蹟——忍寒廬劫後所存詞人書札》中冊第 432～433 頁。又見張暉《龍榆生先生年譜（增訂本）》。

　　致函夏敬觀，附《東游詩草》，並請夏敬觀為介紹助劉思生觀鐵琴銅劍樓藏書。「劍丞先生著席，四月間奉手教，文稿適已分罄，留有紙版，當屬京華書館代印，本約定一月，荏苒至今始成，以故致稽裁荅。本學期兼課至十個鐘頭，連日道路奔馳，忙碌疲憊，去歲《東游詩稿》，本擬錄奉教正，以無暇整理，詩既未補作而大札復因稽荅，以此種種，久疏箋候，想不罪也。前月底，復奉新刊大詞一冊，雒誦再三，前遊在目，慨然增遠別之思。嘯麓在敝齋見大稿，頗深欽佩，如有餘，仍乞寄下，當為分贈。北方改制，司法會原有人員皆以原薪調法政會，新來主者，又係熟人，當可蟬聯。南中友人屢約秋遊，但鄙意一動不如一靜，苟不至必不得已時，不輕易言南遊也。惟上海尚有書籍及未了事務，下半年總須抽暇一往，或可與諸公相晤。拔可新詩刊成，語多獨造，不肯傍人門戶，亦吾鄉詩壇中之曳落河也。《東游詩草》數十首，另紙塵教，此乃未竟之稿，亦無暇修飾，我公能賜斧削，尤盼。此間百物昂貴，米七八十元，肉一斤一元二，鴨一隻十元，日用物價視去年增至五六倍（此次印文稿式百部便四百元）。二年以來，竊祿仕途，月近千元，尚時有拮据之虞。遙想滬上生活尤高，未卜情況如何支持。筆墨生涯，不過杯水車薪。尊寓在康橋者，有無出脫。美金陡脹，橡皮股票如何，並以為念。伯夔作古，近中始得訃文。三桀又大肆標榜，真可笑也。茲因劉思生教授南行之便，坿書上聞，文稿二部乞代寄新嘉坡陳君。劉思生精於板本學，欲觀鐵琴銅劍樓書，公與良士公子相熟，並乞介紹為禱。祗請箸安。黃孝紓頓首。」

載《夏敬觀家藏尺牘》卷二，第 166～168 頁。按函中所云「文稿適已分馨，留有紙版，當屬京華書館代印」當指《翊厂詞乙稿》，所見初版本，前無諸人題辭，此次據紙樣再印，應於此時附入。「前月底，復奉新刊大詞一冊」，當指夏敬觀《映庵詞》，刊於民國二十八年（1939）八月，見郭嵐《夏敬觀〈映庵詞〉研究》。「拔可新詩刊成」，當指李宣龔《碩果亭詩》二卷《墨巢詞》一卷，民國二十九年（1940）排印本。夏承燾《天風閣學詞日記》於一九四〇年十月十二日記「李拔可先生寄來其《碩果亭詩》二冊」，知刊於此前，又據《圖書季刊》1940 年第 2 卷第 4 期《圖書介紹》知此書於一九四〇年四月出版，以是知黃氏此札作於四月之後。「伯夔作古，近中始得訃文」，按袁思亮卒於陰曆民國二十八年（1939）十二月十日，見《陳曾壽日記》。函中云「南中友人屢約秋遊」「惟上海尚有書籍及未了事務，下半年總須抽暇一往」，則秋日尚未到，明確「下半年」，則作函時尚在上半年，似此函作於陰曆六月份左右，且與上文《與龍榆生函》可以接續，暫係此處。

　　夏，繪《仿高克恭山水》扇面。題曰：「高尚書畫平淡天真，得二米之精微，能脫其畦逕，洵稱元畫逸品。庚辰夏，寫奉梅僧先生大雅正。翊厂黃頵士識於闈中。」福州居正 2017 年秋季書畫精品拍賣會眾妙之門——中國書畫精品專場。又見《中國書畫家》2020 年 05 期。

　　秋，任北京偽內務總署秘書參事，在禮制討論委員會辦事。《高等學校教師登記表》（1952 年 9 月 6 日）：「1946 年秋至 1942 年冬，北京偽內務總署秘書參事。在禮制討論委員會辦事。介紹人瞿兌之。因機構改組離職。證明人劉志揚，北京大學法學院教授。」

　　七月十五日（8 月 18 日），參加興亞美術展覽會籌備會議。《興亞美術展覽會期迫近籌委會昨召代表會議研討大會改進各點》：「新民會中央總會決定本年度繼續舉辦第二次興亞美術展覽會，於十月六日舉行，昨（十八日）下午三時，特在中央公園今雨軒召開代表委員會議，計出席中日藝術界名流，于非厂、惠均、黃賓虹、黃公渚、張秋海、曾一櫓、儲小石、岩上先天、高見嘉十、劉風虎、堀內光壽、折田勉、千地琇弘、中島荒登、王靜遠、劉榮夫、熊唐守一、湯心餘、胡佩衡、徐宗浩、李苦禪、周肇祥、趙夢朱及新民會方面閻家統、橫山央兒、齋藤謙助、孫之儁、暮田博匡等三十餘人。開會後，首由閻家統致詞，對興亞美術展覽主辦之意義殫述畢，繼則開始討論第一次展覽應行改善之處，至六時許始散會云。」載《晨報》1940 年 8 月 19 日。

九月三日（10月3日），在中央公園來今雨軒參加第二屆興亞美術展覽會展品審查委員會議。《興亞美術展覽會明晨揭幕，合格作品昨已審定》（《晨報》1940年10月4日）：「【特訊】以發揚東亞文化為目的之第二次興亞美術展覽會，已定本月六日在中央公園揭幕。該會經新民會中央總會，及教育總署籌備，大致已告竣事。此次大會收到各方面作品不下數千件，該會以會期已迫，特於昨日（三日）上午十時在中央公園來今雨軒舉行作品審查委會，出席五部部長橫山央兒以次委員數十名。當時各部之美術作品逐項提出審查，合格者除第四部未定外，共二百餘件，至十二時許散會。所有作品定明日（五日）上午八時，由全體工作人員開始陳列工作，六日柬請各機關代表參觀。七日至十三日歡迎一般民眾參觀。詳情分誌如次：

昨日（三日）上午十時，該會在中央公園來今雨軒舉行展品審查委員會議，出席第一部審資委員，周肇祥、金潛庵、邱石冥、趙夢朱、壽石工、陳半丁、惠孝同、黃公渚，千地琇弘、李苦禪、陳緣督、佐野罄山。第二部審資委員，橫山央兒、康韜然、前田利三、凌常、衛天霖、熊唐守一、張劍□。第三部審查委員，櫻井光、高見嘉十。第四部審查委員未出席，該部於昨日下午開會。第五部審查委員，川澤次郎、山本壽正、小池美通、齊前謙助、小川定治郎、孫之儁。開會後，由橫山央兒主席，報告各部收到展品之件數後，即開始審查工作，其結果發表如次：

第一部原收到之展品為一百八十件，入選者七十五件。第二部原收到展品為二百十件，入選者一百十五件。第三部原收到展品為四件，入選者二件。第四部原收到展品二十五件，入選者未定。第五部原收到展品十三件，入選者十三件，審查完畢，十二時遂行散會。該會展覽處歡宴各審查委員，以資聯歡。

第二次興亞美展定六日在中央公園揭幕，會場計為三處，第一會場為新民堂，完全陳列中國繪畫及日本繪畫，第二會場在董事會，完全陳列西洋畫，第三會場在水榭，陳列彫塑及宣傳畫（即漫畫）。三會場明日（五日）上午八時着手佈置，以便六日揭幕云。」

九月六日（10月6日），黃孝紓以《滄浪之水為蔣兆和作》《浙東紀遊為黃賓虹作》《溪山煙霜為秦仲文作》三幅參加第二屆興亞美術展覽會。見萬板樓主《二屆美展者》（《晨報》1940年10月13日）、《興亞美術展覽會明晨揭幕，合格作品昨已審定》（《晨報》1940年10月4日）。

冬，受瞿兌之邀請，任北京國學書院講座導師，擔任經學、詞學、目錄學、駢文等課。任職五年。按國學書院成立於民國二十九年（1940）冬，

《晨報》（1942 年 1 月 15 日，陰曆十一月二十九日）載《國學書院第二院成立週年，日前舉行紀念典禮》，由此推之，國學書院當成立於民國二十九年（1940）十一月。分第一、第二兩院，院長由偽華北政委會委員長王揖唐兼領，第一院副院長周肇祥，第二院副院長為瞿兌之。《高等學校教師登記表》（1952 年 9 月 6 日）云「1940 年春至 1944 年冬，北京國學書院講座導師，擔任經學、詞學、目錄學、駢文等課。介紹人瞿兌之。因院務結束離職。證明人黃賓虹，中國人民政協委員」，當是誤記。《教師及職員登記表》（1951 年 1 月）：「1940 年 8 月至 1945 年 7 月，在北京國學書院任教授。」《教職員登記表》（1949 年）：「1940 年至 1946 年，北京中國書院教授，任古籍整理課，主管人郭蟄雲。」《自傳》（1951 年 9 月 20 日）：「一九四〇年春司法委員會解散，國學書院成立，第二院院長為瞿兌之，約我為導師及講座，嗣以書院立案，偽教署未批准，不能成為正規學院，經費拮据，所有教員，多有兼差，我也於是年秋天兼內務總署秘書，後調參事，在禮制討論委員會任編訂冠婚禮儀工作，因事不多，時間多在國學書院及師大教書上。」《山東大學目前師資情況調查簡表》（1951 年 10 月 27 日）云：「（任職）北京國學書院五年。」

《國學書院增聘導師》：「華北政務委員會委員長王揖唐氏，素重國學。自創辦國學書院第二院以來，迄今兩年。所聘導師瞿兌之、姜叔明、黃賓虹、馬竟荃、黃公渚、柯燕舲、孫海波，皆知名之士。於本年暑假更想繼成立研究班、中級班。茲為整備該院機構，王委員長更親致函聘馬竟荃氏為該院專任導師。馬氏從章太炎先生治經多年，並歷任各大學講師云。」載《晨報》1942 年 12 月 12 日。

姜厚粵《雨露春暉——憶先父姜忠奎先生》：「初來北京，除在偽師大任教外，並與郭則澐、柯昌泗（蓼園先師長子）、瞿兌之、黃公渚等文人先輩，為保存國粹，發起一專門研究古典經學的學會，取名『國學書院』。由郭則澐任院長，導師還有馬竟荃、黃賓虹、孫念希、孫海波、夏蔚如、傅治薌、傅沅叔等，皆義務制，不領薪水津貼。院內書籍費用，亦由各創辦者私人捐助。學制 4 年，吸收男女學生各 8 名，分一二兩院，都是各大學畢業後，志願前來進修的，不收學費，考課優秀者，酌給少數獎勵金。」載《山東文史資料選》第三十二輯。

是年，與郭則澐、袁毓麐、夏仁虎、陳宗蕃等，在北京成立延秋詞社。1940 年年底出版之《同聲月刊》創刊號有《燕滬詞社近訊》一則云：「歷年變亂，詞人多集北京、上海，聯吟遣憂。上海方面，自漚社解體後，復有午社之集。旋因林鐵尊先生（鷗翔）病歿，社友分散，已漸闌珊，惟聞現仍續舉，並將社作彙印，不日出書。北京方面，近有延秋詞社。作者為袁文藪（毓麐）、夏枝巢（仁虎）、陳蓴衷

（宗蕃）、郭蟄雲（則澐）、張叢碧（伯駒）、林笠似（彥京）、楊君武（秀先）、黃碧慮（孝紓）、黃緗庵（襄成）、黃君坦（孝平）諸人云。」

是年，《中和月刊》連載《延嬉室書畫經眼錄》，題黃頵士撰。見《中和月刊》第 1、2、3 期。收錄《釋常瑩倣石田翁雲山長卷》《高逢吉鄒之麟山水合卷》《明人修篁雞嗀卷》《余曾三雜花卷》《夏仲昭巘谷清風長卷》（以上第 1 期）；《梅瞿山仿李營丘梅花書屋立軸》《陳古白墨蘭長卷》《徐堅臨倪雲林獅子林圖長卷》《邵爪疇山水卷》《任月山林木寒隻圖立軸》《管幼孚紅袖添香夜著書圖立軸》（以上第 2 期）；《嚴石樵雨山圖直幅》《王丹麓山居圖直幅》《楊繡亭山水冊》《魏考叔山水立軸》《翁壽如山水冊》《曹秋崖山水冊》《沈石田滌齋圖卷》（以上第 3 期）。按：此書又有《故都旬刊》1946 年第 1 卷第 1 期、第 2 期本（題「翦庵」撰）和《美術叢書》第五集排印本（題「黃頵士」撰），皆有不同，詳各條下。

致函夏敬觀，談及擬撰《江西詞派圖》諸事。「映庵先生社長左右，久疏音敬，馳系良深。去秋曾□一函，未蒙賜覆。畫潤由王君錫桓轉上者，計早已收到矣。世變日亟，八表同昏，未卜何日得覿太平。甘簃歸來，得譜淞濱舊雨近狀，憂生念亂，同此根觸，無可告慰也。紓浮沈宦海，惟幸得以餘暇從事講席，稍理故業。每週兼鐘點近二十小時，終日碌碌，僅得一飽。回憶淞濱聚讌之樂，真有開天盛世之感。至鬻畫生涯，此間風氣，羣以溥字號為重，區區寒瑣，殊難與天潢貴冑爭衡，只好退避賢路。聞甘簃言執事滬上硯田所獲尚屬不惡，老成宿望，宜有此效果。前在邢冕之兄處睹法繪華山圖，用墨用色，樸質入古，有為時史夢想不到者，精進之猛，殊堪企佩。紓歷年為生徒講授詞學，略有創獲，覺世人但知宋有江西派詩，而不知兩宋詞流亦有江西派存焉，擬仿江西詞派圖例，以晏元獻為開山大師，奉馮正中為始祖（正中知撫州最久，宋代詞學盛於江右，此公與有莫大關係），王荊公、歐陽文忠為羽翼，而以蘇門四學士及南宋姜白石諸人為支裔。業囑門人起草，約可五六萬字。此遂遊戲之作，但可為我公江西人張目。附聞以博一笑。拔可、劍知、瓶齋、定之諸公晤時，乞以賤狀告之，並希代為致意。公孟舍弟來京養痾，談及去歲晤執事，囑收前存《再續文獻通考》等書帶回，以行色匆匆，未及走領。茲有書友王君赴申之便，特囑其趨謁，即希檢交為盼。餘續佈，不一，祇請箸安。黃孝紓頓首。賜函請寄東堂子胡同內務總署參事廳為盼。」載《夏敬觀家藏尺牘》卷二，第 153～155 頁。

是年，長兄黃孝先卒。黃孝先，字伯騫、伯謙，號半髡。曾源長子。著有《甕天室類稿》。

是年，黃賓虹致函陳柱，提及黃孝紓甚愛林散之詩，曾錄副。《陳柱往來書信輯注》第 193 頁。

是年，由橋川時雄轉致狩野直喜函札，狩野直喜有復函。日本狩野直喜《君山文》卷九《答黃頵士》云：「去歲文旌東渡，幸接芝範。彥國佳言，人譬之鋸木屑，敬子博學，世謂為五經笥。當日之懽，於今不忘。茲遭朱明遜位，西顥代興，道履彌康，箸述維富，海天在望，為慰為頌。向者由橋川君子雍轉致雲箋及大箸一帙，莫名感戴。夫容甫之自序，擬體玄靖，覃軒之連珠，摹神子山。而冰水為之而愈寒，玉璞治之而益美。竊思執事之文亦如此。務學古人而別創新意，異曲同工，伯汪仲孔，知尊箸一出，無翼而飛，紙貴洛陽，名傳鄴下矣。況又儀徵辨文筆之別，而未聞其工麗辭，湘鄉持奇偶之平，而所長則在散體。仄聞執事又有古文之篇，將繼之付梓，是則一人而雙美。傾倒無已，佩服何如。某雖於八代文辭，略窺範圍，學素淺殖，身又衰遲，況佗邦之人，語言已異，聲音不同，譬諸矮人觀場，盲者評器，釋文義不易，悟妙諦更難。謹修尺書，以述謝意。其言不中，伏願海涵。久不見綏翁念念，祈代致意，幸甚，書不盡言，臨楮惘悵。」

是年，繪《日本日光公園華嚴瀧瀑屏軸》。題云：「日光一公園，人力爭天工。驅車萬松嶺，隱隱聞飛淙。穴山繞而下，遂造華嚴瀧。仰視絕壑底，高流懸當空。中天霹靂鬥，倒掛一白龍。陰崖大日避，霧雨飛濛濛。注視得幻相，變化無由蹤。大聲發虛谷，盈耳為振聾。水石自相激，天籟生微風。陰寒聳毛髮，詭譎開心胸。當前置平臺，大石加磨礱。拓檻便遊者，四望胥發蒙。一瀑伏其右，俯視雲溶溶。喧豗極還勢，飲澗垂渴虹。突起此異軍，高下角兩雄。咫尺不相讓，命意差雷同。嗟茲宙合祕，誰歟尸其功。喧寂固殊致，趨海同一宗。于焉晤佛法，萬念歸圓融。旅歲遊日光，至華嚴瀧觀瀑得此景，用王叔明、曹雲西法寫之。庚辰，匑厂黃孝紓。」簽題「黃公渚紀遊詩畫合璧。壬辰閏五月，退密題」。鈐「頵士之鉢」朱文方印、「公渚日利」朱文方印、「碧慮宧」白文方印、「尊知火馳」白文方印。見朵雲軒 2023 年春季藝術品拍賣會。按此題詩又見《東游詩草》、陳聲聰《荷堂詩話・匑庵遺詩》，文略有異。

1941 年（民國三十年辛巳），四十二歲

正月二十五日（2 月 20 日），《同聲月刊》第一卷第三號出版，於「今詞林」欄目載《匑厂詞》六首。《高陽臺・韭園夢蝶圖，傅藏園紀其聘妻某氏作也》《琵琶仙・和白石韻》（附張伯駒、夏枝巢、陳菽衣和作三首）《蘭陵王・

庚辰上巳，沅叔、味雲、蔚如、劍秋、蟄雲招集鏡清齋修禊，分韻得祓字》《暗香‧為伯駒題紅梅冊和白石韻》《夏初臨‧枝巢詞集賦贈主人》《燭影搖紅‧周養庵屬題寒機課讀圖》。

孟春，《蟄園律集前後編》刊印。蟄園律集後編（松喬堂律集）同人：鄭孝檉稚辛、周登皞熙民、汪曾武仲虎、薛肇基淑周、趙椿年劍秋、楊壽枬味雲、吳燕紹寄荃、顧祖彭壽人、龔元凱黻屏、陳懋鼎征宇、傅增湘沅叔、陳實銘葆生、宗威子威、夏仁虎蔚如、陸增煒肜士、黃穰蓬仙、方兆鼇策六、胡寶善楚卿、黃懋謙嘿園、許鐘璐佩丞、陳宗蕃蒓衷、傅嶽棻治薌、鄭其藻彝玖、關賡麟穎人、崇彝巽庵、陶洙心如、袁毓麟文藪、陳銘鑒子衡、吳錫永夔厂、崔麟臺耘青、丁震威起、郭曾法亦廉、郭則澐嘯麓、高贊鼎迪庵、林彥京笠似、黃襄成君緯、劉以臧幼雪、顧彝曾善先、宋庚蔭筱牧、瞿宣穎兌之、郭則濂養庠、劉希亮伯明、張伯駒叢碧、黃孝紓公渚、黃孝平君坦、薛以炘積生、郭可詵學群、王開濟叔海、楊秀先君武。見《蟄園律集前後編》、《郭則澐生平於創作活動年表》。

春，與夏仁虎、張伯駒賞社稷壇芍藥。夏仁虎有《摸魚兒》一詞紀其事，序云：「社壇芍藥甚盛，惟壇後菊圃籬下黃色者一叢，姚冶獨絕，偕伯駒、公渚往觀，疊法源寺牡丹韻作此解。」《雅言（北京）》1941 年第 11 / 12 期。按黃孝紓有《摸魚兒‧法源寺牡丹用董綬經先生韻》一詞，載《國民雜誌》1941 年 3 月 1 日第 3 期。

春，日本詩人今關天彭來北平，黃孝紓與黃賓虹、瞿兌之假座稷園（蟄園）為文酒之集，同席者有松崎鶴雄、郭則澐（蟄雲）、柯昌泗（燕舲）、姜忠奎（叔明）、黃孝平（君坦）等。黃孝紓有詩云《今關詩人北來，余與賓虹、兌之假蟄園宴集，座客為松崎、一士、石之、蟄雲、燕舲、詩孫、叔明、君坦，率賦二律，索今關詩人和，並呈同座諸公》。按今關天彭詩題為《蟄園清集次黃君公渚見示詩韻》，與黃孝紓詩俱載《雅言》辛巳卷五。見王中秀《黃賓虹年譜》、田吉《瞿宣穎年譜》第 152 頁。

《雅言》辛巳卷一載黃孝紓所作《賃舂篇‧辛亥後吾家避地青島，僦居木肆，湫囂狹隘不可以居，作〈賃舂篇〉》《下清宮暝坐》《登窰梨花》《徐武功〈溪山深秀圖〉為傳是樓故物，歌以張之》《喜泚蘩東歸枉過》《送璗弟北上》《春日携兒輩遊范公亭》《歲云暮矣，百端交集，賦此以詒知者》《曉起至崡山探梅》《送琴承叔歸閩中》等詩。《雅言》辛巳卷一。

　　《雅言》辛巳卷二載黃孝紓所作《嵋山海濱口占》《棧橋候月》《牟平道中》《歷下亭酒次示同遊諸子》《亂後晤冒鶴巢丈》《西城步月》《佳山堂夜話》《青州道中作》等詩。《雅言》辛巳卷二。

　　《雅言》辛巳卷四載黃孝紓所作《島上流人篇》。《雅言》辛巳卷四

　　三月二十四日（4 月 20 日），《同聲月刊》第一卷第五號出版，於「今詩苑」欄目載《延嬉室詩》三首。《牟平道中》《佳山堂夜坐》《洪氏別業》。

　　四月二十五日（5 月 20 日），《同聲月刊》第一卷第六號出版，於「今詩苑」欄目載《延嬉室詩》四首。《送琴丞叔歸閩中》《登雲門絕頂》《薄遊濟南，暮登北極閣》《嵋山海濱口占》。

　　《雅言》辛巳卷五載黃孝紓所作《春感和散原翁三首》《舞衣曲》《燕舲、詩孫、叔明、君坦率賦二律，索今關詩人和，并呈同座諸公》《花朝日淞社第五十七集飲周氏學圃》《中秋感事》《稚辛丈偕往夏劍承先生宅中看醱醸》《偶見》《秋夜憶肖袁表兄皋蘭》《即日》《枕上口占》等詩。《雅言》辛巳卷五。

　　五月，繪《沒骨法江南勝境圖》。題云：「沒骨法始於張僧繇，趙松雪、董香光師其法，澤以神韻，遂有出藍之譽。茲倣其意，用質解人。辛巳夏五，匑厂黃頵士作於燕京寄寓之墨譆高。」並題《燭影搖紅》《浣溪沙》二詞曰：「又是春歸，杜鵑啼綠江南樹。楊花馱夢到天涯，暗識愁來路。心事沈檀寸炬，奈灰寒、中心更苦。輕陰庭院，薄暝簾櫳，細商簫譜。　　紅雪西樓，金鈴不為飛英護。玉奴容易嫁東風，偷寫閒心素。哀樂能禁幾度，怕相逢、梨園舊雨。罷絮光陰，澡蘭時節，不如歸去。（燭影搖紅・和映厂感春）。寒色愔愔上畫叉，小樓留月影橫斜，一冬相伴有梅花。世味但餘詩澹泊，愁腸還為酒槎枒，深鐙照海與無涯。（浣溪沙）。匑厂錄近詞於碧廬簃。」《大匠如斯——黃公渚誕辰一百二十週年紀念集》第 17 頁。

　　五月，繪《劉完菴詩意山水》一幅。題云：「萬卷圖書百畝田，山居隨分度渡流年。水心亭上無人到，讀盡豳風七月篇。劉完菴詩意。辛巳夏，頵士黃孝紓寫。」郭則澐題云：「山崦人家住綠陰，風吹麥浪夏初臨。意行田水吾師事，一往淵明辟世心。辛巳夏五，郭則澐題。」瞿兌之題云：「雨過新添水一篙，遙山分綠映晴皋。山屠早與塵緣絕，機事何妨對桔槔。道志居士兌之。」按黃孝紓所錄劉玨詩，原題於《劉廷美山居圖軸》上，邵松年《澄蘭室古緣萃錄》卷三著錄。

　　五月二十八日至六月五日（6 月 22 日至 29 日），與陶心如、蔣慧、潘素合作山水繪畫作品多件參與中國畫學研究會第十八次成績展覽。

《中國畫學研究會成績展覽即開幕，參加展品共八百餘件》（《晨報》1941 年 6 月 20 日）：「六月二十二日至二十九日，參加中國畫學研究會第十八次成績展覽，展出於中央公園董事會。中國畫學研究會，將於六月二十二日至二十九日，在中央公園董事會舉行第十八次成績展覽，評議助教會員在京津者二百餘人，作品共八百餘件，皆精心結撰。其中最特色者，合作畫十餘件，有會長周養厂、副會長陳半丁與王雪濤合作花卉，汪慎生、蕭龍樵、周養厂合作花鳥，王雪濤、汪慎生、蕭龍樵合作天中景物，蕭龍樵、周養厂、徐石雪合作松竹石，于非厂、周養厂合作花卉，吳鏡汀、周養厂合作松芝，陶心如、黃公渚、蔣慧、潘素合作山水多件。且有周養厂所藏古銅器、陶器拓本上補花卉，皆有名人題字，尤為錦上添花，殊堪寶貴。此項珍品，讓出潤金，完全捐作會中基金。並有張大千自蘭州航空寄來最新畫山水多件，其屬精異。陳志濃風俗畫數件，有周養厂題詞，意致新穎，皆堪警世。更有關係佛教畫多通。劉凌滄、吳光宇、黃懋忱、卜孝懷、王叔暉之人物，胡佩衡、秦仲文、祁井西、賈羲民，黃頵士之山水，許翔皆、李鶴籌、趙夢朱、舒耀甫、張萬里、楊粟滄、洪怡、趙師惠等之花鳥，均是精品。會員中如楊淵如之法黃子久，王璧之法王叔明。吳仲圭撇谿之美人入浴，有周養厂填詞，略參新法，益為精美。馬信生墨龍，線鶴汀、郭宇洪仕女，郭蔭培花鳥，侯少君、金彥才、王碩成、周松軒山水等，皆後起之秀，駸駸欲度驊騮前，其他不勝枚舉。女會員數十人，研究花鳥人物最多，平日用功甚勤，均出有佳作云。」

　　《新北京報》（1941 年 6 月 23 日）載《中國畫學會展覽盛況》：「中國畫學研究會第十八屆成績展覽會，昨日在中央公園董事會開幕。該會本屆展品共達八百件。因當代名家什九皆為該會會員，故展品中幾包羅全部名家作品，規模之宏大，展品之精妙，一時無兩。昨日展覽會甫行開幕，觀眾即潮擁而來，竟日門限幾穿。該會會長周養庵，評議馬伯逸、劉凌滄等，在會場親自照料。展品連續被觀眾訂購，截至下午止，一日之間，售出達三千餘元。參觀者多為本市收藏家、畫家及文化界名流，對展品咸有精到之鑒賞與批評。綜計昨日展出之品，最獲佳評者為周養庵、蕭愻、陳半丁、于非厂、王雪濤、徐宗浩、汪溶等合作畫九件，諸人功力悉敵，爐火純青，合作各件又皆集各人之長技，是以精妙絕倫。昨展出後，日未晡，已全數訂出，名作之動人如是。周善庵氏出品十件，中以《黑葡萄》《縣岸射干》兩幅最精，用墨用色，均得古法，兩畫同時為《新民報》武田社長訂去。素聞武田氏知畫，今觀其擇訂之精審，乃信其然。周作餘幅，尚有《墨荷》《黑梅》《歲寒三友》，均為精品。陳半丁此次出品，人物、山水、花卉俱全，而俱精絕，此老似在表現『全能運動』，全才若此，令人驚服。各幅中，

墨筆山水一幅，運筆、用墨、佈局，古法精純，已造極峯。《松下讀書》一幅，人物衣紋用折蘆法，運筆靈妙有力，為近人繪人物者所不經見，甚可貴也。黃賓虹墨筆山水，盡境極為超逸，畫法尤極高古，惜識者少耳。張大千山水四幅，確為最近由皋蘭以航郵寄至者，畫法顯趨平淡一途，作風似有變更矣。該會山水聲家較眾，名家如溥心畬、吳鏡汀、秦仲文、黃公渚、周懷民、周元亮、啟元白、何海霞、吳幻蓀、郭北巒、王笑石、謝甸鈞，各有獨到精品展出。吳幻蓀北宗山水，學馬、夏有神似之筆，出品兩巨幅昨為愛好者訂去其一。人物畫，本屆出品不如上屆之豐，但精品較多。劉凌滄之《楊妃曉妝圖》得院體真髓，為本屆人物畫之冠。吳光宇、陸鴻年之仕女，黃均之《擲杖成龍圖》，均不易覯之作。餘如綫鶴汀、趙師莊、宋慧文之仕女，亦逼近名家。花鳥畫，除于非厂、趙孟朱、王雪濤、汪溶等花鳥名宿有極精作品展出外。青年畫家中，田世光、劉湛、趙紋（趙孟朱女公子）、王淑等，作品精品，均較上屆有長足之進步。此外，尚有兩名家作品，堪為觀者介紹：一即馬伯逸之畫馬，一為蘇楚白之畫獸。伯逸之馬，久已馳譽畫壇，今次出品，乃特精之作。蘇氏畫獸，參用西法，生氣勃勃，為畫獸者別開生面云。」又見王中秀《黃賓虹年譜》第 433 頁。

　　夏，繪《倣梅花道人筆意山水》一幅。題曰：「倣梅花道人筆意。辛巳夏，匑厂黃頵士。」見 2016 年中國書店第 72 期大眾收藏書刊資料文物拍賣會。又見山東恒昌・齊魯瑞豐 2019 年秋季拍賣會小書齋・中國書畫一專場。

　　夏，繪《勞山華樓宮圖》並有詩跋於上。詩云：「石蹬千盤落照深，笋輿人共鳥投林。就山互保松俱古，與海相生月到今。遠梵聲微藏寂慧，空潭影落見初心。振衣千仞風斯下，相對南冠作越吟。曩與葉遐庵、路瓠盦、壻弟遊勞山華樓宮，磴道盤紆，危峰聳秀，日暮鐘魚，四山畣響，泠然御風，恍惚置身方外。自客宣南，往來夢寐，紅塵十丈中，未卜何日得稅歸鞅，爰圖此幀，以當臥遊。辛巳長夏，匑厂黃孝紓識於墨謔高。」鈐「頵士之鉢」朱文方印、「公渚日利」朱文方印、「匑盦」白文方印、「尊知火馳」白文方印。見夢黔庵《路朝鑾：黃公渚的畫》。按此詩又略有改動後刊行，第三聯作「遠梵聲微空世諦，澄潭影落見初心」。

　　夏，繪《疏林日暮》屏軸。題曰：「疏林日暮，倣大癡。辛巳夏，匑厂黃頵士。」鈐「黃頵士」白文方印。見朵雲軒 2024 年 3 月 10 日迎春藝術品拍賣交易會・中國書畫（一）。

　　《雅言》辛巳卷六載黃孝紓所作《題嘉業堂勘書圖》《秋日登青州城樓望西南諸峰》《爵生年丈卜居掛球山麓，背山面海，兼明瑟之勝》《自

青島赴上海舟中作，寄伯明》《過息存丈宅，觀〈雲林秋山圖〉索賦》《題〈費曉樓燒香圖〉》《信宿潛樓》《雨後庭中花木　嬛有生意》《答墮厂弟見示之作》等詩。《雅言》辛巳卷六。

《雅言》辛巳卷七載黃孝紓所作《得墮弟書賦畜》《為翰怡輓況蕙風》《客有以〈洗象圖〉求售，歆署呂氏，不知其何許人也，歌以紀之》《繰絲曲》《壯志》《洪氏別業》《寄伯騫伯兄》《送鶴衫歸閩中》《聘三、古微二丈約遊非園》《入島重過木肆故居》等詩。《雅言》辛巳卷七。

六月二十六日（7月20日），黃孝紓與夏敬觀（劍丞）、羅惇曧（復堪）、黃賓虹、瞿宣穎（兌之）等組織銷夏畫會，展出於北海鏡清齋與靜心齋。《新北京報》（7月10日）載《一士漫筆·藝術的消夏》云：「溽暑中多謀消夏之法，文人以所能而致力於繪事，亦消夏一道，所謂心靜自然涼耳。近聞有畫社曰消夏，社中人為黃賓虹、羅復堪、夏劍丞、瞿兌之、黃公渚、陳封可、陶百溟、陶心如、孫海波諸君，相約作畫，積有多幀。諸人不盡以畫名，而所作各饒文人畫之意趣。羅氏畫近陳道復。黃賓虹畫近新安派，用筆用墨，皆臻妙詣。羅、瞿工花卉，餘皆山水，以寫意為多，類有新境界，頗拘拘於前人成法云。此可稱為藝術的消夏，蓋消夏之風雅者。並聞社中作品有將在北海鏡清齋展覽之說。」《新北京報》（7月17日）報道：「京市名流畫家，近組銷夏畫社，精研古畫法，頃集名家作品多件，定廿日起在北海鏡清齋展覽一旬，昨已由發起之友好向各方發出邀束，詞藻艷麗典雅可頌。原文如下：『敬啟者：盍簪相從，正北窗安枕之候；解衣有會，宜束絹放筆之歌。米家書畫，奪月虹之光；洛下耆英，成星鳳之集。爰有銷夏畫社，萃集名家所作，假北海鏡清齋，自7月20日始，公開展覽一旬。其中如黃賓虹、夏劍丞、羅復堪諸君，及黃公渚兄弟、姜氏叔明夫婦、陶氏心如叔姪，或藝術尊宿，或家學淵源，寸楮尺縑，皆同拱璧，雲龍鳳虎，各結苔岑。尚冀臨觀，共資欣賞，引瞻軒駕，無任佇遲。董綏經、傅沅叔、俞涵青、吳仲言、吳甘侯、許修直、許劍樵、劉慰齋、王澤民、郭子心、胡通海、瞿兌之。』」王中秀《黃賓虹年譜》第434頁。

秋，經夏仁虎介紹，任北京大學文學院講師，擔任楚辭、駢文等課。《高等學校教師登記表》（1952年9月6日）：「1941年秋至1945年秋，北京偽北大文學院講師。擔任楚辭、駢文等課。夏仁虎介紹。因聘約期滿離職。證明人華粹深，天津南開大學教授。」鄧雲鄉《雲鄉瑣記·我與北京福建人》：「另一姓黃的，黃公渚先生，民國十年前後，在上海和鄭孝胥往來極密。《鄭孝胥日記》中三天兩頭記到他。

淪陷時期，先生在偽北大文學院教書，給我們講《楚辭》，當時先生住金魚胡同那桐後
人房子中。有好幾個同學都到先生家去過。我則沒有去，只記得先生上課時，在黑板
上以粉筆寫草書，極為熟練，我中學時就寫熟《草訣歌》，能認識，有的同學不認識，
我講給他們聽。黃先生形狀很憔悴，當時大概有『嗜好』（那時指有鴉片煙癮者叫『嗜
好』）。解放後，長期在山東大學教書，據知直到文革時好像還健在，可是沒有聯繫。
只是在有兩次大型圖畫展覽會上，看到先生兩張立軸，畫宗明末三王，功力深細。另
外先生主要是駢文專家，長期在南潯劉氏嘉業堂研究，著有《南潯嘉業堂藏書紀略》，
只不知出版過沒有？」

　　八月，在北京，經周肇祥（養庵）介紹，被聘中國畫會理事兼導師。
《高等學校教師登記表》（1952 年 9 月 6 日）：「一九四一年，在北京被聘中國畫會理
事，周養庵介紹。同年被聘湖社畫會理事，金潛庵介紹。」《教師及職員登記表》（1951
年 1 月）：「1941 年 8 月至 1946 年 7 月，北京中國畫會，任理事兼導師。」《山東大學
目前師資情況調查簡表》（1951 年 10 月 27 日）云：「一九四一～四六，北京中國畫會
理事兼導師。」

　　《雅言》辛巳卷八、九載黃孝紓《青州法慶寺地最幽邃，偶往遊矚》
《佳山堂前石洞馮文毅遺址》《西風寄鹽弟》《寄祉蕃》《何肖雅丈所著
〈春明錄〉數共商榷，茲為校勘一通》《晚飲非園》《吾道畣稚辛》《江濱
晚眺》等詩及《燭影搖紅》詞。《雅言》辛巳卷八、九合訂。

　　《雅言》辛巳卷十一、十二合刊本載黃孝紓詞《驀山溪》《望南雲慢》
《氏州第一》《桂枝香》《安公子·秋感和映庵》《洞仙歌》《浪淘沙·白
門秋感》《漢宮春·真茹張氏園杜鵑盛開，榆生有看花之約，後期而往，
零落盡矣。歌以和彊邨丈並邀映厂子有同作》《桂枝香·辛未正月，薄遊
津沽，小住蒼虬閣，南旋有期，留別沽上諸公》《南鄉子》等。《雅言》辛
巳卷十一、十二合訂。

　　經金開藩（潛庵）介紹，被聘湖社畫會理事。《高等學校教師登記表》
（1952 年 9 月 6 日）。

　　是年，派充高等考試華北分區臨時評閱國文卷委員。《自傳》（1955 年
9 月 28 日）。

　　約是年，繪《南天叱馭圖》。黃孝平《南天叱馭圖敘》謂：「公屬匔厂仲兄
作圖。」載《同聲月刊》1941 年第 1 卷第 12 期。

1942 年（民國三十一年壬午），四十三歲

《雅言》壬午卷一載黃孝紓《春初約伯岡、青甫登西門城樓》《青州道中書所見》《海行舟中作》《南潯雜遊詩》《居南潯劉氏嘉業堂晚歸鷗鵁溪上作》《嘉業樓鄰右小蓮莊者即堅匏學士之別墅，日晴往遊，口占》《奉和一山丈見示贈高穎生年丈之作》《上海歸途有作》等詩。《雅言》壬午卷一。

《雅言》壬午卷二載黃孝紓《夜泊吳淞口號》《陸三花園櫻花盛開，稚辛丈邀遊往觀》《集藹農檢禁齋中》《三月廿七日，稚辛丈並放園先生約遊非園》《恢廬外舅一見十餘年矣，茲來上海，因賦兼以送別》《梅雨兼旬，賦此以示若竹卓民》《病山丈屬和渡海詩原韻》詩及《風入松·僧寮賃廡圖為授經丈作》《浣溪沙·池玉夫人散花小影，為誦芬室主人作》詞。《雅言》壬午卷二。

《雅言》壬午卷三載黃孝紓《夜宿舊月簃》《新竹王友竹臺灣之詩人也，翰怡先生為刊其集，屬為校勘因紀一律》《太夷丈以九日詩見示，和者藂眾，暇日構思，竊用效顰，自覺形穢，詩未敢獻也》《江浙戰事蔓延山右，得家書即題後》《法相寺與仁先、交甫同遊》《感事》《臨城道中作》《書鹽弟函後卻寄》等詩。《雅言》壬午卷三。

春，與瞿兌之、傅增湘、郭則澐等設宴於蟄園，為黃賓虹祝八十大壽。王中秀《黃賓虹年譜》第 439 頁。

春，繪《秋山蕭寺》扇面。題曰：「崑三世先生雅教，秋山蕭寺，用王叔明法。匑庵。」鈐「匑厂」朱文方印。扇背為陳祖壬錄自作詩四首，末題「崑山老兄屬錄舊作，壬午春日，病樹陳祖壬。」見北京誠軒 2017 年秋季拍賣會·中國書畫（二）。

三月二十日（4 月 5 日），清明，遊極樂寺。與郭則澐（蟄雲）、張伯駒（叢碧）及弟黃孝平（鹽厂）聯句。《雅言》壬午卷三載此詩云：「郊遊正及暮春天，松際斜窺塔影圓。幾日風塵新歷劫，滿庭花雨得參禪。巡廊覓句溫餘夢，伐石題名紀勝緣。北望暘臺悲往日，清泉結社更何年。」傅增湘有和詩，題云《壬午三月二十日來遊，見壁上有蟄雲、公渚新有聯句，因合韻續題一章，聊誌鴻爪，藏園老人記，時年七十有一》，詩載《雅言》壬午卷三。

是年，任國學書院第二院研究班詞章導師。《國學書院第二院設研究班，合格學員共十二名》：「【特訊】國學書院院長王揖唐氏為造就高深國學人才及專門學

術起見，特於第二院設立研究班。專取公私立各大學優秀畢業生，俾資深造，按其志願分由各專門學者擔任指導。業於前月開始報名，踴躍參加者將近百人。經銓衡結果，審查合格者錄取十二名，已於昨日揭曉，姓名列後。各生均有著述並任原校畢業，成績得最高紀錄，研究年限為一年，每人月給膏火六十元，以資鼓勵云。

　　導師：姜叔名，忠奎，經學；馬竟荃，宗薌，經學；瞿兌之，益鍇，史學；柯燕舲，昌泗，史學；黃公渚，頵士，詞章；黃賓虹，藝術；孫海波，小學。

　　男生：齊紀圖，師大，經學；楊文園，中大，經學；高景成，燕大，經學；張樹棻，輔大，史學；孟桂良，中大，史學；李鴻儒，師大，諸子；閻世傑，師大，詞章；雷吉胄，平大，藝術。

　　女生：鄭友文，中大，經學；黃淑環，師大，經學；段夢仙，師大，經學；李採荷，師大，詞章。」見《晨報》1942 年 5 月 26 日。

　　《雅言》壬午卷四載黃孝紓《車過濰縣，聞人言陳簠齋先生舊藏金石後人相繼斥賣殆盡矣》《湖墅小住次仁先韻》《袌海樓對月》《丙寅元日試筆，示伯岡、青甫諸君，并寄半髠伯兄、璵厂季弟北京》《和太夷丈見示之韻》詩及《高陽臺·天上人間卷為誦芬室主人作》《翠樓吟·董授金丈以〈畫欄雙影圖〉屬題》詞。《雅言》壬午卷四。

　　《雅言》壬午卷五載黃孝紓《高密道中晚晴》《薄遊濟南暮登北極閣》《酒座賦答馮蒿厂丈，兼簡倦知翁》《寬仲吳丈以詩見贈并為推祿命，賦答一首》《過賴遰齋閑話》《贈藹農，即題其〈鄰谷草廬圖〉》《郊行》《登雲門絕頂》《西園始見梅花作》等詩。《雅言》壬午卷五。

　　《雅言》壬午卷六載黃孝紓《雪夜作〈寒林讀書圖〉以貽楊生伯岡》《晨興》《信宿青島，贈王爵生丈》《送高穎生年丈歸閩中》《與稚辛、藹農放園登市樓屋頂花園》《赴南潯舟過鸎脰湖作》《南園為簡氏故居，今捨為寺，秋暮與潛樓丈同遊》《病山翁約飲市樓，為潛樓丈話別，因送潛樓丈至江，歸途賦此，並寄兩翁一噱》《和太夷九日李園登高詩韻》《急景凋年，窮陰釀晦，客館孤吟成此，寄璵、綽兩弟》《和太夷新秋浮海詩韻》《周夢坡惠寄楊椒山、史閣部二公墨拓書札賦謝》等詩。《雅言》壬午卷六。

　　夏，為若虛繪扇面並有題識。末署「橅鳥目山人大意，若虛吾世大人教。壬午夏，舸厂黃孝紓。」此扇面今藏青島英德隆美術館。

秋，經傅嶽棻介紹，任北京師範大學教授，擔任目錄學、詞選、漢魏六朝文等課。《高等學校教師登記表》（1952 年 9 月 6 日）：「1942 年秋至 1945 年春，北京偽師範大學教授，擔任目錄學、詞選、漢魏六朝文等課。介紹人傅嶽棻。因事冗不可兼顧離職。證明人李良慶，山東大學植物系教授。」《自傳》（1951 年 9 月 20 日）：「一九四二年，辭內務兼職，專任師大教授及北京大學文學院講師。又因珍珠灣事件發生後，幣制紊亂，生活日緊，售去青島湖南路老宅，擬將全家搬住北京，以省開支，後因車路擁擠，打消前議。」

是年，黃賓虹為黃孝紓作《寫李空同詩意圖》。題句云：「空亭無一事，竟日看泉坐。日落江雲生，忘泉亦忘我。李空同句。公渚先生博笑。賓虹，壬午。」黃賓虹《寫李空同詩意圖》。王中秀《黃賓虹年譜》第 444 頁。

是年，派充高等考試華北分區臨時評閱國文卷委員。《自傳》（1955 年 9 月 28 日）。

是年，辭去內務署兼職，專任北京師範大學教授及北大文學院講師。《自傳》（1955 年 9 月 28 日）

是年，售去青島湖南路五十一號老宅。另購入觀海二路小住宅一所，租賃福山支路公地一畝。《自傳》（1951 年 9 月 20 日）：「一九四二年辭內務兼職，專任師大教授及北京大學文學院講師，又因珍珠灣事件發生後，幣制紊亂，生活日緊，售去青島湖南路老宅，擬將全家搬住北京，以省開支，後因車路擁擠打消前議。」《自傳》（1955 年 9 月 28 日）：「在淪陷時間，通貨膨脹，銀行催欠款，家用也感拮据，才把湖南路老宅變賣，除還債外，另購入現住觀海二路小住宅一所，作為全家棲止之所。又租賃福山支路公地一畝，預備日後人口增多分居建屋之用（一九五二年因繳不上地租退還房產局）。」

約是年，以重價購得苕川茅廛為顏光敏繪《長楊羽獵圖》，置酒招客共賞。郭則澐（蟄雲）有《戚氏·好東風》一詞紀其事，序云：「霜腴重價購得苕川茅廛為顏修來吏部所繪長楊羽獵圖，置酒招客共賞，因紀長調，以抒積悲。」載《同聲月刊》1942 年第 2 卷第 8 期。按《延嬉室書畫經眼錄》（《故都旬刊》本）著錄《顏修來長楊羽獵圖卷》，《中和月刊》1942 年第 3 卷第 1 期載《顏修來羽獵圖》照片。

1943 年（民國三十二年癸未），四十四歲

正月二十四日（2 月 28 日），日本大使重光向陽延傅增湘等十八人於東交民巷官舍。傅增湘歌《重光大使新自金陵移節燕京，得瞻丰采喜而有作，錄

呈吟正》詩為首唱，黃孝紓有和詩一首。載《雅言》癸未卷一《東交雅集詩》中。

《雅言》癸未卷一載黃孝紓《徐仲可舍人乞題〈銜盃春笑圖〉》《過平齋寓齋依韻奉答一首》《平齋丈以燻魚一器見餉，故鄉產也》《喜李範之過訪》《一山丈新栖為其姬人手創，門臨寥闊，野田相間，若不知在塵世也》等詩。《雅言》癸未卷一。

《雅言》癸未卷二載黃孝紓《寄懷穎生年丈閩中》《奉酬劍和見贈之作，次其韻》《新秋浮海過黑水洋晚望得此景口占》《歲暮得海上友人書卻寄》等詩。《雅言》癸未卷二。

《雅言》癸未卷三載黃孝紓《詩囚》《弢光寺與梅生眾異同遊》《雨後與少塢登煙台南山作》《晚過威海舟中作》《拙政園與彊邨、蒼虬同遊》《招同退厂、鶴亭、映厂趙家花園討春》《寄潛樓丈》等詩。《雅言》癸未卷三。自本期始黃孝紓為《雅言》評議，至甲申卷二止。

四月，臨清石濤（大滌子）《江鄉夕照圖》。跋曰：「筆墨當隨時代，猶詩文風氣所轉，上古之畫迹簡而意澹，如漢魏六朝之句然。中古之畫如初唐、盛唐雄渾壯麗。下古之畫如晚唐之句，雖清灑而漸漸薄矣。到元則如阮籍、王粲矣。倪、黃輩如口誦陶潛之句，悲佳人之屢沐，從白水以枯煎，恐無復佳矣。歲在昭陽叶洽清和月，臨清湘陳人〈江鄉夕照圖〉並錄其論畫語如右，匑厂黃孝紓。」《大匠如斯——黃公渚誕辰一百二十週年紀念集》第26頁。

又繪《仿戴習谷西山圖》。跋云：「戴文節《西山圖跋》記龔璱人祠部語曰：都中西山有時渺然在雲漢外，有時蒼然墮几榻前，不關風雨晴晦也。其《西山詩》有云：此山不語看中原。是真能道西山性情者。余更賦一絕曰：三年日下此棲遲，蘭若尋僧訪舊碑。解道西山真面目，榆庵妙墨定庵詩。歲在昭陽叶洽清和月，霜腴黃孝紓識。」《大匠如斯——黃公渚誕辰一百二十週年紀念集》第8頁。

夏，繪《墨竹圖》。題曰：「雨濕煙濃下筆難，一枝新綠儘高寒。渭川雲水三千頃，試就宣和畫譜看。歲在昭陽叶洽夏，用仲明法寫此，並集遺山詩句題之，匑厂黃孝紓。」載《大匠如斯——黃公渚誕辰一百二十週年紀念集》第48頁。

五月，董康作《匑厂畫隱傳》，以題《墨諧喬畫隱圖》。曰：「匑厂畫隱者，閩之長樂人。家世通顯，先德給諫公精鑒賞，收藏唐宋以來名蹟至夥。畫隱濡染家學，趨庭之暇，覃精六法，積三十年之攻苦，造意用墨不懈而及於古，綜宋元明諸大家之長，鎔於一冶。僑居青島，性復好遊，嘗襥被入勞山，觀草木鳥獸之狀及山川

煙嵐風雨晦明之變態，得粉本百餘幅而歸。中年橐筆大江南北，尋黃子久、吳仲圭故蹤，憑覽山川，畫境益恢奇自恣。居北都時，縱遊名勝，履綦所至，遠至醫巫閭、高句麗。聞人言海外三神山之狀，輒心焉嚮往，舶趠萬里，遍遊日光、箱根、富士、高野、奈良、比叡、葉山諸勝。尤愛別府之耶馬溪，圖其八景而返，畫境又一變矣。古人謂畫須得名山大川之助，殆近似歟。嘗論繪事雖小技而通於道，非夫襟抱高遠飽學問能文章者，其不能名世行遠必矣。古人如鷗波、雲林、六如、衡山、香光，皆非僅以畫名，故能聲光熊熊，流傳片楮為世貴重。畫隱自毀齒能文，著述等身，擅隸草，自六朝唐宋諸碑板無不博習，逾冠以經訓主講上庠，治校勘目錄之學，皆有成書。工倚聲，襭裾漚社蟄園諸老宿之間，爭折輩行與交，刊有《碧廬簃詞甲乙稿》《匑厂文稿》若干卷行世，綜其一生，為經師，為文士，為詞人，為名書家，為目錄校勘學者，宜以其緒餘為繪事，睥睨一切，有千仞攢輝之概。中歲染迹仕隱，宦嘗通顯矣，意有所不合，翩然引去。謂其友曰：世變方亟，帶甲滿天地，棼棼洶洶無寧日，獨此臥遊一室，自寄於心上桃源，堪以騁遊而娛志，吾將以此終老焉。余聞其語而悲之。論曰：余與畫隱絫世交舊，知其為人重然諾篤氣類，內行惇備，有古俠士之風貌，癯然若不勝衣而博學多通，盡世人專門之長，著書立說，慨然有經世之意，卒齟齬不獲一施，退乃以繪事自晦，其命也歟。昔袁宏道《贈顧申伯序》曰『天下之患，莫大於豪傑不樂為用』，吾於畫隱不能無撫世之嘅，又悲其畫名日重，素所蘊蓄，世莫得而詳也。爰發其志事綴次為之傳云。歲在昭陽叶洽夏五，毘陵董康。」

董康《匑厂畫隱傳》後復有諸家題跋，如王揖唐跋《畫隱圖》曰：「湖海聲名十四年，蕭然行腳已華顛。九秋肺腑吳君特，五嶽煙雲戴務旃。斂屣一官盟止水，傳家尺硯是良田。大癡宗法留衣缽，畫苑容參一指禪。奉題匑厂先生畫隱圖，即博一粲。癸未夏日，什公王揖唐。」

瞿兌之跋云：「六年保社遊，酒罷成墨戲。結霞閣中人，獨有霞外意。奉題匑盦畫隱博笑。兌之瞿益鍇。」

唐叔襄跋云：「漳海風標有嗣傳，看君墨雨費追研。獅巖丘壑高人意，我為江山畏後賢。鄉關蕭瑟感蘭成，畫膽詩心最不平。一幅蒲驪何處繫，夢回宦海指歸程。總誤為最。題贈匑庵畫隱同社，并博一粲。銅仁唐叔襄。」

盧啟賢跋云：「大癡宗派仿荊關，袏海樓頭獨往還。自有煙雲資供養，常留清氣滿塵寰。　林下棲遲望若偲，抽身人海謝時賢。華樓寫盡青蒼色，餘事還成香草箋。匑庵畫隱社長兄粲政。弟襄陽盧啟賢。」

　　陳宗蕃跋云：「黃侯才藝天下奇，能文能史兼能詩。餘事猶復作狡獪，煙雲腕下揮淋漓。我聞虎頭號三絕，君兼四美世豈遺。貴人倒屣學人拜，披髮不顧甘守雌。盛暑閉戶不肯出，懸峯怪樹四壁垂。入門坐對汗口歛，小疵欲摘曾無辭。大癡往矣不可作，遠繩前武夫何疑。河東三鳳吾所敬，高瞻遙矚斯白眉。臥遊一室足欣賞，萬方冷眼忘成虧。舸厂畫隱社兄哂正。陳宗蕃。」

　　方兆鼇跋云：「歸航人海訪松寥，絕代風流似瘦瓢。知有傷心滄海後，殘山手拓入生綃。舸厂畫隱社兄教。第六方兆鼇。」

　　吳錫永跋云：「大癡高臥富春山，心上桃源豈等閒。早退欲為終老計，那知姓字滿人間。舸厂畫隱社兄教正。夔厂吳錫永題。」

　　崔麟臺跋云：「侯光避世意嶙峋，障扇難污庾亮塵。家住二勞山水窟，癡教宗法此傳新。　汐社尊罍喜論文，虎頭獨步顧將軍，不須標榜麒麟閣，自有丹青為策勳。舸厂畫隱社長教正。耘青崔麟臺題。」

　　柯昌泗跋云：「何須氣韻說荊關，千疊煙雲共往還。羨爾袖中有東海，鄉思尚憶富春山。畫禪高致見精神，五嶽名山與寫真。雙井詩篇一峯筆，軒軒霞舉六朝人。舸厂畫隱社兄教正。癸未端陽，弟柯昌泗。」

　　張厚穀跋云：「昨過清齋話短霄，高懷玄著自超超。含豪別有傷心處，一角殘山寫六朝。　王城大隱愴荊駝，閉戶還將鐵研磨。夢掛幔亭峯九曲，鄉賢應許繼新羅。舸庵畫隱道兄教正。癸未五月弟張厚穀。」

　　陳瀩一跋云：「同是康橋社里人，朅來燕市踏紅塵。崢嶸胸次饒邱壑，醉墨淋漓若有神。舸庵畫隱社兄屬正。癸未夏弟陳瀩一。」

　　陶祖光跋云：「自有僊才自不知，江山如夢柳如絲。三年遲曠花肩酒（余與君居遲曠樓者三年），百幅嘉勳畫裏詩（今夏君假居袁勳堂，成山水百幅）。低首書淫能絕俗，怡情墨謔亦堪師（君曾有墨謔高畫隱圖）。休言奇氣消磨盡，贏得煙雲筆一枝。舸盦畫隱博笑。癸未五月，北溟陶祖光。」

　　張蘭思跋云：「頤年堂裏無晨昏，酒盞詩筒冷不溫。君忽掛冠作蛛隱，看人乞食向齊墦。　展卷獨思黃子久，故山洞壑滿蒿萊（吾鄉靈山有子久石洞遺迹）。如君只合居易羨，先遣雲煙紙上來。癸未盛暑，予病脾藏初愈，舸厂社兄迫題畫隱圖如火急，率寫二截句不足言詩，若謂為呻吟語比，亦可也。陔亥張蘭思時年七十有七。」

　　薛長炘跋云：「名山事業意堂堂，人海藏身歲月長。同學少年半頭白，還從筆底寫滄桑。潑墨知君事等閒，胸中壘塊畫中山。此身豈合丹青隱，尚有憂時淚未乾。舸

厂畫隱屬題。癸未五月，弟薛長炘。」

關賡麟跋云：「尊古吟節畫九州，大癡長戀富春遊。更饒人境座中稿，三島詩材一例收。　江夏童年早絕倫，阿婆塗抹得傳人。抗顏瑤溪同吟席，懷袖分將入座春（謂薛翁淑周□常所持箑，君師弟所書畫也）。　淋漓嚼墨化雲煙，灑清流傳手自編。省識摛文通畫法，何曾雕繢也天然。　安硯高齋隱故都，堆牀縑楮費工夫。卅年辛苦磨人墨，成就先生百軸圖。舠厂社長兄屬以擊鉢吟法題畫隱圖，因成四章，此社例也，即希吟政。癸未六月弟關賡麟。」

吳燕紹跋云：「石垒六法溯家傳，寄迹長安已十年。賸水殘山無限恨，聊將筆墨託雲煙。　老筆淋漓似米顛，清剛拔俗即神仙。江南山水都平遠，何日扁舟鄧尉邊。舠厂畫隱社長屬題。癸未六月，笠澤吳燕紹時年七十有六。」

廖琇崑跋云：「鄉井詞宗與畫師，陳（聽水）林（畏廬）二老渺難期。兩枝綵筆誇能事，獨有新寧黃大癡。　通靈妙畫顧癡廚，百幅生綃豈待沽。今日炎氛無處避，可能惠我北風圖。舠厂畫隱兄粲正。旭人弟廖琇崑。」

楊秀先跋云：「六載春明踏軟塵，酒杯茗碗日相親。北窗一枕華胥夢，猶是羲皇以上人。　四十蕭然賦遂初，浮雲富貴不關渠。羨君結得神仙眷，小閣香溫伴著書。峻嶒石骨身清屛，宗法倪黃妙並嫻。腕底滄桑渾至後，幽窗寫遍夕陽山。霜腴詞兄屬題即正。蓼厂楊秀先。」

傅嶽棻跋云：「於詩有雙井，於畫又大癡。君家信璟瑋，千古矜兩奇。惟君抱仙骨，皎皎夊雪姿。少年遘屯難，慨慷故國思。庾信江南哀，文采驚海湄。北遊急徵招，國士無雙期。棄置了不顧，神化和天倪。一匹好東絹，大筆濡淋漓。堅忎金剛杵，神妙造化兒。三壁滿雲山，臥遊就厓巘。此中得佳趣，與世百不夵。平生以詩鳴，更傳無聲詩。弓旌不可招，唯參畫禪師。霜腴社兄屬題，即睎吟正。甲申重九，傅嶽棻。」

恩華跋云：「取適吾天貴自然，客卿子墨樂隨緣。詞家早共傳三影，學士何須問八磚。泉石山林生指底，琴樽詩酒足身前。長康癡絕道子聖，一笑胡盧混市廛。霜腴仁兄詩家屬題，即希削正。甲申秋九中澣，詠春恩華。」見《大匠如斯——黃公渚誕辰一百二十週年紀念集》第24～25頁。

《雅言》癸未卷五、六合刊本載黃孝紓《搗衣曲》《西郊行田》《邀同病山、彊邨諸公非園暝坐，主人甘姓，出茗筭供客》《和琴隱戲馬臺之作，并柬瘦堪》《歲暮坐延嬉室有作示隲弟》《沙鳥》《夜坐問影軒》等詩。《雅言》癸未卷五、六合刊本。

　　大暑，與陸嬿成宅，繪《梅石圖》紀其事。跋云：「北風着面刮起霜，蠟月何處尋紅芳。尺杖拄短湘竹節，雙鞋踏盡紅莎芒。溪橋突兀田塍裂，雪裏梅開梅勝雪。不妨地上有微冰，且是江南好明月。千古誰能賞丰韻，一朵偏先漏春信。不獨何遜解吟詩，不獨壽陽能裹鬢。三更且貯鴈足缸，半斗再洗螭頭觴。高致久契梅與雪，微名素輕公與王。一年若得長寒吟，四季便拚長不醒。買田築室老西湖，密種梅花八千頃。唐子畏曠世仙才，與沈石田、文徵仲、仇實父並稱明季四大家，而畫品實過之。曩見其梅花小葉，瀟灑秀逸，用筆剛健中含婀娜，洵為逸品之冠。詩亦磊落英多，意在香山、放翁之間，槐廳消夏，背臨一過並錄原作於上。歲在昭陽鯫洽大暑，昌雲居士黃孝紓作，侍姬陸嬿成宅時，時客燕都。」鈐「公渚日新」朱文方印、「匐盦」白文方印。載《大匠如斯——黃公渚誕辰一百二十週年紀念集》第14～15頁。

　　七月二十九日（8月29日），國學書院研究班修業期滿，舉行畢業典禮。《國學書院研究班修業期滿昨舉行畢業典禮》：「國學書院第一第二兩院所□研究班，各於本年八月修業期滿，成績斐然，特於廿九日上午在團城第一院合併舉行發給證書典禮。是日到有研究員一百廿八，導師來賓□廿人，並由政委會王委員長特派陳補□祕書蒞會參加。冠裳濟濟，盛濟一時。首由該院院長王揖唐氏致訓辭，對於諸生深加勉勵。嗣由一院副院長周肇祥、二院副院長郭則澐、高導師毓浵、孫導師海波、各主任等致詞，對於研究國學旨趣，多有發揮，語皆動□。旋即發證書，禮成攝影。」見《申報》1943年8月30日。

　　初秋，邢端（蟄人）六十生日，黃孝紓題郭則澐作《黃山圖》並繪《勞山圖》為壽。黃孝紓題《黃山圖》詩，序云：「蟄人先生吟長六秩生日，丐郭蟄園為作《黃山圖紀遊》屬題，根觸舊遊，爰賦長歌，即以為壽。匐厂黃孝紓。」《勞山圖》，黃孝平亦題詩，序云：「嶗山為古之勞成山，位於瀚陬，崗巒合沓，緜數百里，勢絕雄偉。余客青島，往來九水、華樓之間，耽翫煙景，藻雪靈襟，已三十餘年。蟄人先生於癸酉歲往遊，信宿山中，樂其幽窵。今歲六十生日，屬家兄匐厂圖其勝概，以當臥遊，用賦短章，並以為壽。壬午初秋，閩縣黃孝平書於蟄園小鄂附堂。」載《雅言》癸未卷七《思適齋遊山圖題詠》。

　　秋，郭則澐召友人作知寒軒談薈，黃孝紓、孝平昆仲與之。郭則澐《知寒軒談薈》卷一：「比於團城，辟小軒治古學，軒臨湖苑，水石特勝。與同人約月兩集，集必夜談，感於時變，乃以知寒名社，且次其所談萃錄之，為知寒軒談薈。集者傅藏園前輩，李響泉大令，夏枝巢、恩詠春、傅娟淨、陳蓴衷四同年及黃賓虹、許辛盦、陶鮚厂、黃君緯、柯燕舲、姜鬷齋、楊蓼庵諸君子，戚懿黃霜腴、璽莽昆仲。

曰談薈者，不以代斷，不以類分，編掇群言，綜歸一冶。筆之者，龍顧山人也。」

秋日，與蟄園吟集，出明人史癡翁自繪《聽琵琶圖小像》徵題，傅增湘題「史癡翁何白雲小像」八字，黃賓虹先生首倡七絕二章，一時題詠者為郭則澐（蟄雲）、陳宗蕃（蓴衷）、夏仁虎（枝巢）、楊秀先（蓼庵）、張伯駒（叢碧）。黃孝紓亦自賦《琵琶仙·留影驚鴻》一詞。按黃孝紓撰《史癡翁自繪〈聽琵琶圖小像〉》（載《春游瑣談》）一文云：「余得此幀於京師故家，藏篋衍者垂四十年。癸未秋日，蟄園吟集，出此幀索賦。傅沅叔丈為題『史癡翁何白雲小像』八字。余跋云：『白雲名玉仙。今金陵有望仙橋，即其故址也。』黃賓虹先生首倡七絕二章，一時題詠者為郭蟄雲則澐、陳蓴衷宗蕃、夏枝巢仁虎、楊蓼庵秀先、張叢碧伯駒。予亦賦《琵琶仙》一詞以附驥尾。時閱二十年，舊遊如夢，同時題詠諸老，墓木已拱，俱為異物，獨余與叢碧在耳。衰病顛連，幸存人世，展圖依舊，不禁涕泗橫集，因草成此記，以志翰墨因緣耳。黃賓虹：『妙有新詩被管弦，琵琶張祿為誰傳。披圖墨譜高中見，娛老癡翁何玉仙。』『書名媲美赤松農，畫癖神交白石翁。我亦更癡護真跡，西樓一剖識牆東。』郭則澐：『碎梧庭院月溶溶，涼生羅袖風。翠塵斜掩小銀紅，郎癡儂更慵。 金縷惜，玉仙逢，白雲何處峰。粉香微沁錦芙蓉，花如人面濃。《阮郎歸》)』陳宗蕃：『對月無言，停琴寄想，中有千般情緒。莫笑癡翁，盡任柳欺梅妒。驚乍見，綽約鸞姿，最消魂，間關鶯語。倩丹青，描寫風流，衰顏嬌鬢漫凝佇。 望仙橋上寂寂，只剩春潮晚急，春歸何處。一幅雲箋，空見謝娘眉嫵。橫翠黛，蛾壓寒尖，撥紅牙，鵙彈愁縷。願雙雙，重降人間結成鴛鳳侶。（《綺羅香》）』夏仁虎：『臥癡樓在石城邊，約略今猶署望仙。可有綠霄遺墨在，徐翩翩與馬玄玄。』『虎踞關前柳萬絲，一樓風月貯蛾眉。東橋太嶽皆秋草，算得癡翁未算癡。』『檀槽貂錦擁紅顏，絕妙風情似對山。要覓鄉親救良友，也應不及史翁閑。』『絕手琵琶總解彈，君家亦有白雲寒。呢呢兒女談恩怨，為語匑庵自寫看。』楊秀先：『小扇捐秋，輕衫趁晚，柔情淺訴深葱。弦頻換，意還慵。低低似聞輕語，不似胡沙幽怨重。嬌怯倚欄、粉香搵袖，珠汗微融。 南朝春夢匆匆。甚垂柳千絲黛濃。病酒風懷，臥雲心事，寫恨銀紅。荒陌斜陽，怕逢舊燕，迤邐河橋仙影空。只今花落、暗回腸處，碎月簾櫳。（《雲仙引》）』張伯駒：『疏梧淡月影參差，風吹花暗移。紅顏白首畫中詩，人癡情更癡。翻水調，撚冰絲。如聞私語時。聲聲只是訴心思，知君知不知。（《阮郎歸》）黃孝紓：『留影驚鴻，問誰似，鶴背仙翁癡絕。渾撥慢撚龍香，鵙弦語嘈切。秋漸遠，胡沙萬里，訴思怨，邐迤哀闋。南呂新聲，西京絕手，江左人物。 又還是，阿堵傳神，正梧院新涼透羅襪。閑把酒邊詩思，和空廊風葉。秋夢渺、巫峰十二，算入懷，剩有

古典文獻研究輯刊

三九編

潘美月・杜潔祥 主編

第58冊

黃孝紓先生編年事輯（上）

李振聚 著

國家圖書館出版品預行編目資料

黃孝紓先生編年事輯（上）／李振聚 著 -- 初版 -- 新北市：
花木蘭文化事業有限公司，2024〔民 113〕
目 4+166 面；19×26 公分
（古典文獻研究輯刊 三九編；第 58 冊）
ISBN 978-626-344-978-7（精裝）
1.CST：黃孝紓 2.CST：年譜
011.08   113009894

ISBN-978-626-344-978-7

古典文獻研究輯刊
三九編　第五八冊　　　　　　　ISBN：978-626-344-978-7

黃孝紓先生編年事輯（上）

作　　　者　李振聚
主　　　編　潘美月、杜潔祥
總 編 輯　杜潔祥
副總編輯　楊嘉樂
編輯主任　許郁翎
編　　　輯　潘玟靜、蔡正宣　美術編輯　陳逸婷
出　　　版　花木蘭文化事業有限公司
發 行 人　高小娟
聯絡地址　235 新北市中和區中安街七二號十三樓
　　　　　　電話：02-2923-1455／傳真：02-2923-1452
網　　　址　http://www.huamulan.tw 信箱 service@huamulans.com
印　　　刷　普羅文化出版廣告事業
初　　　版　2024 年 9 月
定　　　價　三九編 65 冊（精裝）新台幣 175,000 元　　　版權所有 · 請勿翻印

明月。為憶橋旁秦淮，望仙傷別。(《琵琶仙》)」

《天問達詁》印行。《高等學校教師登記表》(1952年9月6日)。黃為憲、魯軍《黃公渚在青島》云：「此外還有未刊稿《天問達詁》與其所作山水畫三百餘幅，在文革時被焚。」

是年，繪《嶗山颿影圖》並跋其上。跋云：「嶗山颿影。禹貜移海，塵飛鮫室，潮頭也染霜華。如雪舊鷗，似曾相識，雙雙驚起圓沙。疏磬促羲車。渺翠微金剎，密樹交加。照海樓臺，高低燈火萬人家。　　秋聲暗緊霜笳。訪殘碑故壘，碧血凝花。戟鐵未銷，沈沈霸氣，空贏牧豎咨嗟。迤邐碧雲斜。伴微吟楓路，三兩啼鴉。桴海歸心，又隨帆影落天涯。調寄望海潮，用秦太虛原韻。歲在昭陽叶洽，鉬厂黃孝紓作於墨謔高。」《大匠如斯——黃公渚誕辰一百二十週年紀念集》第16頁。按《清詞玉屑》卷六《黃公渚望海潮》著錄此詞題云《嶗山觀德意志礮壘·望海潮》，字句亦略有有小異。此幅今藏黃氏後人處。

是年，繪《張玉田齊天樂詞意圖》，並書宋張炎《齊天樂》詞此題其上。題曰：「扁舟忽過蘆花浦。閒情便隨鷗去。水國吹簫，虹橋問月，西子如今何許。危欄謾撫。正獨立蒼茫，半空飛露。倒影虛明，洞庭波應廣寒府。　　魚龍吹浪自舞。渺然凌萬頃，如聽風雨。夜氣浮山，晴暉蕩日，一色無尋秋處。驚鳧自語。尚記得當時，故人來否。勝景平分，此心遊太古。歲在昭陽叶洽，寫張玉田《齊天樂》詞意。鉬厂黃孝紓。」鈐「公渚日利」朱文方印、「鉬盦」白文方印。載《大匠如斯——黃公渚誕辰一百二十週年紀念集》第10頁。

是年，日本隨鷗吟社《隨鷗集第四百六十六號》錄其七言古《中禪寺》一首。《隨鷗集第四百六十六號》昭和十八年(1943)八月二十日發行。

1944年（民國三十三年甲申），四十五歲

二月十九日（3月13日），致信江亢虎。云：「亢虎先生院長執事，日晤於誦芬齋中，獲侍光儀，槃停譚讌，至慰夙衷。茲檢上拙著二種，昔居滬上時，友人代為付印者，專塵哂納，並希賜教為幸。餘面罄，不一，祇請勛安，並頌春釐。黃頵士再拜。二月十九日。」按信中云晤於誦芬齋中，似指民國三十二年(1943)九月江亢虎至北京代表汪偽政權弔唁江朝宗時。見北京保利2016年春季拍賣會·古錦——近現代名人書札手跡。

七月望，逭暑青島，繪《仿古圖》四葉。上有題跋二則。一云：「甲申秋日，逭暑青島，仿古四葉，奉博海雲家兄方家一粲。孝紓。」一云：「瞿山畫造意取境

不落常畦，用筆如春蠶吐絲，極自然空靈之妙，堪稱畫中逸品，與鷹阿、漸江鼎足而三，蔚然為新安派大師。茲仿其意。歲在焉逢涒灘秋七月望，匑厂黃頵士識。」鈐「昌雲」朱文圓印、「黃孝紓印」白文方印。

八月十六日（9 月 11 日），容庚与孫海波同來訪。《容庚北平日記》。

十月，在北京中央公園作畫展。《容庚北平日記》1944 年 11 月 4 日條：「下午孫海波來，同往中央公園參觀黃頵士畫展。」

約是年或稍後，題清張應均繪《天山勁松手卷》。題曰：「氈帳穹廬絕夕煙，眼中風物似祁連。身行萬里開詩境，勝概胸吞戴務旃。循聲治譜滿西昌，六法薪傳董富陽。想見解衣磅礴際，垂簾日影上琴堂。子良先生屬題，黃頵士。」前有甲申之夏黃賓虹、民國第一甲申夏季吳乃琛跋。見佳士得 2013 年秋季拍賣會‧中國古代書畫。

1945 年（民國三十四年乙酉），四十六歲

一月，受黃賓虹等人邀請，任北京藝術專科學校教授兼校長，維持校務一學期。八月，日寇投降，中央教育部派陳雪屏辦理臨時大學補習班，北京藝術專科學校改稱為臨時大學補習班第八班，以鄧以蟄任主任。《高等學校教師登記表》（1952 年 9 月 6 日）：「1945 年春至 1945 年秋，北京藝術專科學校教授兼校長。維持校務一學期。介紹人董康。因校務結束離職。證明人黃賓虹，中國人民政治協商會委員。」《自傳》（1951 年 9 月 20 日）：「一九四五年春，藝術專科學校校長王石之他調，文教界及中畫系教授黃賓虹諸人因我系中國畫會及湖社畫會理事，希望我去擔任校務，遂以教授兼長校務（月薪五百五十元）。該校共中畫、西畫、陶瓷、雕塑四系。以往因校內不供宿舍，學生走讀，負擔頗重，學生人數日減。我到校後，始設法將學生遷入，維持一學期。日寇投降後，由臨大第八班接收，我就到臨大第二班教書，因第二班就是偽北大文學院。」吳文彬《藝文舊談——北平藝專》：「民國二十五年，嚴氏（智開）去職，部聘趙太侔繼任，將學制略變，取消藝術師範科。明年六月，議別設高中部於阜城門內玉皇閣。籌畫甫竟，適值七七事變，趙校長南行。明年偽教育部以王石之為校長，接收本校。以校址為日人所據，先在阜城門內井兒胡同開學，繼乃遷入東總布胡同十號前法商學院舊址。民國三十四年一月，黃頵士繼為校長。八月，日寇投降，中央教育部派陳雪屏辦理臨時大學補習班，本校改稱為臨時大學補習班第八班，以鄧以蟄氏任主任，學制仍舊，補習班科目增設黨義、國文、英文、史地等科。」《教育部特設北平臨時大學補習班第八分班教職員同學錄‧沿革》：

「三十四年一月，黃頤士繼為校長。」鄧雲鄉《文化古城舊事》：「日本人也辦了幾所專門為他們侵略服務的學校。在順城街原參、眾議院即平大法學院舊址，辦起了新民學院，普通班招高中畢業生、特別班招大學畢業生，這是漢奸官吏養成所。在北河沿原北大三院舊址中，辦起了偽警官學校，齊燮元辦了偽清河軍校，後來在頤和園外面辦了偽土木工程學校，在交道口東大街辦了偽外國語學校，在中南海萬善殿辦了偽新聞學院。院長管翼賢，教務長日人佐佐木。在東裱褙胡同承接舊國立藝專，辦了藝術專科學校，一度黃公渚任校長，張鳴琦任教務長，蔣兆和就在這裡教書，解放初期以《考考媽媽》一畫出名，後來同鄭西諦先生一同出訪蘇聯，因飛機空難而死的姜燕女畫家，就是這個學校畢業的。在先農壇有一所醫士學校。在新街口辦過一所電影學校，人數很少，時間也很短。」

三月，林葆恒纂《詞綜補遺》一書成。錄黃孝紓詞六首。為《千秋歲引·秋晚信宿焦山歸來閣，憶丁卯年與蒼虬曾此小住，相隔又五年矣，感念前塵，不能無詞》《六州歌頭·題捫舌錄》《風入松·虛堂睡起日三竿》《八聲甘州·暮宿泰山南天門觀日出》《虞美人·病起簡暎庵、爰居、瓶壘》《木蘭花慢·題彊村丈手書詞稿後》。並論之曰：「黃孝紓，字公渚，號匑厂，漢軍正黃旗人，福州駐防曾源次子，有《碧廬詞》。碧廬深詞學，主講上庠數十年，成材甚眾。居上海最久，掉鞅詞壇，與朱彊村、況蕙風、程十髮、夏暎庵諸君笙磬同音，才名籍甚。所作取徑夢窗，上希清真，憂生念亂，情見乎詞，為聲家屈宋。所謂傷心人別有懷抱也。」見林葆恒輯《詞綜補遺》卷四十七。

四月，為鈕雋（學聰）繪畫並題詩二首。「一軒高出亂松巔，氣象凌晨有萬千。終古琳室依禁地，輕陰瓊巒接諸天。及時樂事關花信，歸路吟情攬柳緜。佳日逍遙饒勝賞，不妨逃學比逃禪。　　春光明媚鬢蒼華，老去吟懷覺歲差。假日追歡忘扶策，捲堂失咲為看花。闌珊宦味贏無競，惝怳勞生未有涯。抵掌錢荒忰清興，忍飢惟啜一甌茶。乙酉四月，招同文學院及門諸子北海看花，茗坐攬翠軒作，寫奉學聰都講吟正，頤士錄近作。」廣州皇瑪 2012 年秋季拍賣會。按鈕雋，字學聰，一字通微。滿族人。民國十二年（1923）生於北京，時為北平藝術專科學校學生。

五月初五日（6 月 14 日），姜忠奎被日軍逮捕，與郭則澐、夏仁虎等人奔走營救。姜厚粵《雨露春暉——憶先父姜忠奎先生》：「（一九四五年農曆五月初五）消息傳出後，著名學者郭則澐、夏蔚如、黃公渚等極力奔走營救，甚至聯袂懇託大漢奸王揖唐。似此賊早與日寇沆瀣一氣，自然不會有結果。想諸公出此下

策，必是窮極之慮，足見其癡情，我等沒齒不忘。」見《山東文史資料選輯》第 32 輯第 231 頁。

孟夏，與餅花社第一集，分詠瓶中芍藥，以《宴清都》為題。黃孝紓此詞後又題黃賓虹繪《芍藥圖》。題云：「蝶夢迷清曉。冰盦側，數枝凝露紅笑。霓裳倦舞，宮衣半脫，倩魂嬌小。憑誰錦幄安排，護繡幕、餘寒料峭。黯淚着、一片燕支，依依怨別懷褒。溫尋麝尾光陰，沈吟璽栗，憑檻人悄。鬢雲一剪，屏山幾曲，願春長好。東風未忺拘束，但目送、西窗晚照。泛灧尊、為酌歡叢，紅酣翠窈。餅花移分詠餅中芍藥，調寄《宴清都》。碧廬黃頵士。」下鈐「頵士長壽」朱文印、「黃中子」白文印、「長樂」朱文印。黃賓虹《芍藥圖》當作於此時，其他題詠者有楊秀先、郭則澐、傅嶽棻、黃孝平、夏仁虎、壽鉨，見上海鴻海 2008 年冬季藝術品拍賣會·中國傳統書畫專場。

六月，在陳方恪寓所與陳道量、曹靖陶、張江裁、黃覺明等聚飲唱和。《陳方恪先生編年輯事》。

九月初七日（10 月 12 日），赴傅嶽棻之約，同座有許寶蘅、林葆恒、恩華、夏仁虎、陳宗蕃、郭則澐、張伯駒等人。《許寶蘅日記》。

十月十八日（10 月 22 日），北平臨時大學補習班第八分班接收北京藝術專科學校，負責交代。華天雪撰《尚付闕如：關於中央美術學院歷史上的第八分班時期》：「負責接收者：鄧以蟄（北平臨時大學補習班第八分班主任）。負責交代者：黃頵士（國立北京藝術專科學校校長）。保管員姓名：北平臨時大學補習班第八分班。接收年月：民國三十四年十一月二十二日。」

十一月二十八日（1946 年 1 月 1 日），與弟君坦約鄭天挺於北京東四牌樓二條胡同。晚赴鄭天挺宅，為消寒會。《鄭天挺西南聯大日記》。

十二月初八日（1946 年 1 月 10 日），在北長街教育會夾道楊秀先家，與鄭天挺、惠孝同等舉行消寒會。《鄭天挺西南聯大日記》。

十二月二十六日（1946 年 1 月 28 日），與鄭天挺、陸蔚霞、惠孝同、楊秀先等舉行消寒會第五集。《鄭天挺西南聯大日記》。

冬，臨清石濤（大滌子）《谿山奇趣圖》。題曰：「公孫之劍氣可通於艸書，大地河山不出於意想，松穎片楮能發其奇趣，以此臨大滌子谿山奇趣本。歲在端蒙作噩冬日，翁厂黃頵士寫於燕京客寓墨諝盦。」見 2016 年 4 月中國書店第 72 期大眾收藏書刊資料文物拍賣會，又見山東恒昌 2016 年秋季藝術品拍賣會。